Human Behavlor and the Social Environment

인간행동과 사회환경

정인숙 · 김선주 · 김인숙 · 박근영 · 박해긍
배은석 · 백정원 · 송영지 · 한승협

태영출판사

머리말

사회복지학 분야에서 '인간행동과 사회환경'은 기초이론이면서 동시에 사회복지실천과정에서 실천 토대일 뿐만 아니라 사회복지사의 전문적인 사고와 창의적인 아이디어 창출의 초석이 되는 내용이라 할 수 있다. 그 이유는 '인간행동과 사회환경'은 사회복지실천의 대상이 되는 인간에 대한 이해능력을 키우는데 초점을 둘 뿐만 아니라 인간과 사회환경의 관계의 중요성을 인식하도록 돕는데 목표를 두고 있기 때문이다.

사회복지사의 사회복지실천의 목표는 세부적으로 보면 문제의 내용에 따라 다양하지만 궁극적인 목표는 인간의 바람직한 변화에 맞추고 있다. 변화는 사회적 환경, 즉 사회적 맥락 안에서 이루어지고 있으므로 개인과 관련된 사회적 환경맥락에 대한 철저한 이해가 필요하다. 사회복지사가 이러한 이해를 바탕으로 구체적인 방법과 기술을 응용하여 사회복지실천 개입을 수행한다면 문제의 효율적인 해결은 물론이거니와 더욱 발전적인 활동으로 이끌어 갈 수 있을 것이다.

'인간행동과 사회환경' 교과의 중요성에 대한 인식을 같이 하는 필자들의 마음을 모아 이 교과목에서 다루어야 할 내용에 대한 합의를 근간으로 하여 집필이 시작되었다. 또한 서로에게 가장 적합한 부분을 선정하기 위하여 각자의 학문적, 실천적인 경험 내용들을 바탕으로 고심하고 논의하여 결정된 바 영역별 집필자는 다음과 같다. 이 책의 내용은 총론과 3부로 나누어져 있다. 서론 부분인 총론은 정인숙과 김인숙이 집필하였고 제1부는 이론 부분으로 인간의 발달과 성격이론을 중심으로 하여 정신역동이론은 김선주, 인지이론은 정인숙, 행동주의 이론, 일반체계이론과 생태체계이론은 백정원, 행동주의 이론은 박근영, 인본주의 이론은 김인숙, 다문화이론은 송영지가 집필하였다. 제2부는 인간발달과 사회복지실천으로서 태아기와 영유아기는 백정원, 아동기는 김선주, 청소년기, 성인기, 노년기는 한승엽이 집필하였고, 제3부는 사회환경으로 가족과 집단, 조직과 지역사회, 문화로 구성하여 박해긍, 배은석, 송영지 등이 집필하였다.

필자들은 각자 맡은 내용을 성실하게 집필하고 공동저서의 한계를 극복하기 위해 노력을 하였으나 이 책은 아직 완성의 단계라 보기 어렵다. 공동저서에서 자칫 드러나기 쉬운 한계, 즉 필자들 사이에 시각의 차이와 문체와 취향이 다르므로 문장 구성의 일관성이나 통합성이 부족할 수 있다. 그러나 한편으로는 서로 다른 영역의 전문가들이 모여 다양한 관점을 다루고 포괄성을 가지게 되는 것은 장점이 될 수 있을 것이다.

우리 필자들은 아무쪼록 이 책을 통해 많은 예비사회복지사들이 사회복지실천의 기초가 되는 인간의 행동에 대한 이해와 사회환경 맥락과의 관계를 익혀 사회복지실천 개입의 기본틀을 형성하는데 도움이 되기를 바라는 마음이 크다. 또한 사랑과 기다림으로 힘써 책을 만들어 주신 태영출판사의 김현태 사장님과 직원 여러분께도 감사의 마음을 전한다.

2014년 1월

집필자 드림

차 례

제 1 부 인간행동과 사회환경의 이해

제 2 부 인간발달과 사회복지실천

제 3 부 사 회 환 경

총 론

1. 사회복지실천의 기초
2. 인간행동에 대한 이해
3. 인간발달에 대한 이해
4. 사회환경
5. 사회복지실천에서 인간행동과 사회환경

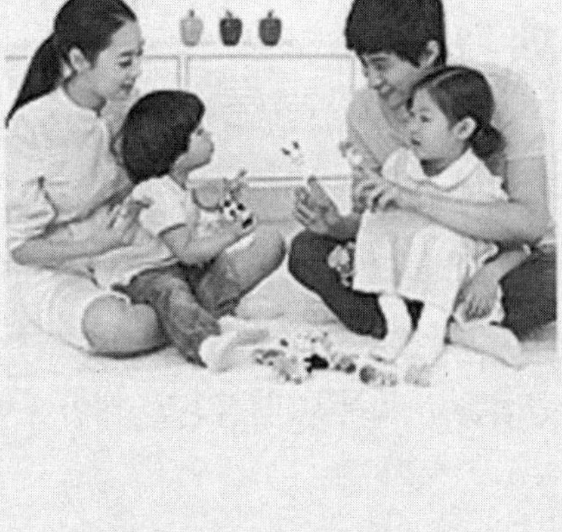

 1. 사회복지실천의 기초

사회복지실천은 인간이 집단을 이루어 살기 시작하던 때부터 존재해 왔으나 우리나라에서 사회복지학이 전문성을 가진 사회과학의 고유학문으로 자리매김한 것은 비교적 최근의 일이라 하겠다. 이는 우리나라가 경제적으로 발전하고 OECD에 가입함으로써 모든 국민의 삶의 질 향상과 사회 환경의 개선이라는 지향과 더불어 사회복지의 필요성이 더욱 강조되고 또한 사회복지학의 전문성과 독자성을 정립하려는 요구에 부응하기 때문이라 할 수 있다.

사회복지학의 이러한 변화와 함께 사회복지를 실천하기 위하여 사회복지사들이 갖추어야 할 여러 가지 능력 중 반드시 필요한 인간의 내면에 대한 이해능력과, 인간의 행동과 발달에 중요한 영향을 주는 요인인 사회환경에 대한 이해능력의 중요성이 인정되면서, 인간행동과 사회환경(Human Behavior and Social Environment)의 내용이 꼭 필요한 사회복지학의 기초지식이라는데 합의가 이루어지게 되었다.

인간행동과 사회환경의 내용은 크게 두 가지 방향으로 접근하게 된다. 첫째로는 사회복지실천이란 인간을 이해하여 인간자체를 바꾸려는 관점에 의거하여 사회복지실천의 방향을 '개인으로부터' 찾아가는 방법이다. 반면에 또 다른 하나는 사회환경의 문제를 전반적으로 개선하면 그 안에서 살고 있는 사람들의 삶이 바뀌고 삶의 질이 향상될 것이라는 관점에서 '사회환경으로부터' 사회복지를 실천한다는 입장이다.

'개인으로부터'의 관점은 사회복지의 실천을 개인에서 출발한다고 보아 사회복지실천의 미시적 관점이라 한다. 미시적 관점에서 중요한 주제는 인간의 행동과 발달이라 할 수 있다. 또한 '사회환경으로부터'의 관점은 사회복지의 실천을 사회환경에서 출발한다고 보아 사회복지실천의 거시적 관점이라 한다. 거시적 관점에서 중요한 주제는 인간에게 영향을 주는 사회환경이라 할 수 있다. 우선 사회복지실천의 미시적 관점인 인간행동과 발달에 관한 주제내용부터 살펴보고자 한다.

2. 인간행동에 대한 이해

사회복지의 실천은 사람을 대상으로 하는 사람에 대한 이해를 바탕으로 수행하는 활동이며 활동의 주체와 객체는 모두 사람이다. 사회복지실천의 주요 목적은 사람들이 보다 양질의 삶을 살도록 도와 행복한 삶을 살 수 있도록 추구하는 것이므로 이러한 활동을 성공적으로 수행하기 위해 중요한 인간의 본성과 행동에 대한 올바르고 객관적인 이해가 꼭 필요하다. 그러므로 인간행동에 관련된 지식 공부는 사회복지사에게 핵심적인 기초 내용이라 할 수 있다. 특히 사회복지학을 수학하는 예비사회복지사들은 앞으로 사회복지실천 현장에서 어떤 단계의 클라이언트를 만나게 될지 미리 확정할 수 없으므로 인간이 성별에 따라, 연령에 따라, 문화와 환경에 따라, 성장경험에 따라 어떤 생각과 행동을 하게 되는지에 관한 지식들을 배우고 익히는 과정이 있어야 하는 것이다. 이러한 지식을 기초로 사회복지사는 사회복지실천에 참여하는 모든 클라이언트의 행동을 주목해야 하기 때문이다. 클라이언트의 행동을 관찰함으로써 클라이언트의 욕구나 행동 그리고 변화의 정도를 정확하게 이해하고 그들의 제반 상황을 파악할 수 있다. 이를 바탕으로 사회복지실천이 개입될 때에 개인의 행동과 정신 심리적 상황을 더 나은 방향으로 변화시켜 주는 역할을 감당할 수 있는 전문적이고 유능한 사회복지사가 될 수 있는 것이다.

1) 인간행동의 의미

인간의 행동이란 무엇인가? 간단히 표현하면 인간의 행동은 인간의 움직임이다. 그러나 최근의 학자들은 인간의 행동을 외면적으로 관찰이 가능한 신체적인 움직임으로만 제한하지 않고 사고나 인지과정과 같은 내면적이고 정신적인 행동까지 포함하고 있다. 이러한 인간의 행동은 개인을 둘러싼 다양한 자극에 의해 일어난다. 즉 이러한 자극들은 행동을 일으키는 동기가 되는데, 사회복지실천에서는 개인의 욕구라고 설명하기도 한다.

인간행동을 이해하고자 하는 학문적 연구는 18C 후반에 시작되었으나 19C 후반부터 보다 적극적인 연구가 진행되었고 그 중 대표적인 연구는 정신분석학적인 관점과 행동주의 심리학적 연구가 대세를 이루었다. 정신분석학적인 주요 관점은 인간의 정신구조 중 큰 비중을 차지하고 있는 무의식에 저장된 초기 아동의 경험의 흔적과 기억들이 일생을 통하여 개인의 행동에 영향을 준다고 설명하고 있다. 행동주의 심리학의 관점은 인간에 대한 연구는 객관적으로 측정이 가능하고 다른 사람들에 의해 증명되어야 한다는 관점으로서 눈으로 확인할 수 있는 실험적 연구를 강조하였다. 인간의 행동 역시 관찰 가능한 외면적인 행동만이 중요하다고 주장하며, 인간의 자율성과 잠재적인 변화가능성, 그리고 주위 환경으로부터의 영향력에 대하여 간과함으로써 인간의 행동을 편향되게 이해하였다.

20C 중반에 들어서 초기 정신분석학적 관점이나 행동주의적 관점에 변화가 있었으며, 한편으로는 인본주의 심리학과 인지이론, 그리고 생태학적 관점 등에 의해 큰 변화를 가져오게 되었다. 인본주의 심리학은 인간에게는 자유의

지가 있으며, 개인의 고유한 정신적인 경험이 중요함을 강조하고 있다. 인간은 통합된 유기체로서 행동하며, 건설적이며 진보적이고 발전지향적인 속성을 바탕으로 하는 자기실현 경향성이 있음을 지적하였고 사랑과 이타성, 건강한 인격의 발전과 인간 경험의 긍정적인 면에 중점을 두었다. 또한 인간을 이해하는데 중요한 요소는 정신분석학적 관점에서 주장하는 것처럼 무의식적인 어떤 영향이나, 문제의 역사보다 '지금 여기에(here and now)'를 중시해야 하고 전체론적 관점에서 접근할 것을 강조하고 있다.

인지이론은 인간의 사고 능력에 관심과 초점을 두고 있다. 인간이 외부세계를 지각하고, 이해하며 파악하는 바탕인 인지구조에 관심을 두고 설명하고 있다. 피아제는 생물학적 능력에 바탕을 둔 인간의 인지적 성숙과정인 인식을 통해 자신의 경험을 조직하고 의미를 부여함으로써 주어진 자극을 해석하고, 문제를 해결하며, 정보를 종합하고 과제를 분석하는 것으로 보았다. 생태학적 관점은 개인을 포함한 세상의 모든 것은 서로 연관이 되어 있는 전체 질서를 갖고 있으며, 이 전체 질서 아래에 현존하는 사회질서가 있다는 가정을 전제로 하고 있다. 즉 개인은 한 체계로 존재하는 동시에 이 체계는 가족, 집단, 조직, 지역사회, 국가, 문화 등과 같은 상위체계와의 상호작용을 통해 체계 간 영향을 주고받으면서 개인의 행동에 영향을 준다는 것을 지적하고 있다.

살펴본 바와 같이 인간행동의 원리를 설명하는 학자들의 관점과 이론이 다양한 것은 한 가지 특정이론만으로는 인간행동을 충분히 설명하거나 이해하기 힘들다는 것을 의미한다. 사회복지실천 현장에서 만나게 되는 다양한 특성을 지닌 클라이언트를 온전히 이해할 수 있도록 하기 위해서는 인간행동을 설명하는 중요한 관점들을 포괄적으로 학습하는 것이 매우 중요한 과제라고 하겠다. 이에 대한 구체적인 설명은 제1부에서 다루고자 한다.

3. 인간발달에 대한 이해

1) 인간발달의 의미

발달(development)의 정의는 학자에 따라 다양하다. 발달이란 어원적으로는 유기체 내에 잠재해 있는 본질 또는 가능성이 점차로 그 모습을 표면적으로 드러내는 현상을 의미한다. 발달이란 인간의 전 생애에 걸쳐 일어나는 역동적인 성장 및 변화와 관련된 용어로서 코프카는 '유기체와 그 기관이 양에 있어서 증대되고, 구조에 있어서 정밀화되며, 기능에 있어서 유능화되는 것'이라고 정의한다. 그의 정의를 살펴보면 유기체의 양적 증대란 신장과 몸무게의 증가뿐 아니라 언어, 기억력, 문제해결력 등의 증가를 포함한다. 구조의 정밀화는 아동의 인지활동, 행동특성 등이 세련되어지고 각 기관이 정밀하게 변화되어지는 것을 지적하고 있다. 또한 기능의 유능화란 신체적 및 정신적 기능이 보다 정확하고 효율적으로 변화하는 것을 의미한다. 비렌과 우드러프는 발달은 덜 분화된 상태에서 더 분화된 상태로, 덜 복잡한 유기체로부터 더 복잡한 유기체로, 능력과 기술의 낮은 단계에서 더 높은 단계로 진행하는 과정이라고 하였다. 해비거스트는 인간의 발달이란 개인들이 사회로부터 부여받은 과제를 학습하는 과정이라고 표현하고 있다. 다시 말하여 발달은 태내에서부터 시작하여 사망에 이르기까지 진행되는 인간의 양적 변화뿐만 아니라 질적인 변화과정을 모두 포함한다.

인간의 발달과정은 유전적인 요인과 환경적인 요인의 영향을 받아 진행된다. 주로 신체적인 변화를 이끄는 유전적인 요인은 인간이 통제할 수 없는 속성이며, 반면에 학습이나 훈련 등과 같은 방법으로 인간발달에 영향을 주는 중요한 환경적 요인에는 가정, 학교, 직장 등 사회적 요소가 있다. 인간의 발달은 대부분 어느 한 가지 요인에 의하여 일어나기보다는 유전적인 요인과 환경적인 요인이 계속적인 상호작용에 의해 이루어진다고 보는 관점이 일반적이다.

인간의 발달을 일반적으로 성장, 성숙, 발달, 학습 등으로 설명한다. 인간의 양적 변화인 신체적 변화, 표면적인 변화를 지칭할 경우에는 성장(growth)이라 하고, 발달은 성숙과 학습에 의해 진행된다. 유전적이며 내적인 요인에 의해 특정한 시기에 일어나는 신체적 및 정신적인 변화를 성숙(maturation)이라 한다. 그리고 환경적인 자극이나 조건에 의해 교육, 훈련, 경험이나 연습에 의해 일어나는 변화는 학습(learning)이라 한다. 학습이 이루어지기 위해서 진행되는 경험(experience)은 환경과의 접촉, 즉 개인이 접하는 모든 심리적·물리적 환경과의 상호작용을 의미한다. 따라서 인간의 발달은 양적이며 표면적인 변화뿐만 아니라 생득적으로 된 특성과 환경 간의 상호작용에 의해 일어나는 행동 특성의 질적 변화를 모두 포함하는 것이다.

2) 인간발달의 원리

발달이란 수정으로부터 시작하여 출생, 성장, 노화의 과정을 거쳐 사망에 이르기까지 전 생애를 통해 신체적, 심리적, 사회적 요인들이 서로 상호작용하여 계속적이고 체계적으로 일어나는 일련의 변화과정을 뜻한다. 인간의 발달과정은 개인차가 있으나 계속적이고 안정적이고 체계적인 과정을 따라 이루어지는 규칙적인 변화과정이므로 예측 불가능한 것은 아니다. 인간의 전 생애에 걸친 발달은 일관성이 있으며 다음과 같은 몇 가지의 발달의 원리를 따라 진행된다고 할 수 있다.

(1) 발달은 일정한 순서와 방향에 따라 이루어진다.

인간의 발달은 보편적인 순서와 방향성에 따라 진행된다. 즉 인간의 변화와 발달은 상체에서 하체로, 중심에서 말초로, 그리고 전체활동에서 부분활동으로 이루어지며(유안진 · 김혜선, 1996), 이는 이전 단계의 발달이 다음 단계의 발달의 기초가 되며 발달은 점차적으로 보다 높은 차원의 단계로 진행됨을 의미한다.

(2) 발달은 계속적이며 점진적인 과정이다.

인간발달의 과정을 질적으로 서로 다른 특징을 가진 단계들로 이루어진다고 보는 발달단계 이론가들은 발달의 불연속성을 주장하지만, 대부분의 발달이론가들은 발달을 점진적이고 연속적인 과정으로 보고 있다. 즉 인간의 발달은 어느 시기에 특정한 부분이 급격히 이루어지기도 하지만 그 시기 이후에 특징의 발달이 중지되는 것은 아니며, 서서히 계속적으로 나타나는 점진적이고 연속적인 변화과정인 것이다. 이처럼 발달의 속도가 항상 일정한 것은 아니지만 발달은 시간의 경과에 따라 계속적으로 진행되는 과정인 것이다.

(3) 발달에는 개인차가 있다.

동일한 연령의 아동들이 모두 동일한 수준이나 상황으로 발달하는 것은 아니다. 그 이유는 비록 동일한 발달단계를 거치고 변화되었다고 할지라도 각 개인마다의 개인차가 있기 때문이다. 발달의 진행방향이나 순서에는 큰 차이가 없을지라도 발달의 속도는 개인에 따라 다르게 나타날 수 있다. 예를 들면 영아기 아동의 걸음마를 하는 시기가 다른 것을 볼 수 있는 것과 같다. 이러한 개인차는 유전적 소인이나 환경적인 요인에 따라 다르게 나타나게 되는 것이다.

(4) 발달은 유전과 환경의 상호작용에 의해 이루어진다.

학자들은 인간의 변화와 발달은 유전과 환경의 상호작용의 결과로 본다. 인간이 생득적으로 가진 유전인자가 성장의 한계를 결정한다면 환경적인 요인은 유전적 잠재력이 실제적으로 실현될 수 있는 수준과 범위를 절대적으로 제한한다. 즉 선천적 특성들이 잠재적 변화의 한계를 규정하지만, 이러한 한계는 환경이 어떻게 제공되느냐에 따라 실현 정도가 결정된다는 것이다.

(5) 발달은 결정적인 시기가 있다.

발달은 각각의 발달단계마다 그 단계에서 중요한 발달적 특징이 있다. 각 발달의 영역에는 급격한 변화를 보이는 시기가 있는데 이를 결정적 시기(critical period)라고 한다. 생의 초기 단계인 유아기의 경험은 신체적, 인지적, 정서적 발달에 있어 매우 중요하며 이후의 성장과 발달의 기초가 되며 때로는 회복하기 어려운 경우를 초래하기도 한다. 또한 발달 영역에 대한 결정적 시기에 제대로 익히지 못하면 다음 시기에 배운다고 해도 그 효과를 크게 기대하기 어렵다는 것이다.

(6) 발달은 분화와 통합의 과정이 있다.

발달 과정은 전술한 바와 같이 전체적이고 미분화된 신체 활동으로부터 부분적인 활동으로 분화하는 방향으로 발달한다. 그러나 발달은 분화로 끝나는 것이 아니라 기능은 다시 통합되는 과정을 겪는다. 이처럼 발달은 분화와 통합의 과정을 거치면서 진행한다. 더 나아가 발달영역 간에는 서로 상호 관련되어 있음을 알 수 있다. 예를 들어 신체발달, 운동기능의 발달, 인지발달, 언어발달, 정서발달, 사회적 발달 등은 서로 밀접한 관련성을 가지고 상호 영향을 미치면서 발달해 가므로 특정 영역의 발달은 다른 영역의 발달을 촉진하는 기능을 가지거나 지연시키기도 하는 것이다. 그러므로 유아기의 양육에 있어서는 모든 영역의 조화로운 발달을 위한 올바른 양육이 매우 중요하다.

3) 발달 단계와 발달과업

인간의 발달은 어떻게 구분되어질까? 학자의 발달이론에 따라 특정하게 구분되어지기도 하고 시대적 변화에 따라 약간의 차이는 있으나 일반 보편적으로 구분하는 단계로 나누면 다음과 같다.

① 태아기(prenatal)－수정의 순간부터 출생하기까지
② 신생아기(neonate baby)－출생부터 약 1개월
③ 영아기(infant baby)－1개월부터 2세까지
④ 유아기(early child)－2세부터 7세까지
⑤ 아동기(childhood)－7세부터 13세까지
⑥ 청소년기(adolescence)－13세부터 20세까지
⑦ 성인기(adulthood)－20세부터 65세까지
⑧ 노년기(old age)－65세 이상

전 생애를 통해 발달과정을 지나가면서 인간은 특정 시기마다 필수적으로 해결해야 할 과제가 있는데 해비거스트는 이를 발달과업(developmental tasks)라 칭하였다. 발달과업은 신체적인 성숙과 사회적 압력이나 자극으로 주어진다고 보며 발달단계에 따른 발달과업의 내용을 제시하고 있다. 그는 각 개인이 각 시기에 주어진 과제를 잘 해결해 가면 그 시기 뿐만 아니라 이후의 시기에도 생활이 만족스럽고 행복할 수 있는 가능성이 높아지며 주위의 다른 사람들로부터 인정과 승인을 받게 된다. 뿐만 아니라 다음 단계의 과제를 성취할 수

있는 기초가 형성되므로 지속적으로 발달과업의 성취 가능성을 예측할 수 있게 된다고 하였다. 반면에 발달과업의 수행을 실패하면 패배감을 느끼게 되고 불만족, 불행감을 가지게 되며 후속과제의 수행에도 성취가능성이 낮아진다. 또한 주위의 다른 사람들로부터 불인정과 불승인을 받게 되므로 지속적으로 어려움을 겪게 될 가능성이 높아질 것으로 지적하였다.

4. 사회환경

사회환경은 인간행동에 영향을 미친다는 점뿐만 아니라 사회복지사의 자원동원과도 밀접한 관계를 맺고 있다는 측면에서 중요한 개념이라 할 수 있다. 요컨대 클라이언트의 삶과 사회복지사의 활동이 사회환경 속에서 이루어지기 때문에 사회복지사는 당연히 사회환경을 철저히 이해해야 한다. 이를 위해 사회환경의 개념, 사회환경 이해의 관점을 중심으로 살펴보겠다.

사회환경은 인간의 제반 생활에 직접 및 간접으로 영향을 미치는 조건이나 형편을 일컫는다. 구체적으로 그 조건이나 형편은 당시의 사회가 추구하는 사회성격, 문화구조, 사회제도와 전통에 의해 이루어진다(동서문화, 1999 : 7678). 사회환경에 관한 개념에 대해서 19세기 말 사회학자들은 인간행동에 영향을 미치는 환경을 크게 내부환경과 외부환경으로 구분하였다. 내부환경은 사회환경을 의미하고, 외부환경은 자연환경을 일컫는다. 이 구분은 사회환경을 가족, 집단, 조직, 지역사회 따위와 같이 인간이 구성원이 되어 만들어진 환경에 한정하고 있다. 한편 20세기 중반에 들어서면서 생태체계 이론을 바탕으로 사회환경은 더욱 넓은 개념으로 발전하였다. 사회환경을 자연환경과 인공적 환경으로 구분함으로써 모든 환경을 포괄한다. 예컨대 자연환경으로 지형, 고도, 기후, 날씨 천연자원 따위를 들 수 있다. 이뿐만 아니라 사회환경은 체계에 의해 연계되어 서로 영향을 주고받는 점을 강조한다. 이와 같은 개념은 사회환경의 범주를 확대함과 동시에 사회환경의 규모에 따라 상호 교류를 강조함으로써 사회환경이 인간의 삶에 미치는 영향력을 밝힌 것이다.

사회환경은 인간의 삶에 직접으로나 간접으로 크고 작게 영향을 미친다. 사회환경을 구체적으로 살펴보면 개인에게 가장 가까운 가족에서부터 동료 집단, 조직, 기관, 지역사회, 국가로까지 확대할 수 있다. 개인은 이들 사회환경과 교류하기 때문에 서로 영향을 주고받는다. 특히 개인은 상위체계인 가족, 집단, 조직, 기관, 지역사회, 국가 따위에 영향을 미치는 것보다 오히려 이들 체계로부터 영향을 받는 것이 더 크다. 이는 하위체계보다는 상위체계의 힘이 크기 때문이다.

앞에서 언급한 바와 같이 사회환경에 관한 이해는 크게 초기 사회학에 기반을 둔 관점과 같은 시기에 함께 강조된 생태학과 체계이론에 기반을 둔 관점을 통해 가능하다. 이들 세 가지 관점을 정리하면 다음과 같다. 먼저 초기 사회학에서 강조하는 사회환경은 인간에 의해 구성된 집합체에 중점을 두었고, 특히 이 관점은 이들 집합체가 독립적으로 존재하는 것으로 보았다. 초기 사회학의 관점은 주요 사회환경으로 가족, 집단, 조직, 지역사회 따위에 주목하였고, 이들 환경은 체계 수준을 형성하지 않고 각 환경체 속에서 구성원 간 교류를 강조하였다. 따라서 이 관점에 의하면 인간의 행동에 영향을 미치는 체계 간 상호작용을 이해하는 데는 한계가 있다.

다음으로 생태학에 기반을 둔 관점은 앞에서 언급한 바와 같이 인간이 접하고 있는 자연환경에 중점을 두었다. 인간중심의 생태학 이론은 인간을 인간이 살고 있는 거주지에 연결하고 있다. 이 관점은 개인을 포함한 사회조직들이 환경으로부터 받는 영향을 검증할 수 있는 틀을 제공하였다는데 의의가 있다 (Norlin & Chess, 1997 : 36). 한편 생태학 이론은 즉시 생태체계 이론과 결합하여 생태체계적 관점으로 발전하였다. 이는 생태학 이론에서 강조하는 자연환경의 영향과 생태체계 이론에서 중점을 두고 있는 환경의 체계 수준이 함께 고려되는 통합적 관점이라고 할 수 있다. 특히 생태체계적 관점은 "체계의 모든 부분이 서로 관계 · 연계 · 의존하고 있다"(Andreae, 1996 : 601)는 생태체계 이론을 부가함으로써 개인의 기능과 관련하고 있는 상 · 하위체계는 물론 여타 체계들의 영향을 중시한다.

결국 사회환경은 인간행동에 영향을 미친다는 맥락에서 중요한 개념으로 보아야 한다. 특히 상당한 영향뿐만 아니라 자원으로도 존재함을 알아야 한다. 요컨대 사회복지사는 사회환경을 온전하게 이해하기 위해서는 생태체계적 관점을 바탕으로 한 통합적 시각을 기를 수 있는 노력이 필요하다.

5. 사회복지실천에서 인간행동과 사회환경

인간행동과 사회환경은 사회복지사가 인간을 온전히 이해하게 하기 위한 기초지식 중 중요한 것이다. 따라서 사회복지사에서 "인간행동과 사회환경"의 내용은 인간생물학적 · 사회적 · 심리학적 · 문화적 체계가 인간행동에 의해 서로 영향을 주고받으면서 나타나는 상호작용을 이해할 수 있는 것이라야 한다. 이와 같은 교과내용을 바탕으로 사회복지실천에서 인간행동과 사회환경의 의미, 인간행동과 사회복지실천 , 사회환경과 사회복지실천, 인간행동과 사회환경의 통합적 이해, 인간행동과 사회환경의 통합적 이해를 위해 자세히 살펴보겠다.

1) 인간행동과 사회환경의 의미

인간행동과 사회환경이 사회복지실천에서 지니는 특별한 의미는 앞에서 살펴본 사회복지실천 토대의 맥락에서 찾아볼 수 있다. 왜냐하면 사회복지실천의 토대인 사회복지의 가치, 목표, 지식, 기술, 환경에 인간행동과 사회환경이 근간을 이루고 있기 때문이다. 즉, ① 사회복지실천 가치 중에서 특별히 인간으로서 클라이언트의 존엄성과 개별성에 관한 이해는 인간행동에 관한 이해를 바탕으로 이루어져야 하며, ② 사회복지사는 사회복지실천의 목표가 클라이언트의 변화라고 할 때 그 목표를 온전히 이해하고 충실히 수행하기 위해서는 인간행동과 사회환경에 관한 철저한 이해가 필요하고, ③ 인간행동과 사회환경은 사회복지사가 갖추어야 할 광범위한 지식 중 한 가지로서 매우 중요한 위치를 차지하고 있으며, ④ 복잡한 기술을 익히거나 활용하는 시점에서 인간행동과 사회환경은 기초지식으로 적용되며, ⑤ 인간행동과 사회환경은 사회복지실천에 관련하고 있는 환경을 이해하는 데 중요한 기초지식이 된다. 이런 근거로 인간행동과 사회환경이 사회복지실천에서 품는 의미를 클라이언트와의 관계 중심으로 정리하면 다음과 같다.

첫째, 인간행동 쪽에서 본 사회환경은 인간행동에 일반적으로 영향을 미치는가 하면 유용한 자원으로서 상위체계의 의미를 지닌다. 따라서 사회복지사는 클라이언트 개인을 둘러싼 가족, 동료, 지역사회, 국가와 같은 사회환경의 움직임을 주도면밀하게 이해해야 한다.

둘째, 사회환경 쪽에서 본 인간행동은 사회환경의 구성요소나 부분적으로 영향을 미치는 하위체계로서 의미를 지닌다. 따라서 사회복지사는 인간행동이 사회환경에 대응하는 것은 물론 대응하지 못하고 마는 것까지도 확인해야 한다. 그럼으로써 클라이언트 개인이 제반 사회환경부터 물려 포기하려는 것을 찾아낼 수 있다.

셋째, 사회복지실천에서 인간행동과 사회환경은 사회복지사의 전체 활동 현장으로서 중요한 의미를 지닌다. 이는 인간행동과 사회환경을 한 체계로 간주하게 함으로써 환경 속에 클라이언트를 한층 포괄적으로 이해할 수 있게 한다. 사회복지사는 클라이언트, 클라이언트의 가족과 동료집단과 관계함은 물론 자신이 근무하고 있는 기관, 조직, 지역사회 안에서 활동하고 있기 때문에 이들 개인과 사회환경은 사회복지사의 주요 활동 현장이라고 할 수 있다. 요컨대 사회복지사는 인간행동과 사회환경이 클라이언트뿐 아니라 자신의 생각과 활동에도 영향을 미친다는 점을 알아야만 한다.

2) 인간행동과 사회복지실천

사회복지사는 인간행동을 사회복지실천에서 구체적으로 어떻게 적용 및 응용해야 할까? 사회복지실천에서, 특히 인간행동은 클라이언트의 욕구나 문제를 파악할 수 있는 핵심체로서 중요한 의미를 띤다. 이는 사회복지사가 클라이언트의 욕구나 문제를 파악할 때 그의 행동에 중점을 주어야 하기 때문이다. 이렇게 사회복지사가 사회복지실천에 임하여 인간행동에 초점을 맞추면 이는 심리사회적 성향에 가깝다고 보아 마땅하다. 즉 사회환경도 중시하지만 클라이언트 개인의 특성에 더욱 중점을 둠으로써 클라이언트를 깊이 이해하는데 필요한 지식과 기술을 동원할 수 있다. 실제로 개별사회사업(casework)이나 집단사회사업(group work) 및 가족치료에서는 사회환경보다 개인의 행동에 더욱 관심을 쏟는다. 그럼에도 환경 속의 클라이언트를 이해하기 위해서는 클라이언트가 관계하는 다양한 체계 수준의 환경인 가족, 집단, 조직, 지역사회, 문화 등을 고려하여 통합적으로 이해하여야만 한다.

3) 사회환경과 사회복지실천

사회복지실천에서 사회환경은 클라이언트에게 중요한 영향체계로서 의미를 지닌다. 클라이언트를 둘러싼 사회환경으로서 가족, 집단, 조직, 지역사회 따위는 클라이언트에게 다양한 유형의 영향을 미친다. 여기에 최근에는 문화가 권력으로 등장하면서 눈에 보이지 않는 개인의 환경으로 강조되기도 한다. 만약 사회복지사가 클라이언트 개인보다 사회환경 측면에 더욱 초점을 맞춘다면 이는 사회심리적 성향이 강한 것으로 간주할 수 있다. 실제로 지역사회사업(community work)과 같이 개인보다는 지역사회에 더욱 치중해 활동하는 사회복지사가 있다. 물론 이때 개인의 행동이나 처지를 무시하는 것은 아니고 개인의 주요 환경으로 작용하는 지역사회를 클라이언트체계 삼아 직접 개입 및 활동하는 것이다.

한편 클라이언트는 가족을 포함한 지역사회나 국가와 같은 상위체계로부터 긍정적 영향이나 부정적 영향을 받을 수 있다. 따라서 클라이언트에게 긍정적 영향을 미치면 이들 상위체계는 클라이언트를 위한 지지체계나 자원체계로 활용할 수 있으며, 부정적 영향을 미치면 클라이언트의 욕구나 문제의 상황을 악화시키는 표적체계로 간주할 수 있다. 요컨대 클라이언트를 둘러싼 사회환경은 상위체계로서 클라이언트에게 긍정 및 부정적 영향을 미치고, 나아가 유용한 자원이 되기도 한다.

4) 인간행동과 사회환경의 통합적 이해

인간행동과 사회환경에 관한 적절한 이해를 위해서는 여러 주요 이론과 개념들을 바탕으로 체계적인 학습이 필요하다. 이는 인간행동과 사회환경에 관한 이해는 이해 자체로 끝나는 것이 아니고 이 이해를 기초로 사회복지실천에 적용시켜 나가는데 궁극적 목표가 있기 때문이다, 생태체계 이론의 관점에서 개인행동을 구성하고 있는 다양한 요인과 개인이 서로 관계하는 사회환경의 부분들 간 상호작용을 파악하는데 중점을 두고 있는 바와 같이 사회복지사는 클라이언트와 사회환경의 상호작용 안에서 클라이언트를 이해해야 한다.

먼저 인간행동에 관한 이해는 대체로 정신역동 이론을 비롯하여 인지 이론, 행동주의 이론, 인본주의 이론, 생태체계 이론, 다문화 이론을 통해 가능하다. 물론 이들 이론 중 특정 한 가지 이론이 인간행동의 모든 면을 완전하게 이해시키는 것은 아니다. 이들 이론은 각기 특성을 지니고 있기 때문에 인간행동을 설명하는 데 강점과 약점을 지니고 있다. 특히 인간행동을 규명하는 이론 중 생태체계 이론은 사회환경을 이해하는 데 기초가 될 뿐만 아니라 인간행동과 사회환경의 결합을 설명하는 토대가 되기도 한다. 예컨대 생태체계 이론은 '환경 속의 개인'을 규명함과 동시에 개인의 행동은 가족, 집단, 조직, 지역사회 따위와 같은 체계와 관련하면서 서로 영향을 주고받는데 이 관점을 생태체계 이론이 규명하고 있다. 아울러 다문화사회로 진입하면서 다문화 이론을 통해 다문화 당사자를 한층 역동적으로 이해할 수 있다. 한편 인간행동은 그 자체로 이해되는 것보다는 인간을 둘러싼 사회환경으로서 가족, 집단, 조직, 지역사회, 문화 등에 관한 이해를 바탕으로 이루어지는 것이 바람직하다. 이뿐만 아니라 인간과 이들 사회환경 간 상호작용의 과정도 이해해야 한다. 사회복지사는 사회환경을 각 분야의 관련 주요 이론과 개념을 중심으로 이해하고, 이들 사회환경과 인간행동 간 상호작용은 생태체계 이론을 중심으로 이해할 수 있다. 이렇게 인간행동과 사회환경에 관한 통합적 이해를 기초로 생애주기별 인간의 성장과 발달 특성을 파악해야 한다. 사회복지사는 심리학의 주요 이론과 사회환경에 관한 이론, 그리고 인간행동과 사회환경 간 상호작용을 설명하는 생태체계 이론을 바탕으로 특정 생애주기의 개인을 이해할 수 있어야 한다.

5) 인간행동과 사회환경의 통합적 이해를 위한 자세

실천가로서 능력 있는 사회복지사가 되기 위해서는 좋은 정신과 합당한 기초지식을 바탕으로 필요한 제반 기술을 갖추어야 한다. 유능한 사회복지사가 되기까지 대학에서 학생이 익혀야 할 과제는 간단하지 않다. 그런 중에도 인간행동과 사회환경에 관한 이해는 대학에서 익혀야 하는 중요한 기초지식 중 하나라고 할 수 있으며, 이 기초지식은 앞으로 사회복지실천 기술을 습득하는 데 매우 유용하게 활용될 것이 분명하다. 따라서 학생들은 인간행동에 관한 이해를 위해 다음과 같은 자세로 노력해야 한다.

첫째, 인간행동에 관한 균형잡힌 이해를 위해 관련 이론을 두루 섭렵하도록 노력해야 한다. 심리학의 제반 이론 사회환경을 설명하는 주요개념과 이론, 그리고 인간과 사회환경 간 상호작용을 설명하는 이론과 관점을 익히는 데 특정 이론에만 의존해서는 안 된다. 다양한 관점이 다양한 사회를 이해하게 할 것이 분명하고, 이 시기에 익히는 지식은 앞으로 전문가로 활동하기 위한 토대가 될 것이기 때문이다.

둘째, 앞에서 언급한 주요 개념과 이론을 익히는 과정에서 실제 사례에 적용시킬 수 있도록 노력해야 한다. 자신은 물론 가족을 비롯하여 자기가 소속하는 체계별 사회환경과 관련하여 자기 경험을 분석하는 것이 바람직하다. 이뿐만 아니라 주변 사람들이 경험하고 있는 사례나 대중매체에 소개되는 사례를 통해 인간행동과 사회환경에 관한 지식을 넓혀 나가야 한다.

셋째, 인간행동과 사회환경에 관한 지식을 익히고, 나아가 이를 적용하는 과정에서 윤리적인 면을 철저히 지켜야 한다. 클라이언트의 개인에 관한 제반 사항, 이들이 처한 사회환경 관련 정보를 함부로 남용해서는 안 된다. 사적인 정보는 깨질 위험이 있는 물건처럼 어떤 상황에서는 신중히 접하고, 소중하게 관리해야 한다. 이런 측면에서 보면 사회복지사가 자연환경을 보존하기 위해 애를 쓰는 것은 당연하고, 모든 유형의 자원을 아끼려는 태도를 단순히 검소한 생활태도로만 간주할 것이 아니라 자연환경의 윤리적 태도임을 인정해야 한다.

제 1 부

인간행동과 사회환경의 이해

제1장

정신역동 이론

1. 프로이트의 정신분석 이론
2. 에릭슨의 심리사회적 발달이론
3. 아들러의 개인심리학 이론
4. 융의 분석심리학

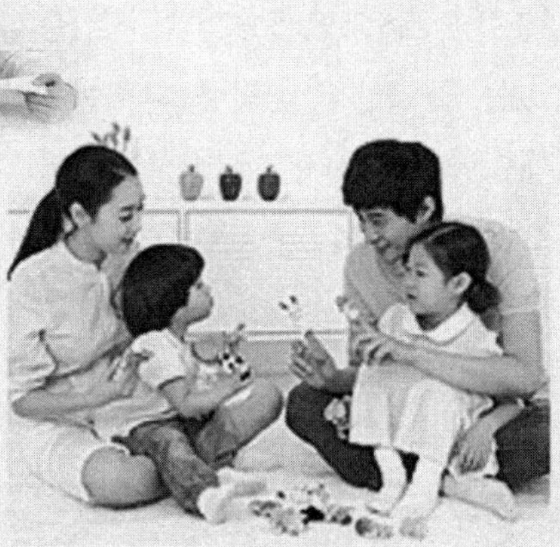

정신역동 이론은 프로이트(Freud)의 정신분석 이론에서 출발하여 그의 영향을 받은 아들러(Adler), 융(Jung), 에릭슨(Erikson)의 이론으로 연결될 수 있다. 정신역동 이론은 인간의 행동을 이해하는데 있어서 화학적, 생리적인 설명에서 벗어나 인간의 행동을 정신 내의 상호작용, 정신영역과 개인의 환경적 요소들과의 쌍방 영향력을 이해해 보고자 하는 이론이라고 할 수 있다.

이 장에서는 정신역동의 출발점인 프로이트의 정신분석 이론, 에릭슨의 자아심리학, 아들러의 개인심리학, 융의 분석심리학을 중심으로 주요개념과 발달단계, 나아가 각 이론의 평가와 사회복지실천에 미친 영향을 살펴보고자 한다.

1. 프로이트의 정신분석 이론

1) 프로이트의 생애

프로이트(Sigmund Freud)는 1856년 5월 6일, 지금은 체코슬로바키아에 있는 조그만 마을인 모라비아의 프라이베르크에서 태어났다. 가난한 유태인 가정에서 성장했으며, 프로이트의 어머니는 프로이트 아버지의 세 번째 아내였고 프로이트는 그 사이에서 난 첫째 아들이었다. 프로이트의 어머니는 프로이트의 이복형제인 Philip과 나이가 같았다.

S. Freud
(1856~1939)

프로이트가 네 살 때 비엔나로 이사를 왔고, "나는 7년 동안 일등을 하였다"라고 회상할 만큼 항상 공부를 잘하였고, 과학뿐만 아니라 예술에도 관심이 많았다. 1873년에 비엔나대학 의학부에 입학하였고, 기초학(주로 뱀장어의 생식기와 물고기의 중추신경계와 관련된 연구)에 대한 관심이 높아 1881년에 빈의과대학을 8년 만에 졸업하였다.

1885년에 프로이트는 비엔나대학에서 신경병리 강의를 맡았고, 샤르코(Charcot)와 '히스테리'에 대한 연구를 했다. Charcot가 프로이트의 사고 발달에 영향을 미친 세 가지는, 첫째, 최면 암시의 효과가 무의식에 영향을 미친다는 것이고, 둘째, 최면 사용에 따른 '부작용'으로 환자가 의사에게 애착을 느끼는 것, 셋째, 성(sex)과 신경증 간의 어떤 관련성을 시사한 것이 그것이다. 프로이트는 1886년에 결혼하였고 자신과 아내를 위해 개업을 하였으며, 9년 동안 6명의 자녀를 두었는데, 막내인 안나(Anna)는 나중에 아동 심리치료를 선구적으로 이끌었고, 프로이트의 주된 해설자가 되었다. 1895년 프로이트와 브로이어(Breuer)는 『히스테리 연구(Studies on Hysteria)』를 공동 집필하였는데 1880년대에서 1890년대 초까지의 사례에 대해 공동으로 작업한 연구였다.

1896년 공식적으로 최면법을 포기하고, 자유연상법을 사용하여 정신분석학의 선구자가 되었다. 프로이트는 1900년에 『꿈의 해석』을 출간하였고, 의사 5명의 소모임으로 시작했던 정신분석기법은 1908년에는 국제협회를 만들기에 이르렀고 정신분석 이론에 대한 왕성한 이론을 펴나갔다.

프로이트는 67세에 윗턱 뼈에 암이 발생했고 생을 마감하기까지 16년 동안 30여 차례의 수술을 받았으나, 마지막까지 연구하고 저술했다. 프로이트는 나치의 핍박을 피해 1938년 런던으로 망명하였으며 1939년에 사는 것이 더 이상 의미없다는 판단 하에 담당의사인 막스 슈르의 도움을 받아 83세로 안락사로 생을 마감했다.

그의 대표적인 저서로는 『꿈의 해석』(1900), 『일상생활에서의 정신병리학』(1901), 『정신분석학 입문』(1902), 『자아와 원초아』(1923), 『환상의 미래』(1927), 『문명과 그 불만(1930)』, 『신정신분석학 입문』(1933), 『정신분석 개요』(1940) 등이 있다.

2) 의식과 성격

(1) 의식 : 지정학적 모형

'지정학'이란 이름은 사람의 마음 세계를 지리적 개념으로 설명한 데서 비롯된 것이다. 즉, 인간의 정신세계는 무의식 · 전의식 · 의식의 3층 구조로 되어 있고, 이 의식과 무의식이 나뉘는 것은 억압(repression) 때문이다.

① 무의식(unconsciousness)

무의식은 인간의 정신세계의 가장 깊은 곳에 또아리를 틀고 있다. 이것은 인간의 정신세계에서 가장 중요한 부분이며, 전혀 인식되지 않지만 인간의 사고와 행동에 결정적인 역할을 한다. 그 내용들은 수치심을 유발하는 것들, 죄악감, 열등감, 상처받은 경험, 성적 욕구, 공격 욕구 등으로 의식에서 감당하기 어려운 것들이다. 프로이트는 무의식의 증거로 말실수, 망각, 꿈의 존재를 들었는데, 특히 '꿈'은 무의식에 이르는 왕도이며 꿈의 해석을 통하여 무의식의 자료들을 알 수 있다. 뿐만 아니라 최면(hypnosis)이나 자유연상기법을 통하여 무의식의 자료들을 의식할 수 있다.

② 전의식(preconsciousness)

전의식은 한 마디로 "툭 건드리면 튀어올라 올 수 있는 기억"이라고 할 수 있다. 이 전의식에는 지금 이 순간의 의식영역 안에 들어 있지 않은 어떤 생각, 감정, 공상, 관념, 기억, 경험 등을 포함한다. 예를 들어, 지난 주에 맛있게 먹었던 음식, 친구가 입었던 옷 등의 내용들은 관심이 사라지면서 전의식의 자료가 된다. 대부분의 습관이나 기술들이 전의식의 조절하에 있다. 무의식과의 차이는 전의식의 많은 부분은 개인이 조금만 노력하면 자발적으로 회상할 수 있지만 무의식의 내용은 정신분석적 접근이 이루어져야만 그 실체를 알 수 있다.

③ 의식(consciousness)

의식은 어떤 순간에 우리가 알거나 느낄 수 있는 모든 경험과 감각을 의미한다. 프로이트는 정신세계의 극히 일부만이 의식의 범위에 포함되며, 의식은 수면 위에 떠있는 빙산의 일부로 비유된다.

(2) 성격 : 구조학적 모형

프로이트의 지정학적 모형 이후 1923년에 제시된 구조학적 모형은 성격을 설명하며 성격은 원초아(id), 자아(ego), 초자아(superego)로 구성되어 있다고 주장했다. 이 세 가지 성격의 구성은 서로 상호작용하거나 각각이 인간의 행동에 영향을 미치며 전체 성격을 구성한다고 보았다.

① 원초아(id)

원초아란 기본적인 심리적 충동을 말하고, 가장 넓은 의미로 말해서, 공격충동과 성충동으로 크게 분류된다. 따라서 원초아가 지배적인 성격을 가진 사람은 공격충동과 성충동의 욕구를 거의 통제하지 못한다. 원초아는 성격의 가장 원초적인 부분으로 타고나는 것이며 출생 직후의 심리세계이다. 인간성숙발달의 정해진 시간계획표에 따라서 자연히 전개된다. 그리고 이런 본능은 일차적 사고과정과 쾌락원칙에 따라서 조직되고 표출된다. 원초아에 지배를 받는 성인은 외부세계와 상관이 없고 어떤 법칙이나 논리가 통하지 않고 유치하고 충동적이며 현실세계나 사회의 윤리와 가치에 무관심하다.

② 자아(ego)

자아는 본능으로 하여금 충동을 지연시키고 쾌락원칙이 아닌 현실원칙[1)]을

---

1) 현실원칙(reality principle) : 사회적으로 바람직한 또는 수용될 수 있는 방출방법이 발견될 때까지 긴장을 참아 내고 실제적인 만족을 얻어 내는 것.

고려하도록 하는 역할을 한다. 자아는 원초아와는 달리 사실과 허구를 구별할 수 있고, 대량의 긴장을 참을 수 있다. 그러나 자아는 원초아의 지속적인 요구와 현실의 압력 사이에서 갈등을 경험하게 되고, 갈등은 불안을 유발하는 긴장 상태를 만들어 낸다. 적절한 불안은 정상적이지만 자아가 불안을 적절히 해결하지 못하게 되면 신경증이 나타나게 된다. 이러한 불안을 다루고 자아가 불안에 압도당하지 않게 하기 위해서 무의식적 방어기제(defense mechanism)가 발달하게 된다. 자아는 인격 기능을 조절하는 인격의 집행기관이며, 자아가 집행해 주지 않으면 원초아나 초자아는 행동으로 나올 수가 없다.

③ 초자아(superego)

초자아는 원초아와 자아의 발달을 거쳐 마지막으로 발달하는 성격체계이다. 초자아는 인간의 마음 속에 있는 윤리적이고 도덕적이고 이상적인 면을 말한다. 초자아는 유전되는 것이 아니고 아이가 부모의 사회적 가치와 이상을 동일시함으로써 발달한다. 프로이트는 초자아를 두 개의 하위체계, 즉 '양심(conscience)'과 '자아이상(ego ideal)'으로 나누어 설명하고 있다.

첫째, '양심(conscience)'은 어린이가 잘못을 저질렀을 때 부모로부터 야단을 맞거나 처벌을 통해 생기며 이것은 자신에 대한 비판적 평가나 도덕적 억압, 죄의식 등이 포함된다.

둘째, '자아이상(ego ideal)'은 부모가 도덕적으로 바람직한 것이라고 간주하는 것으로서, 부모의 칭찬에 의해 형성되는 부분이다. 즉, 개인으로 하여금 목표나 포부를 갖게 해 주며 이것을 달성한다면 자존심과 긍지를 느끼게 된다.

초자아는 원초아의 공격충동과 성충동을 억제하며, 자아로 하여금 도덕적 목표로 향하게끔 에너지를 집중한다. 결론적으로 자아가 원초아와 초자아를 적절히 통제하고 조정하여 에너지가 균형을 이룰 때 건전한 성격이 형성된다.

[그림 1] 지정학적 모형과 구조학적 모형

* 출처: http://www.google.co.kr

3) 프로이트의 심리성적 발달단계

프로이트는 영아기부터 시작하여 특정발달의 시기 동안 리비도(libido)2)가 집중되는 성감대의 변화와 부모와의 경험 및 관계의 영향에 따른 성격발달의 5단계, 즉 구강기, 항문기, 남근기, 잠복기, 생식기 단계로 설명하였고, 특히 앞의 세 단계가 성격형성에 결정적인 영향을 미친다고 주장하였다.

(1) 구강기(oral stage, 출생~18개월)

구강기는 출생 후부터 18개월까지이며, 리비도가 입에 집중되어 있는 시기이다. 입으로 빨고, 삼키고, 깨무는 자극을 통하여 쾌감을 얻는데, 구강 전기의 영아는 주로 빠는 행위를 통해 쾌감을 얻고, 구강 후기부터는 씹거나 깨무는 행동으로 리비도의 욕구가 충족된다.

구강기의 적당한 자극은 타인과의 친밀감 형성, 공격성을 보이거나 탐욕적인 행동을 하지 않는다. 그러나 구강기에 너무 과다하거나 불충분한 자극이 주어지면, 수동적이고 미숙하며 의타심이 많고 의존적이거나 음식에 대한 지

---

2) 리비도(libido) : 프로이트에 의해 1890년도에 쓰여졌으며, 한 마디로 성적 에너지이다. 인간은 전 생애를 통해 성적흥미나 자극이 다양한 행동과 정신활동에서 나타난다고 보았다.

나친 집착, 과도한 흡연이나 음주, 타인 비난, 논쟁, 독설 등을 내뱉는다(이근홍, 2009 : 175).

(2) 항문기(anal stage, 18개월~3세)

항문기는 생후 18개월에서 3세에 해당하는 시기이며, 리비도가 항문으로 옮겨간 시기이다. 이 시기에 배설을 통해서 유쾌한 긴장의 완화를 체험하는 동시에 배변훈련이라는 최초의 사회적 제제를 경험하게 되며 본능적인 욕구와 사회적 규범 사이의 갈등이 나타나고 그 결과가 성격형성에 영향을 미치게 된다. 크게 항문 공격적 성격(anal aggressive personality)과 항문 보유적 성격(anal retentive personality)으로 나뉜다.

항문 공격적 성격은 부모가 배변훈련 과정에서 심하게 엄격하게 다루거나 청결을 강조한 경우로 향후 잔인하고, 파괴적이고, 난폭하고, 적개심과 의심이 많다.

항문 보유적 성격은 부모가 배변훈련 과정에서 심하고 엄격하게 다루어서 소극적인 성격을 띤 형태로 인색하고, 깔끔하고, 매정하며, 지나치게 강박적인 성격을 나타낸다(Schultz & Schultz, 1994 : 53). 이와는 달리 어머니가 유아에게 배변에 대해 지나치게 칭찬을 하면 자선 또는 박애활동의 원천이 된다고 한다(이효선, 2006 : 106).

(3) 남근기(phallic stage, 3세~5세)

남근기는 3세-5세에 해당하는 시기이며, 리비도가 자신의 성기로 옮겨간 시기이다. 이 시기에 남아는 이성의 부모, 즉 어머니에는 강한 성적 매력을, 동성인, 즉 아버지에게는 적대감을 느끼는 현상이 나타나는데 이를 오이디푸스 콤플렉스(Oedipus complex)라고 하고, 여아에게 이 반대의 현상이 나타나는 것을 엘렉트라 콤플렉스(Electra complex)라고 한다.

이때 남아는 아버지가 자신의 성기를 자를지도 모른다는 불안을 느끼는데 이를 거세불안(castration anxiety)라고 하며, 그 불안에서 벗어나고자 아버지에 대한 적대감을 억압하고, 대신에 아버지의 태도나 행동을 동일시하는 방어기제를 사용한다. 여아는 이 시기에 남자 아이처럼 남근이 없다는 것을 깨닫고 남근선망(penis envy) 현상이 나타나고, 어머니에 대한 적개심에서 벗어나고자 역시 동일시하게 된다.

남근기의 발달이 성공적으로 달성되면 성 역할의 동일시를 통하여 성정체감을 가질 수 있다. 반면 이 시기의 욕구들이 좌절되거나 과잉 충족되면 남아는 권위에 대한 과도한 두려움, 과다한 경쟁심리, 경솔과 과장이 나타나고, 여아는 유혹적이며 경박한 기질을 갖거나 자기주장이 과잉되게 표현된다.

(4) 잠복기(latency stage, 6세~사춘기)

잠복기는 6세~사춘기에 해당하는 시기이며, 리비도가 무의식 속에 억압되어 있어 성적으로는 안정상태를 유지하는 시기이다. 성적 관심이 적어지는 반면 지적 활동과 사회성이 발달하는 시기이다. 다만, 잠재기에 고착되면 성인이 되어도 동성 간의 우정에 관심이 더 쏠릴 수 있다.

(5) 생식기(genital stage, 사춘기 이후)

생식기는 사춘기 이후부터 성인기 이전까지에 해당하는 시기이며, 이성에 대한 관심이 시작되는 시기이다. 부모로부터 독립하려는 의욕이 강한 반면 두려움도 있다. 프로이트는 생식기적 성격이 이상적인 성격이고 잘 획득되었을 경우에는 인간관계가 원만하고 책임감있게 생활하고 자연스럽게 이성과 사랑을 할 수 있다고 하였다.

표 1 프로이트의 심리성적 발달단계

단계	연령	주요활동 (발달과업)	성격특성
구순기 (입)	출생~18개월	빨기, 뱉기, 깨물기 (젖떼기)	낙천적/비관적 능동적/수동적 감탄/시기
항문기 (항문)	18개월~3세	대변보류, 대변방출 (배변훈련)	인색/관대 고집/순종 정확/애매
남근기 (성기)	3세~5세	자위행위 (오이디푸스 콤플렉스 극복)	허영/자학 자신/소심 남성적/여성적
잠복기	6세~사춘기	성의 잠재기	
생식기 (전신)	사춘기 이후	성교 (친밀한 사회적 관계 확립)	성숙/미성숙 적응/부적응

출처 : 권중돈 · 김동배(2006), 인간행동과 사회복지실천, p.321. 서울: 학지사, 재구성

4) 방어기제

프로이트의 딸인 안나 프로이트의 가장 큰 공헌은 정신역동적인 방어기제의 규명과 분석이라 할 수 있다. 그녀는 프로이트가 제기한 자아의 방어기능에 대한 관점들을 정리하여 방어기제에 관한 최초의 체계적 이론을 수립하여 성격발달에서 방어기제의 역할에 관한 이해를 확대시켰다. 안나 프로이트의 방어기제 이론이 사회복지 분야의 주목을 직접적으로 받은 적은 없지만 그녀의 방어기제 이론은 인간행동과 인간발달에 관한 사회복지사의 이해를 넓히는데 기여한 바가 매우 크다.

프로이트가 특별히 관심을 가졌던 자아방어기제 등은 퇴행, 억압, 반동형성, 투사, 합리화 등이다. 안나 프로이트는 특징적인 방어기제들 간에는 위계적 서열이 있다고 보았다. 정신분석 이론에서 제시된 주요 자아방어기제에 대한 설명은 다음과 같다.

방어기제(defense mechanism)는 자아의 무의식적 영역에서 일어나는 심리기제이다. 인간의 내적인 평정을 깨뜨리는 사건들, 대개는 사회적 · 도덕적으로 용납되지 못하는 성적 충동, 공격적 욕구, 미움, 원한 등으로부터의 불안을 극복하고 적응하기 위해 사용하는 심리적 노력을 의미한다.

(1) 억압(repression)

가장 보편적이고 일차적이고 원시적인 방어기제로서 받아들일 수 없는 욕망, 감정, 기억, 사고 등을 의식수준에서 몰아내어 무의식 속으로 집어넣는 것이다. 특히, 죄의식, 창피 또는 자존심의 손상을 일으키는 경험들은 고통스러운 불안을 일으키므로 억압을 하는데, 억압이 성공적이면 사회적 · 도덕적으로 잘 적응하는 생활이 가능해진다.

예시 아주 어려운 숙제를 도저히 내가 감당해 내지 못할 게 뻔하고 그래서 동료들에게 창피를 당하는 것이 두려워 아예 그 과제가 있었다는 것조차 잊어버리는 경우

(2) 억제(suppression)

전의식에 해당하며 받아들이고 싶지 않은 욕구나 기억을 의식적으로 잊으려고 노력한 것이고, 누군가, 어떤 상황에 의해서 의식화될 수 있다.

예시 아픈 이별의 상처가 있는 사람이 상대방과 있었던 어떤 추억을 기억하지 못하는 경우

(3) 반동형성(reaction formation)

용납할 수 없는 감정이나 충동을 정반대의 감정이나 행동으로 대체 시켜 표현하는 것으로 불안을 막기 위해 자신의 진정한 감정과 반대되는 감정을 선택하여 무의식에 있는 부도덕하거나 충동적인 생각 등이 의식으로 떠오르는 것을 막는 과정이다.

예시 바람을 피운 남편에게서 난 자식을 애지중지 키우는 본처

(4) 퇴행(regression)

좌절을 당했을 때 그 동안 이루었던 발달의 일부를 상실하고 안정적이었던 과거로 돌아가 어린 아이처럼 행동하는 것을 말한다.

예시 대기업의 임원인 중년남자가 과다한 스트레스에 시달리고 있을 때 평소와는 다르게 늙으신 어머니와 같이 자고 싶어하고 어머니의 젖을 더듬는 행위를 하는 것

(5) 격리(isolation)

고통스러운 생각이나 기억을 그에 수반된 감정 상태와 분리시키는 것이다. 고통스러웠던 사실은 기억하지만 감정정서는 억압함으로써 지각하지 못하게 된다. 강박장애에서 흔히 나타난다.

예시 | 아버지의 죽음에 대해서 말할 때 슬픈 감정을 느끼지 못한 남자가 아버지를 연상시키는 권위적 남자주인공이 죽는 영화를 볼 때 비통하게 우는 경우

(6) 취소(undoing)

스스로 용납할 수 없거나 죄책감을 일으키는 행동, 사고, 감정을 상징적인 방법을 통해 취소 또는 무효화하는 것이다. 보통의 속죄행위가 여기에 해당한다.

예시 | 밤늦게까지 술을 먹고 회식을 한 남편이 집에 들어갈 때 아내를 위해 꽃다발을 사들고 가는 경우

(7) 투사(projection)

자신의 받아들일 수 없는 충동이나 사고를 다른 사람이 그러한 충동과 생각을 하고, 행동한다고 믿는 것을 말한다. 투사는 관계망상이나 피해망상을 일으키는 중요한 기제이다.

투사는 부정(denial)과 전치(displacement)의 방어기제와 밀접한 관계가 있다.

예시 | 자신이 어머니를 몹시도 미워하면서 어머니가 자신을 미워한다고 생각하는 경우

(8) 자기에로의 전향(turning against self)

공격성 같은 본능적인 충동이 자기에게 향하는 것을 의미하며, 이러한 자기

공격이 우울증을 야기하기도 한다.

> **예시** 부부싸움을 한 남편이 화가 나서 자기 머리를 벽에 부딪치는 것은 부인에 대한 분노를 자기한테로 향한 것

(9) 역전(reversion)

감정, 태도, 관계를 반대로 변경하는 것을 말한다. 이러한 역전은 반동형성과 구별된다.

> **예시** 유능한 여성으로 성장한 사람이 자신의 성공에 대해 죄책감과 불만을 경험하는 경우

(10) 승화(sublimation)

원초적이고 용납되지 않는 충동을 적절히 억압할 수 없을 때 사회적으로 용납되는 다른 형태로 전환하여 표출하는 경우를 말한다. 가장 건전하고 바람직한 기제이다.

> **예시** 잔인한 살인적 충동이 승화되어 외과의사가 되거나 공격충동이 승화되어 세계적인 권투선수가 되는 것

(11) 회피(avoidance)

위험한 상황이나 대상으로부터 안전한 거리를 유지하려는 것으로, 의식적 · 무의식적 회피가 둘 다 가능하다.

예시 무서운 아버지가 집에 일찍 들어오는 날에는 일과를 마치고도 밖에서 다른 일을 만들어 시간을 보내는 경우

(12) 합리화(rationalization)

행동 속에 숨어 있는 실제 동기를 받아들이기 어려울 때 자아가 용납할 수 있는 그럴듯한 이유를 대는 것이다. 합리화가 거짓말이나 변명과 다른 점은 전적으로 무의식의 차원에서 이루어지며 합리화를 하는 자신도 그렇게 믿고 있다는 것이다.

예시 어떤 목표를 달성하려 했으나 실패한 사람이 자신은 처음부터 그것을 원하지 않았다고 설명하거나 이유를 대는 것

(13) 부정(denial)

의식화되면 도저히 감당할 수 없는 어떤 생각이나 욕구를 무의식적으로 부정하여 불안으로부터 자신을 방어하는 것이다.

예시 암 선고를 받은 환자가 검사결과를 인정하지 않고 의사의 오진으로 생각하고 치료시기를 놓치는 경우

(14) 보상(compensation)

자신의 성격, 지능, 외모 등에 어떤 약점이나 제한점이 있는 사람이 이를 보상받기 위해 다른 어떤 것에 몰두하는 의식적인 노력을 들 수 있다.

예시 | 매우 왜소한 체격을 가진 남자가 헬스클럽에서 근육을 키우는데 열중하면서 단순히 건강을 유지하기 위해 체력단련을 하는 것으로 설명하는 것

(15) 동일시(identification)

자신이 이상화하는 사람(부모, 친척, 유명인)의 행동, 태도, 속성을 자신의 것으로 취하는 것으로 경우에 따라서는 제일 닮지 말았으면 하는 사람의 속성을 닮는 절대적 동일시가 있다.

예시 | 아빠가 의사인 아들이 청진기와 주사를 가지고 놀기를 좋아하는 것

(16) 대치(substitution)

정서적으로 아주 중요하지만 심리적으로 수용할 수 없는 대상을 심리적으로 수용 가능한 비슷한 다른 대상으로 무의식적으로 대치하는 것을 의미한다. 대치와 전치는 비슷하지만 엄격히 구분하면, 대치는 대체물이 되는 '대상'에 중점을 두지만 전치는 '감정'에 중점을 두는 것이다.

예시 | 오빠에게 매력 느끼는 여동생이 오빠 비슷한 사람과 사귀는 것

(17) 전치(displacement)

실제로 있는 어떤 대상에 향했던 감정 그대로를 상대적으로 덜 위험한 다른

대상에 표현하는 것이다.

예시 | 전라도 출신 정치인이 나오는 TV를 보던 경상도 출신 남편이 전라도 출신인 아내에게 하찮은 일로 버럭 화를 내는 경우

(18) 상징화(symbolization)

어떤 사람이나 사물에 부착된 감정적 가치를 어떤 상징적 표현으로 전치시키는 것이다. 이러한 상징화에 사용되는 대상이나 주제는 사회적으로 금기로 규정되어 있는 경우가 많다. 이러한 상징의 의미가 원래의 충동과 반드시 일치하지 않아서 상징의 의미를 파악하기 어려울 때가 많다.

예시 | 수태의 강렬한 소망을 지닌 여인은 꿈에서 달걀이나 새알을 보는 것

(19) 해리(dissociation)

마음을 편치 않게 하는 근원인 성격의 일부가 그 사람의 의식적 지배를 벗어나 마치 하나의 다른 독립된 성격인 것처럼 행동하는 경우다.

예시 | 몽유병이나 이중인격, 지킬 박사와 하이드

(20) 저항(resistance)

억압된 재료들이 의식화되는 것을 막는 것을 말하는데 그 이유는 억압된

감정이 의식화되면 너무 고통스럽기 때문이다. 무의식의 내용을 의식화할 때 심층수준에서 이 의식화를 방해하는 방어기제가 바로 저항이다.

예시 | 상담 중에 환자가 특정 내용에 대해 기억이 나지 않는다고 하는 것

(21) 전환(conversion)

심리적 갈등이 신체감각기관과 수의근 계통의 증상으로 표출되는 것을 말한다.

예시 | 정말 싫은 사람을 만나야 할 경우에 다리에 마비가 와서 걷지 못하는 경우

(22) 신체화(somatization)

심리적 갈등이 감각기관, 수의근계를 제외한 기타 신체 부위의 증상으로 표출되는 것을 말한다.

예시 | '사촌이 논을 사면 배가 아픈' 경우

(23) 지식화(intellectualization)

격리보다는 발달된 형태로, 고통스런 감정과 충동을 누르기 위해 그것들을

직접 경험하는 대신 그것들에 대한 감정은 빼고 생각만 많이 하는 것을 말한다.

> **예시 |** 아버지의 초상을 치르는 아들이 장례절차나 조문객 맞이에 열중하는 경우

(24) 분리(splitting)

자기와 남들의 이미지, 자기와 남들에 대한 태도가 '전적으로 좋은 것(all good)'과 '전적으로 나쁜 것(all bad)'이라는 두 개의 상반된 것으로 분리되는 것이다. 경계선 인격장애자가 많이 사용한다.

> **예시 |** 한 경계선 인격환자가 병원의 착한 의사와 나쁜 간호사로 분리하여 의사와 간호사간에 갈등이 생기게 하는 경우

(25) 이타주의(altruism)

남들의 본능적 욕구충족을 끈질기게 바람직하고 건설적인 쪽으로 도와주면서 대리만족을 얻는 것을 말한다. 죄책감이 많은 사람이 자신의 내적 죄책감을 해소하기 위해 이런 방어기제를 사용한다.

> **예시 |** 드라마에서 보면 친구의 연인을 사랑하는 한 여성이 여자친구와 그 남자친구 사이에 위기가 왔을 때 헌신적으로 관계를 개선시키고자 노력하는 경우

(26) 유머(humor)

자신이나 타인에게 거북하고 불쾌한 감정을 느끼지 않게 하면서 자기 느낌을 즐겁고 자유스럽게 공개적으로 표현하는 것을 말한다.

예시 평소 방탕한 생활을 한 남편의 장례식장에서 미망인을 위로하자 "이제는 우리 남편이 어디서 자는지 아니까 걱정이 없다"고 말하는 것

5) 프로이트 이론의 평가

프로이트 이론은 1920년대 인류문명 전체에 영향을 미칠 만큼 영향력이 컸었다. 인간의 심리내적 상태에 대한 심리지도를 그렸다고 할 정도로 인생발달 단계와 심리적 기제를 체계적으로 설명한 첫 이론이었다는 것이다. 그러나 프로이트는 몇 가지 점에서는 여러 학자들의 비판을 받고 있는 것이 사실이다.

첫째, 정신분석의 치료방법인 자유연상법이나 꿈의 분석이 과학적이지 못하고 지나치게 주관적이다는 평가를 받았다. 안타깝게도 프로이트의 치료방법에 대한 객관적이고 과학적인 평가는 아직까지 없는 것이 사실이다.

둘째, 여성비하와 관련된 편견에서 벗어나지 못했다는 평가를 받았다. 프로이트가 생존당시의 사회가 남성중심의 사회였으므로, 여성이 남근선망을 갖고 있다는 여성의 열등감에 대한 사고는 그 보편성이 입증되지 못하고 있다는 것이다. 현대사회에서 남성과 여성의 성 역할이 혼합되고 있는 현실을 보더라도 비판의 여지가 있다.

셋째, 프로이트의 인간관이 비관적이고 인간을 지나치게 수동적으로 보고 있다는 평가이다. 무의식을 강조하여 인간은 모든 삶의 통제권을 상실하

고 있으며 본능에 의해 지배되고 인간의 자유의지와 능력 등을 간과했다는 것이다.

넷째, 인간을 너무 병리적으로 보고 있다는 평가를 받았다. 인간의 내면을 이해하는 데 있어서 치료자의 권위가 너무 압도적이고 정신내적 문제에 대해 환경이 미치는 영향을 지나치게 배제해 버렸다는 것이다.

6) 프로이트 이론이 사회복지실천에 미친 영향

사회복지의 여러 분야 중에서 특히 정신보건복지 영역에서 프로이트의 정신분석 이론은 인간행동을 이해하는 여러 이론의 토대가 되고 있는 것이 사실이다. 사회복지에서 정신분석이론에 대해 관심을 가지기 시작한 것은 사회복지실천의 전문성을 확립하려는 의지에서 비롯되었다.

프로이트의 정신분석 이론의 개인에 대한 집중은 사회복지의 '환경'에 대한 중요성과는 상이한 관점이지만 그럼에도 불구하고 사회복지실천 현장에서 특히 아동의 발달과 관련한 이해와 사정에서는 영향력이 크다고 하겠다. 정신분석이론이 사회복지실천에 미친 영향을 구체적으로 살펴보면 다음과 같다.

첫째, 클라이언트의 문제를 다룰 때, 특히 영유아부터 아동기의 발달과 특징을 다룰 때 각 발달단계별로 개인과 가족에 대해 심도깊게 파악할 수 있도록 도와 준다.

둘째, 클라이언트에게 개입할 때 클라이언트의 전이와 사회복지사의 역전이를 파악하여 개입과정에서 발생하는 클라이언트의 심리내적 갈등상황과 불안을 경감시키고 사회복지사 자신의 자기인식을 높힐 수 있다.

셋째, 클라이언트의 무의식을 파악하는 단초가 되는 실언, 실수 등을 통해 클라이언트의 심리상태를 사정할 수 있다.

프로이트의 이론은 사회복지실천이 중요하게 다루는 사회·환경적인 요인에 대한 관점이 상이하기 때문에 실제 사회복지실천 현장에서 이론과 실천이 함께 조합되기가 쉽지 않다. 그럼에도 불구하고, 클라이언트에게 자신에 대한 이해를 통해 자신과 삶에 대한 통찰력을 확보하도록 도울 수 있는 기반을 제공하고, 클라이언트와 사회복지사의 신뢰에 대한 중요성을 강조하게 되었다고 할 수 있다.

2. 에릭슨의 심리사회적 발달이론

1) 에릭슨의 생애

E. Erikson
(1902~1994)

에릭슨(Erik Erikson)은 1902년 독일의 프랑크푸르트에서 출생하였다. 에릭슨이 출생하기 전에 부모는 이혼했으며, 에릭슨은 어머니는 에릭슨의 아버지와 신혼 첫날밤에 헤어지고 난후 취중에 여러 남자와 관계를 해서 에릭슨을 출산하게 되어 에릭슨은 친부가 누구인지 모르는 상태에서 성장하였다. 어머니는 에릭슨이 3세 때에 소아과 의사와 재혼했고 유태인과는 좀 다른 모습에 따돌림을 당하면서 학교에 잘 적응하지 못하고 성적도 별로였다.

예술학교 입학과 여행, 방랑 등을 하다가 25세 때 그의 학창시절의 친구였고, 정신분석을 받으러온 피터 블로스와 함께 프로이트 직계 제자들에 의해 정신분석 훈련을 받게 되었다.

25세 때 안나 프로이트가 설립한 아동연구소에서 아동정신분석을 연구하고, 27세에 무용 교사인 조안 세르슨과 결혼하여 미국에 정착하였다.

1936년에서 1939년 동안 에릭슨은 인간관계연구소와 예일대학교 의과대학에서 정신과에 재직을 했고, 캘리포니아대학, 피츠버그대학교, 매사츄세츠 공과대학을 거쳐 최종학별이 고졸임에도 불구하고 1960년 여름에 하버드대학교의 인간발달에 관한 교수로 취임하여 은퇴할 때까지 그곳에서 일했으며, 1994년 92세로 사망하였다.

에릭슨의 주요 저서로는 『아동기와 사회(Childhood and Society)』(1963), 『통찰력과 책임』(1964), 『성인기』(1978) 등이 있다.

2) 주요개념

(1) 자아(ego)

자아는 에릭슨과 프로이트의 인간에 대한 이해에 있어 중요한 차이점으로 인식된다. 프로이트가 자아보다는 원초아(id)를 강조한데 비해 에릭슨은 자아를 중시하고 자아는 자율적으로 기능하고 개인과 환경 간의 관계를 중재한다고 보았다. 또한 프로이트는 자아가 원초아와 초자아의 중간에서 본능적 충동과 도덕적 규제 간의 갈등을 중재한다고 했지만 에릭슨은 자아가 능동적이고 합리적이고 논리적이라고 주장하였다. 덧붙여 에릭슨은 자아는 전 생애를 거쳐 지속적으로 발달하게 된다고 보았다.

(2) 점성원리(epigenetic principle)

점성이란 용어는 Epi(의존해서)와 genetic(유전)을 합성한 말로 발달이 유전에 의존한다(노안영 · 강영신, 2005 : 221)는 뜻이다. 이는 인간은 잉태되면서 이미 발달과 성격에 있어 기본적 요소들을 가지고 있으며 시간의 경과에 따라 이 요소들이 결합, 재결합하여 새로운 구조를 형성하듯이 심리사회적 성장도 이 원리를 따른다는 것이다.

(3) 위기(crisis)

에릭슨은 심리사회적 8단계마다 위기가 발생하고, 이러한 위기는 개인이 내적 욕구와 사회의 기대가 상충되는 것을 의미한다. 에릭슨은 이러한 위기를 부정적으로 보지 않고 오히려 자연스러운 긴장상태로 보고 있으며, 위기를 잘 해결하면 자신에 대해 긍정적이고 건전한 발달이 이루어진다고 보았다. 위기는 긍정적인 측면과 부정적인 측면 모두를 갖고 있는데 균형 있는 발달을 강조하였다.

3) 심리사회적 발달단계

(1) 제1단계 영아기 : 신뢰감 대 불신감(출생~1세)

이 시기에 영아는 어머니와의 관계의 질에 따라 신뢰감을 형성하거나 불신감을 형성한다. 예를 들어, 영아가 배고플 때나 오줌을 누었을 때 어머니가 이에 즉각적으로 일관성있게 반응하면 유아는 심리적 · 신체적 욕구를 적절히 충족하여 자신과 주변 세상에 대해 신뢰감을 갖게 된다. 반면, 그렇지 않았을 때는 자신의 주변세계를 안전하다고 의식하지 않고 두려움과 의심, 비관적 인생태도를 갖게 된다.

에릭슨은 불신감을 부정적인 것만으로 보지는 않고, 신뢰와 불신이 적절히 조화를 이루는 것이 좋고 다만 불신감보다는 신뢰감을 보다 더 경험해야 건전한 성격발달을 한다고 주장하였다.

(2) 제2단계 유아기 : 자율성 대 수치심(2~4세)

이 시기에 유아는 신체적 · 인지적 발달을 바탕으로 독립적으로 행동하려고 한다. 혼자서 먹고, 걷고, 입고하려 하지만 주위 사람들로부터 통제를 경험하게 되는데 이런 통제를 잘 받아들이고 적응하면 자율성을 획득한다. 반대로 미숙한 유아의 행동에 대해 부모나 주위사람들이 부모의 규칙을 강요하거나 벌을 강조하면 유아는 수치심을 가지고 이후 성인이 되어서도 자신의 충동을 통제하기 어려워하고 자신의 능력에 회의를 가지게 된다. 그러므로 유아의 행동을 제한할 때는 설득을 통해 이루어지도록 해야 한다(최순남, 1999 : 245).

(3) 제3단계 유희기 : 주도성 대 죄의식(4~6세)

이 시기에 아동은 상상력과 창의력을 통해서 주변환경에 대한 호기심과 공격성을 나타내는 시기이다. 이 시기의 아동의 주된 활동은 놀이이며, 아동 스스로 자신의 환경을 탐색하도록 격려하고 인정하면 주도성이 발달된다. 반대로 부모가 이러한 활동을 제한하고 처벌한다면 아동은 좌절을 느끼고 죄책감을 갖게 되는데 향후 성인이 되어서도 목표달성에 의지가 없고 자신을 무가치하다고 여기게 되어 사회적 역할에서 주도성을 갖기 어렵다.

부모가 아동의 활동과 하찮은 질문에도 충실하게 답해 주고, 이성부모에 대한 성적 호기심이 노출될 때 과도하게 제재를 하거나 면박을 주지 않는 태도가 필요하다.

(4) 제4단계 학령기 : 근면성 대 열등감(6~12세)

이 시기에 아동은 기초적인 인지적 · 사회적 기능을 습득하게 되고 가정에서 학교로 사회적 관계가 확대되는 시기이다. 이 시기의 아동은 학교를 다니면서 새로운 문화를 습득하게 되고 부모의 가치판단 뿐만 아니라 또래 아동과 학교 선생님과의 관계를 의식하게 되고, 학교에서 부과되는 과제와 사회에서 필요한 유용한 기술이나 지식을 습득하게 된다. 아동이 주어진 일을 잘 성취하거나 격려를 받게 되면 근면성이 획득되고, 과업수행에 있어 좌절의 경험이 반복되면 열등감을 갖고 '나는 무엇이든 잘 못하는 아이'라는 생각을 갖게 된다.

부모나 교사의 적극적인 격려와 아동의 잠재능력을 개발해 주려고 노력하고, 아동에게 너무 무리한 요구를 하지 않도록 해야 한다.

(5) 제5단계 청소년기 : 자아정체감 대 정체감 혼란(12~22세)

이 시기는 아동에서 성인기로 가는 변환기이며, 급격한 신체적 변화와 함께 자신의 존재에 대해서 의문과 탐색이 시작되면서 자아정체감을 형성해 간다. 자신의 존재에 대한 답을 얻기는 쉽지 않고 이 고민과 방황이 지속되면 정체감의 혼란이 생긴다.

특히 이 시기에 또래집단과의 파벌을 구성하고 친구의 의리를 시험한다든지, 위인이나 영웅을 동일시하고, 사랑과 성적인 호기심이 증대된다. 이 시기가 성공적으로 해결되면 삶에 대해 성실한 자세를 갖게 되지만, 반대로 실패하게 되면 무력감과 역할 혼란, 비인간화, 가치관 혼란으로 부정적 정체감을 형성한다.

이 시기에 부모는 청소년이 정체감 혼란에서 벗어나고자 약물이나 알코올, 비행에 습관적으로 노출되고 있지 않은지 관심을 가져야 한다.

(6) 제6단계 성인기 : 친밀감 대 고립감(22~34세)

이 시기는 청소년기의 자아정체감을 바탕으로 성인이 경험하는 심리사회적 위기이다. 에릭슨은 이 시기에 진정한 인간이 되기 위해서는 사랑과 일을 할 수 있어야 한다고 말하고 있다. 정체감을 잃지 않으면서 사랑과 일에 자신을 맡길 수 있어야 한다는 것이다(이효선, 2006 : 128).

친밀감은 성숙한 인간관계에 필수적이고 특히 결혼생활을 성공적으로 영위하는데 결정적인 역할을 한다. 이 단계의 긍정적인 결과는 성적 친밀감, 진정한 우정, 안정된 사랑, 결혼 생활의 지속 등을 포함한 친밀감의 유지이고, 부정적 결과는 고립, 고독, 이혼, 별거 등이다(이근홍, 2009 : 191). 고립이 되면 그 개인은 타인과의 친밀감이 자신의 정체감 확립을 방해한다고 생각하여 친밀한 대인관계를 피하며 융통성 없는 삶을 살게 된다. 예를 들어, 연애가 자신의 성공에 방해가 된다고 생각해서 철저하게 이성교제를 피하는 것을 들 수 있다(최옥채 외, 2009 : 51).

(7) 제7단계 중년기 : 생산성 대 침체감(34~60세)

이 시기는 가장 긴 연령대이며, 에릭슨은 자녀양육, 직업이나 여가활동 등의 자신의 세대 뿐만 아니라 다음 세대를 양육하는 것에 관심을 갖게 되는 시기라고 하였다.

이 시기에 심리사회적 위기를 성공적으로 극복한 성인은 타인을 보호할 수 있는 능력과 배려라는 태도를 형성하게 된다. 반대로 실패했을 경우에는 거부 또는 권위주의에 빠지게 될 가능성이 높다(장수한 외, 2011 : 216). 따라서 모든 일에 생산적으로 관여하지 않고 자신의 욕구만족에만 충실하고 인간관계가 협소하다.

프로이트의 심리성적 발달단계를 발전시킨 느미로프(Nemiroff)와 칼라루소(Colarusso)가 정리한 중년기의 보편적인 과제에서 늙었다는 사실을 받아들이고, 주위사람들과 정적인 관계가 깊어지고 친해지기를 유지하고, 자식들과의 관계가 달라짐을 받아들이기 등(이무석, 2008 : 157~158)과 일맥상통한다고 하겠다.

(8) 제8단계 노년기 : 통합성 대 절망감(60세~사망)

이 시기는 심리사회적 발달의 마지막 단계이며, 에릭슨은 이 시기의 성패는 신체적 · 사회적 퇴보를 어떻게 받아들이는가에 달려 있다고 주장하였다(장수한 외, 2011 : 216). 즉, 과거의 모든 인생경험을 융합하고 통합하여 긍정적으로 생각하느냐 아니면 괴롭고 힘든 부정적인 것으로 생각하느냐에 관한 것으로 발달과업은 자아통합감의 성취와 절망감이다. 자신의 삶에 후회가 없으며 열심히 살았고 가치 있었다고 생각할 때 자아통합이 되며, 은퇴 후 신체적이나 경제적인 무력감을 느끼고 자신의 삶에 대한 후회를 할 때 절망감을 형성한다.

표 2 에릭슨의 심리사회적 8단계

발달 단계	심리사회적 위기	긍정	부정
1. 영아기 (출생~1세)	신뢰감 vs 불신감	희망	위축
2. 유아기 (2~4세)	자율성 vs 의심	의지력	강박적
3. 유희기 (4~6세)	자발성 vs 죄책감	목적	억제
4. 학령기 (6~12세)	근면성 vs 열등감	능력	무력감
5. 청소년기 (12~22세)	정체성 vs 역할혼란	성실	거부
6. 성인기 (22~34세)	친밀성 vs 고립감	사랑	배타적
7. 중년기 (34~60세)	생산성 vs 침체	배려	거절
8. 노년기 (60~사망)	자아통합 vs 절망	지혜	절망

4) 에릭슨 이론의 평가

에릭슨의 이론은 기본적으로 프로이트의 정신분석이론을 근간으로 하고 있다. 하지만 그 바탕 위에서 에릭슨은 무엇보다도 인간에 대해 긍정적이고 낙관적인 태도를 지향했으며, 프로이트의 심리성적 발달 5단계에서 자아와 사회적 측면을 강조하며 심리사회적 발달 8단계로 확대하여 발달심리학계에 끼친 영향이 매우 크다.

첫째, 에릭슨의 이론은 프로이트의 자아에 대한 개념을 확대시켰고, 건강한 인간의 전 생애 주기에 따른 심리사회적 발달과정에 대한 단계를 구축하여 인간에 대한 새로운 통찰력을 제공하였다. 각 단계별로 극복해야 할 위기와 성취해야 할 발달과업들이 있는데 이들이 성취되었을 때와 되지 않았을 때를 양극 개념으로 설명하고 있다.

둘째, 에릭슨에게 있어 성숙은 프로이트의 성숙의 개념을 폭넓게 사용하였다. 프로이트는 성숙을 억압이라는 수단을 통해 본능적인 충동의 방향을 이끌어 나간다고 한 반면, 에릭슨은 성숙을 자율성, 주도성과 같은 자아양식 및 일반적인 자아속성의 성장을 촉진시킨다. 에릭슨은 이러한 속성을 획득하는데 따른 어려움을 이야기하고 있지만 자아의 성장이 어떻게 가능한지에 대해 보다 잘 설명해 주고 있다(서봉연 역, 1998 : 278-279).

에릭슨의 이론이 독창적임에도 불구하고 프로이트와 마찬가지로 비판받는 점도 있다.

첫째, 에릭슨 이론의 개념이 명확하지 않고 실험이나 실증적인 연구를 통해서 과학적으로 도출된 것이 아니고 통찰과 직관이 주를 이룬다는 것이다. 둘째, 발달단계를 확대하였지만 각 단계로의 전환이 어떻게 이루어지는지 그 기제가 명확하지 않다는 점과 특히, 노년기의 자아 성장에 대해 구체적인 설명이 부족하다는 점이다. 셋째, 에릭슨은 소수 민족 아동들의 정체감 형성과정에 대해 충분히 설명하지 못한다는 도전을 받고 있다(김동배 외, 1998 : 239).

5) 에릭슨의 이론이 사회복지실천에 미친 영향

에릭슨이 자아의 기능을 강화, 확대하고 클라이언트 주변의 환경적 요인의 중요성을 주장하고 각 단계별로 환경적 요인의 변화를 통해 문제해결을 가능하다는 시각은 사회복지실천의 핵심적 가치와도 일맥상통한다.

구체적으로 에릭슨의 이론이 사회복지실천에 미친 영향은 다음과 같다.

첫째, 에릭슨의 이론은 사회복지실천의 심리사회적 접근방법의 지식기반을 제공하여 클라이언트의 문제를 다룰 때 연령별 발달과업에 대한 가이드라인을 제공하여 사정의 도구로서 매우 유용하다.

둘째, 에릭슨의 긍정적 인간관은 사회복지실천에 있어 클라이언트에 대한 강점관점과 맥을 같이 한다. 에릭슨은 인간을 문제를 합리적이고 창조적으로 해결해 나갈 수 있는 존재로 보았다. 강점관점은 클라이언트의 강점을 강화시켜 문제를 해결하는데 초점을 두고, 클라이언트를 독특한 존재로서 다양성을 인정하고 존중하는 것을 강조한다(장수한 외, 2011 : 219-220).

따라서 에릭슨의 심리사회이론은 클라이언트를 사정하는데 있어 각 발달단계별에 적합한 다양한 정보를 수집하고 그에 대한 통찰력을 획득하고 문제해결 중심의 접근을 할 수 있기에 사회복지실천에서 자주 활용되어지는 이론이다.

3. 아들러의 개인심리학 이론

1) 아들러의 생애

아들러(Alfred Adler)는 1870년 2월 7일 비엔나의 근교 교외 펜징에서 5남 2녀 중 셋째로 태어났다. 아들러는 어릴 때부터 병약하였으며 폐렴, 구루병, 사고 등으로 죽을 고비를 여러 번 넘겼다. 병약했기에 어머니로부터 과잉보호를 받았으나 동생의 출생 이후에는 어머니의 관심으로부터 밀려났고, 아들러가 차남이라서 인정에 대한 욕구결핍이 있었다는 것이 아들러의 이론에 많은 영향을 끼쳤다. 학업성적이 저조한 것에 대해 담임선생님으로부터 무시를 당

A. Adler
(1870~1937)

하고, 열등감을 극복하기 위해 열심히 공부하여, 1888년에 아들러는 빈 의과대학에 입학하여 1895년에 의사학위를 수여받았다.

아들러는 원래 안과 의사였는데 진료과정에서 시력이 나쁜 환자들이 청각이 발달하는 것을 깨닫고 열등과 보상에 대해 관심을 갖게 되었다. 이후 정신과의사가 되어 1902년부터 1911년까지 프로이트와 함께 '비엔나 정신분석학회'를 결성하여 활동하였다. 하지만 아들러가 『신체적 열등과 그에 대한 정신적 보상에 관한 연구』(1907)를 출판한 이후에 프로이트와 이론적 갈등이 더욱 심해졌고, 끝내 프로이트와 결별하고 독자적으로 개인심리학 이론을 형성하였다.

아들러는 1926년 처음으로 미국에 가서 1927년 컬럼비아대학교의 초빙교수가 되었고, 1932년 뉴욕의 롱아일랜드의과대학의 초청교수로 임명되었다. 아들러는 1937년 사망까지 300여편의 논문과 책을 발표하고, 의사의 경고에도 불구하고 강연활동을 펼치다가 67세에 심장마비로 사망했다.

2) 주요개념

(1) 열등감과 보상(inferiority feeling and compensation)

아들러는 모든 인간은 공통적으로 열등감을 가지고 있으며, 이 열등감을 부정적으로 보기보다 열등감에 대한 보상노력이 인간을 발전시키는 원동력이 된다고 보았다. 매우 왜소하고 마른 남자가 운동과 훈련을 통해서 근육을 키우는데 열중하여 건강하고 남성스러운 체격을 갖추려고 하는 것이 그 예이다. 이렇듯 인간은 열등감이 있으면 이를 보상하기 위해서 극복하고 발전과 성장을 한다는 것이다.

그러나 열등감에 대한 보상이 결국 실패하게 될 경우에는 열등감이 강화되게 되는데 이를 아들러는 '병적 열등감(inferiority complex)'이라고 일컬었다. 병적 열등감을 야기시키는 세 가지 요인을 신체적 열등감, 과잉보호, 방임으로 설명하였다. 첫 번째, 신체적 열등감 또는 기관열등감이라고도 불리우는데, 이는 신체적 결함으로 다른 사람과 동등한 경쟁자체가 어려운 경우로서 자신의 결함을 연습이나 훈련을 통해서 보상받게 되지만 실패할 경우에는 신경증이나 정신장애를 초래하게 된다. 두 번째, 과잉보호는 응석받이라고도 하고 양육과정에서 과잉보호되어져서 자기 스스로 일을 해내지 못한다는 열등감에 빠지는 것을 말한다. 응석받이는 타인과의 협력도 잘 하지 못하므로 관계 면에서도 실패할 가능성이 높다. 세 번째, 방임은 양육과정에서 관심과 지지를 제대로 받아보지 못한 경우고, 따라서 자신을 다른 사람은 싫어한다고 믿어 자아존중감이 낮고, 자신도 타인을 신뢰하지 못하고, 역시 타인과 관계를 맺지 못하고 어떤 일이 생겼을 때 회피해 버린다. 어릴 때의 이런 경험이 적절한 방법으로 해소되지 않을 때에는 성인이 된 후 신경증을 일으키는 중요한 요인이 될 수 있다.

또한 열등감을 보상하기 위해 과잉으로 행동할 때 아들러가 말하는 '병적 우월감(superiority complex)'으로 발전하는 경우가 있다. 열등감을 보상하려는 행동은 건전한 노력이다. 그러나 이것이 과장되어 병적 우월감을 가진 사람은 과장되고, 건방지고, 자만하고, 이기주의적이고, 풍자적이기 쉽다. 이런 사람은 자신의 열등감을 인정하지 않고 타인을 업신여김으로써 자신이 중요한 것처럼 행동한다.

(2) 우월성 추구(striving for superiority)

우월에 대한 추구는 선천적인 것으로 아들러의 우월은 계층이나 위치를 나타내기보다는 자아실현의 의미로 본다. 따라서 우월이라는 목표는 인간 개

개인마다 다르고, 자신이 인생을 어떻게 의미 부여하였느냐에 따라 다르다.

이러한 우월성 추구는 긍정적 영향과 부정적 영향이 있는데, 긍정적 영향은 보다 나은 인생을 향한 노력을 하며 이타주의적인 태도, 공공연대 등의 사회적 관심으로 나타나고 다른 사람의 행복과 안녕을 지향한다. 반대로 부정적 영향은 강한 자기애, 개인적 허세(과장) 등이 있다.

(3) 출생순위(birth oder)

아들러는 출생순위가 생활양식에 영향을 준다고 보았다. 단순히 출생순위가 생활양식에 영향을 준다기보다 출생당시의 상황과 부모와 자녀, 자녀와 자녀 사이의 상호작용의 결과가 생활양식, 즉 성격형성에 영향을 미친다고 보았다.

① 맏이

맏이는 태어나면서부터 주위의 많은 관심과 보호 및 애정을 경험한다. 그러나 동생의 출생으로 일명, '폐위된 왕'의 지위에 놓이게 되면서, 부모의 관심을 되찾기 위해 퇴행과 문제를 일으키고 이에 대해 부모가 주시하거나 벌을 주게 됨에 따라 고립과 비관적 태도를 지니게 된다. 따라서 맏이는 삶을 영위하는데 있어 대단한 욕망을 갖는다거나 하지 않고 초연하고 혼자서 묵묵히 생존해 나가는 태도를 보인다.

② 중간 아이

중간 아이의 생활양식은 자기가 형, 누나보다 낫다는 것을 증명하기 위해 노력한다. 맏이와의 이기려는 경쟁의식이 늘 있고 부모의 사랑을 받기 위하여 경주를 하듯 자신을 훈련시킨다(Ansbacher & Ansbacher, 1995 : 306). 따라서 중간 아이는 성공지향적이고 도전적인 성향을 가지며 이를 통해 성공을 이루는 경우가 많다.

③ 막내

막내는 가정에서 '응석받이', '마스코트' 역할을 담당하게 되며 늘 귀여움과 사랑을 받는 위치에 있다. 그러나 환경이 불우한 경우에는 귀찮고 성가신 존재로 전락될 위험도 있다. 야심은 있지만 용기가 부족하고 의존적인 경우가 많지만 맏이와 중간 형제를 능가하려는 강한 동기도 유발될 수 있다.

그 외에 외동인 경우는 의존심과 자아중심성이 높고, 남자 아이들 가운데 여자 아이는 매우 남성적이거나 매우 여성적일 가능성이 높다고 보며, 맏이가 남자고 아래가 여자일 경우는 남자형제들보다도 맏이의 긴장도가 높다.

(4) 생활양식(life style)

아들러는 열등감을 극복하려는 노력을 생활양식이라고 하였다. 에릭슨은 생활양식은 인생초기인 4~5세에 형성되고 자라면서 환경적인 요소에 영향을 받지만 크게 변하지는 않는다고 주장하였다.

아들러는 개인의 생활양식 태도를 네 가지 유형으로 분류하였는데, 즉 성격유형을 의미한다. 네 가지 생활양식 유형은 활동수준과 사회적 관심의 높고 낮음에 따라 분류하였다.

표 3 생활양식 유형

구분		사회적 관심	
		높음	낮음
활동수준	높음	사회적 유용형	지배형
	낮음	획득형(기생형)	회피형

① 지배형(the ruling type)

지배형은 활동수준은 높고 사회적 관심은 낮은 타입이다. 독단적이고 타인에 대한 긍정적 관심과 배려가 부족하고 부주의하며 공격적인 행동으로 타인을 지배하려고 한다. 흔히 품행장애나 반사회적 행동장애 유형이 여기에 속한다.

② 획득형(the getting type)

획득형은 활동수준은 낮고 사회적 관심은 높은 타입이다. 부모가 자녀를 과잉보호적 양육태도를 취할 때 나타나며, 기생적인 방법으로 타인에 의존하여 욕구를 충족하는 유형이다. 모든 관심이 자신의 욕구를 충족하는데 있으며, 타인에게 더 많은 것을 얻어 내려는데 집중하고 양보심이 없다.

③ 회피형(the avoiding type)

회피형은 활동수준도 낮고 사회적 관심도 낮은 타입이다. 삶의 과정에서 문제에 당당하게 직면하기 보다는 아예 참여하지 않고 회피한다. 신경증 환자와 정신증 환자가 이 타입에 속한다.

④ 사회적 유용형(the socially useful type)

사회적 유용형은 활동수준도 높고 사회적 관심도 높은 타입이다. 아들러가 제시한 가장 건강한 타입이다. 자신의 삶에서의 문제에도 용기를 갖고 직면하며, 능동적으로 해결하고, 타인의 안녕에도 관심이 높아 타인과 잘 협조하는 타입이다.

(5) 사회적 관심(social interest)

사회적 관심은 선천적이며, 의도적인 노력을 필요로 한다. 아들러는 사회적 관심을 타인과 협력할 줄 알며, 보다 나은 인류를 위해 협동하고, 공동체의 의식을 갖는 것이라고 설명한다(이효선, 2006 : 138). 특히 부부관계가 사회적 관심의 발달에 지대한 영향을 미치는데, 아동에게 사회적 관심을 키워 주는 능력은 3가지 중요한 인생과업(일, 우정, 사랑과 결혼)에서 만족을 느끼는 사람만 갖는다고 보았다(손광훈, 2010 : 82).

(6) 가상적 목적론(fictional finalism)

아들러는 『믿음의 철학(The philosophy of 'as if')』이라는 책에서 많은 사람들이 진실에 의해 행동하는 것이 아니라 진실이라고 믿는 것에 의해 동기유발되어 실제로 현실에 아무 근거가 없음에도 불구하고 믿고 행동하며 살아간다고 생각하여 가상적 목적론을 설명한다(이효선, 2006 : 141-142, 인용). 즉 가상적 목적론이란 미래가 그러할 것이다라고 생각하고 현재의 검증되지 않은 지각을 바탕으로 개인의 우월성을 추구하는 것이다. 예를 들어 '하늘은 스스로 돕는 자를 돕는다'라는 가상적 목적을 가진 사람은 어려움에 부딪혔을 때 그렇지 않은 사람들에 비해서 보다 적극적이고 건전한 방법으로 문제를 해결하게 된다.

3) 아들러 이론의 평가

아들러의 이론은 인간 자신과 타인을 이해하는데 보다 실제적인 이론을 확립하였다. 인간에 대해 긍정적인 태도를 가지고 있으며, 인간의 성격과 행동을 이해하는데 있어 사회적 요인을 중요시하였다.

그리고 인간의 열등감과 보상에 대한 통찰을 갖게 했으며, 열등감을 극복하기 위해 사회적 관심을 강조하여 긍정적인 변화를 초래할 수 있는 방법을 제시하였다.

프로이트의 생물학적 충동과 무의식적 갈등의 강조를 벗어나 성격발달의 사회적 측면을 강조하였고, 특히 문제를 가진 아동들에게 성인들이 어떻게 행동 변화를 해야 하는지를 제안하는 등 아들러의 이론은 부모나 교사에게 상당히 널리 알려져 있다.

4) 아들러 이론이 사회복지실천에 미친 영향

첫째, 아들러의 이론은 사회복지실천 현장에서 클라이언트의 생활양식을 조사하는 과정에서 생활양식 유형에 해당하는 네 가지 성격유형을 파악하게 하고, 사회적으로 유용한 성격유형으로 변화할 수 있도록 도울 수 있게 하였다.

둘째, 아들러는 4단계의 심리 상담 및 치료과정, 즉 ① 적절한 치료관계 수립, ② 내담자의 역동 탐색(분석과 평가), ③ 자기 이해의 독려(통찰), ④ 내담자가 새로운 선택을 하도록 돕기(재정립 또는 재교육)을 통해 사회복지실천에서 임상가의 기본적인 역할을 제공해 주고 있다.

셋째, 아들러가 열등감의 극복으로서 강조하는 사회적 관심은 사회복지에서 추구하는 공공 연대의식과 이타성 등과 같은 맥락에서 이해할 수 있다.

넷째, 사회복지실천 현장에서 만나는 클라이언트들은 타인에 비해 열등감이 높은 편이라서 아들러의 이론은 그들의 문제를 이해하고 개입계획을 세우는데 있어 사회복지실천 현장에서 아주 많이 사용하는 사정도구이다.

4. 융의 분석심리학

1) 융의 생애

융(Carl G. Jung)은 1875년 스위스 북동부의 콘스탄스 호반에 있는 케이빌(Kesswil)에서 아버지가 목사인 집안의 장남으로 태어났다. 친인척 8명이 목사가

Carl G. Jung
(1875~1961)

있는 철저한 개신교 집안이었으나 융은 교회를 싫어하는 등 종교적 갈등이 있었다. 23세 때 엠마와 만나 결혼하고 1남 3녀를 두었다.

1907년 융의 나이 32세 때 프로이트와 만나 정신분석에 심취하고 1910년에 국제정신분석 협회의 초대회장으로 취임하였다. 그러나 6년간의 학문적 동맹은 1913년 융이 프로이트의 성적 충동에 대해 반대 입장을 표명하였는데, 즉 신경증의 원인을 프로이트는 근본적으로 성적 욕구(Libido)로 한정지었으나, 융은 보다 보편적인 정신적 에너지로 해석했고 이로 인해 결국 1913년 결별에 이르렀다. 융은 정신 또는 성격은 단순한 부분의 집합이 아니라 전체성을 이루고 있고, 성격의 발달은 전 생애에 걸쳐 발달한다고 보았다. 특히 무의식을 개인무의식과 집단무의식으로 나누고 집단무의식을 중심으로 분석심리학을 확립하였다.

융은 1961년 86세에 사망하였으며, 그의 대표적인 저서로는 『영혼을 추구하는 현대인』(1993), 『분석심리학 소론』(1953), 『기억, 꿈, 반영』(1961) 등이 있다(이근홍, 2009 : 195).

2) 성격구조

(1) 자아(ego)

자아는 개인의 의식이 분화되어 가는 과정에서 생긴다. 자아는 의식적인 지각, 기억, 사고, 감정 등으로 이루어져 있으며, 자아에 의해서만 이러한 것들이 자각될 수 있다. 자아는 우리를 둘러싸고 있는 세계를 일관성있게 지각하도록 하는데(Schultz & Schultz, 1994 : 81), 나 자신에 대한 정체감을 갖고 나를 일관성 있게 지각하는 것은 이 자아 때문이다.

(2) 페르소나(Persona)

페르소나는 자아의 가면(mask)으로 진정한 자신의 모습이 아니고, 사회적인 얼굴이라고 할 수 있다. 개인이 사회적 요구들에 대한 반응으로 밖으로 내놓은 공적 얼굴(노안영 · 강신영, 2003)이고, 외부와의 적응에서 생긴 원형(archetype)이라고 하였다(Hall & Nordby, 1973).

자아가 페르소나와 동일시되면, 진정한 내 자신을 잃어 사회적 기대와 역할에 부응하는 사람으로 기능하게 되고 혼자만의 시간에 돌아왔을 때 내 자신과 대면하는 것이 어색하고 "도대체 내가 누구인가"로 혼란스러워하고 공허한 자신의 모습을 발견하게 된다.

페르소나는 사회적으로 성공하기 위해 어느 정도 필요하고, 인간은 천개의 페르소나를 사용하여 인간관계를 맺는다고 한다. 마흔이 넘어서면 페르소나에서 자유로워진다고 한다.

(3) 음영(shadow)

음영은 의식적으로는 억제되는 인간이 가진 동물적 본능이다. 이 동물적 본능은 인간이 살아가는데 있어 활력과 생동감을 불러일으키는데, 하지만 부정적인 부분이 많기 때문에 이러한 동물적 충동을 억제하고 페르소나를 발달시킨다. 따라서 음영과 페르소나 사이의 균형있는 조화가 필요하다.

융은 음영이 두려움과 도덕적 분개를 야기하지만 본래 나쁜 존재가 아니라고 하며, 음영의 부정적인 메시지를 수용하여 잘 조화롭게 해나가면 우리에게 도움이 되는 것도 있다고 밝혔다.

(4) 아니마(anima)와 아니무스(animus)

아니마와 아니무스는 집단무의식으로 인도하는 매개체인데, 아니마는 남성

내부에 있는 여성적 측면이고, 아니무스는 여성 내부에 있는 남성적 측면을 말한다. 융은 남성이 아니마가 강하면 분위기를 낳고, 여성이 아니무스가 강하면 의견을 낳는다고 하였다.

성격이 균형을 잘 이루고 있으면, 남성은 여성적 측면을, 여성은 남성적인 측면을 잘 의식하고 행동으로 나타낼 때에도 자연스러울 것이다. 그리고 이성의 본질을 이해할 수 있게 되어 인간이 적응하고 생존하는데 도움이 된다.

(5) 의식(conscious)과 무의식(unconscious)

의식은 자아에 의해 지배되며, 개인이 직접 인식할 수 있는 부분이다. 인간은 자아를 통해 자신을 외부에 표현하고 외부현실을 인식하기 때문에 의식의 중요한 내용인 태도와 기능을 이해하는 것은 필요하다. 태도는 자아의 에너지 방향에 따라 성격태도를 내향성(introversion)과 외향성(extraversion)으로 나누고, 기능은 사고(thinking), 감정(feeling), 감각(sensation), 직관(intuition)으로 나누었다. 융은 태도와 기능의 결합에 따라 8가지 심리적 유형을 제시하였는데 이후 Myers & Briggs가 융의 성격이론을 근거로 MBTI 성격검사도구를 개발하였으며, 16개의 성격유형을 제시하고 있다.

무의식에 대해 융은 개인이 의식하고 있는 것 너머의 미지의 세계, 언젠가는 나에게 의식화될 그 모든 것이라고 보았다. 융은 무의식을 개인무의식과 집단무의식으로 나누고 집단무의식이 개인무의식보다 더 깊고 심오하고 영향력 있는 수준이라고 설명하였다. 융은 인간의 무의식에는 "백만 살 된 영혼"이 살고 있으며, 인간이 35세 전후가 되면 삶에 대한 주체성에 대한 욕구가 분출되면서 무의식의 의식화 과정이 심하게 작용하기 시작한다고 주장하였다.

(6) 개인무의식(personal unconscious)

개인무의식은 프로이트의 전의식과 개념과 유사하다. 한 마디로 개인무의식은 알고 있고 겪었던 일을 망각하거나 억압해 온 성향과 감정이다. 이 개인무의식은 필요할 때는 의식에 접근할 수 있고, 꿈의 형성에 중요한 역할을 한다. 만약에 우리가 어떠한 상황에 대해 강한 부정적 생각을 갖고 필요 이상으로 완강하게 거부하고 저항하고 있다면 혹시 내 자신의 무의식 속에 그것에 대해 몹시도 흥미와 호기심을 가지고 있다는 것이 아닐까 생각해 볼 수 있다. 개인적 무의식은 개인이 살아온 발자취와 함께 하고 결국 인생태도나 가치관에 영향을 미친다.

(7) 집단무의식(collective unconscious)

집단무의식은 모든 인류에게 공통적으로 유전되어 온 인간정신의 유산이 겹겹이 쌓인 저장고라고 말할 수 있다. 우리는 각기 다른 문화권에 있는 상징물, 신화, 이미지 등이 매우 유사하다는 것을 안다. 즉 내 안에 전 인류의 공통적인 유전물이 존재한다는 것이다. 이것이 집단무의식이다. 우리는 일상생활에 어떠한 현상을 경험하면서 보다 자연스럽게 지각하고 행동하는 쪽을 선택한다. 융은 이렇듯 지각과 행동을 선택하는데 영향을 미치는 것이 집단무의식이라고 보았다.

(8) 원형(archetype)

그리스어로 '최초의 유형'이라는 뜻의 archetypos에서 유래하였고, 사전적 의미로는 '인간의 정신내부에 존재하는 조상이 경험한 것의 흔적'이라는 의미로 설명된다. 원형은 여러 세대를 통해서 반복되어 온 경험이 마음 속에 축적된 것으로, 즉 생득적이고 보편적인 것이다. 이러한 집단무의식의 내용을 원형이라고 한다. 융의 원형은 사물의 본질이고, 인간이 지닌 힘과 에너지는 이 원형에서 나온다.

융은 현대적 근원에서는 원형을 찾기가 어렵다고 여겨서, 신화, 종교, 점성술, 꿈 등에서 원형을 찾는 노력을 많이 하였다.

(9) 자기(self)

융의 자기는 무의식의 밑바닥에 있는 세계이고, 융에게 있어 삶은 자아가 자기를 발견하는 과정이다. 심연 속에 있는 자기를 자아가 끌어 올려 의식적인 지각, 기억, 사고, 감정 등을 지각하는 깨달음을 얻는 것이 '자기실현'이라고 할 수 있다. 자아가 무의식을 찾는 노력을 하고 무의식 또한 끊임없이 꿈이나 사건 등을 통해 자신의 존재를 알리려고 노력하는 데 이때 자아와 무의식 간을 조율하는 것이 자기이고, 이때 표출되는 것이 인간행동이다.

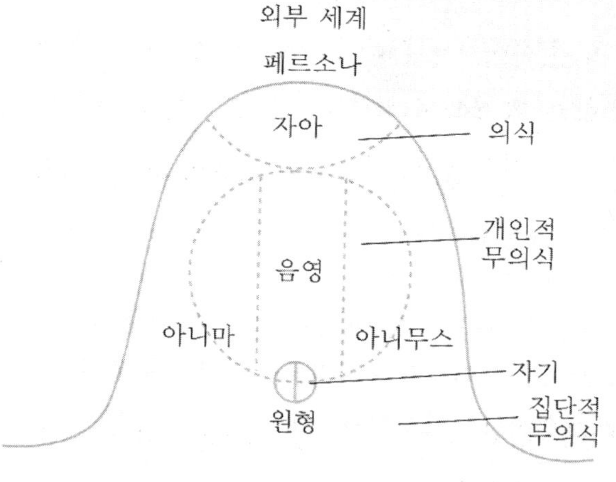

[그림 2] Jung 이론에서의 정신구조

* 출처 http://www.google.co.kr

3) 융 이론의 평가

융은 정신병리를 자기 자신을 모르는 상태이며, 정신의 전체성에서 벗어남으로써 생기고 또한 벗어난 상태라고 보았다(이부영, 1998; 이죽내, 1995). 융은 종교가 교리나 신조에 앞서 본질적으로 경험적인 속성을 가지고 있음을 주지시켜 주었고 진정한 종교경험의 의미와 역할 및 중요성을 구체적으로 이해할 수 있는 길을 열어 주었다(김유철, 2006). 하지만, 융의 이론은 신비스럽고 이해하기 힘든 개념을 사용하며, 환자로 하여금 현실을 떠나 신비하고 어느 정도 종교적인 환상적 생활을 하게 하는 경향이 있다는 비판을 받기도 하였다(최옥채 외, 2009 : 67).

4) 융 이론이 사회복지실천에 미친 영향

융의 분석이론은 사회복지실천에서 인간행동과 발달에 대한 이해를 넓히는 데 도움을 주었는데, 구체적으로 살펴보면 다음과 같다.

첫째, 사회복지실천에서 정신과적인 질환을 앓고 있는 사람을 보는 양극단적인 시각을 완화시켰다고 할 수 있다. 즉, 정신병리를 보는 입장을 정상과 이상, 건강과 질병이라는 양극단적인 구분이 아니라 무의식을 이해하지 못해 진정한 자기 자신을 모르는 것이라고 보았다.

둘째, 융의 분석이론을 포함한 정신역동이론은 사회복지사를 치료자(therapist)로서 전문화하는 데는 긍정적 영향을 미쳤지만, 사회복지실천 자체가 개인 중심이기보다는 환경을 강조하는 고유성과의 갈등이 야기된 것도 있다. 하지만 현재는 미시적 접근과 거시적 접근이 통합적으로 이루어지고 있어 이 부분에 대한 이해의 폭이 넓어졌다.

셋째, 융의 주관심사였던 성격발달 과정에서 중년기 부분의 강조는 중년기의 클라이언트에게 점차 자신의 내면세계에 관심을 가지고 자기를 발견하도록 사회복지사로서 도움을 줄 수 있다. 중년기의 심리적 위기가 점차 사회적 문제로 대두되는 현 시점에서 중년기에 자기를 찾는 자아성찰은 직업, 결혼, 대인관계 등에서 스스로 문제해결을 할 수 있는 능력을 배양할 수 있다.

제 2 장

인지이론

1. 피아제의 인지발달 이론
2. 엘리스의 합리적 · 정서적 이론
3. 인지이론과 사회복지실천과의 관계

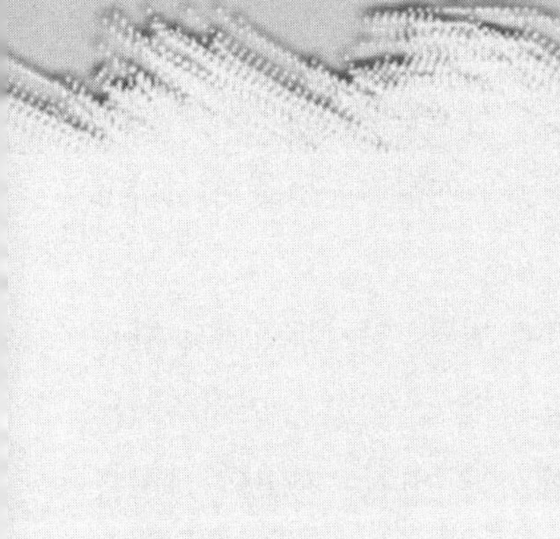

인지 심리학은 '인간의 정보처리(information processing)에 관한 과학'이라고 할 수 있다. 인지 심리학의 주제인 인지(cognition)는 사고의 능력을 의미하며 광의로는 사고 이외에 지각, 기억, 지능, 언어 등을 포함하는 정신과정으로 보기도 한다. 즉 기억 속에 있는 정보의 종류와 그러한 정보를 획득하고 파지하고, 활용하는 과정을 의미하며 이러한 과정을 묶어서 인지과정이라 한다.

인간의 행동을 무의식에 관련된 결과로 강조하는 정신분석 이론에 비해 인지이론은 인간이란 환경에 대한 의식을 기반으로 사고함으로써 긍정적이고 능동적이며 합리적으로 적응하는 존재로 보고 인간의 성장가능성을 시사하고 있다.

또한 인간을 하나의 기계에 비유했던 행동주의에 반해, 인지주의에서 보는 인간은 매우 주관적인 존재이며 생각하는 존재로 규정하고 있다. 인지주의는 눈으로 보이는 행동 그 자체보다는 인간의 내부에서 일어나는 사고의 과정을 중시한다. 즉 객관적이며 외적인 현실은 모든 사람에게 획일적이고 동일한 영향을 주는 것이 아니라 개인의 독특한 방식에 따라 주관적인 현실로 지각되고 사고를 진행한다는 것이다. 행동의 변화는 관찰 가능하지만 그것은 학습자의 머리 속에 무엇이 진행되고 있는지를 알려주는 표시에 불과하다고 본다. 즉, 인지론적 입장에서는 사람의 행동은 실제적으로 일어나고 있는 객관적 사건에 의하여(원인) 영향받는(결과) 것이라기보다 그 사건을 행위자가 어떻게 생각하느냐 하는 사고 방식에 의하여 영향을 받는다는 것을 강조한다.

인지를 연구함으로써 심리학자들은 인간이 지각으로부터 기억 및 문제 해결에 이르는 일상 활동을 어떻게 수행하는가를 깊이 이해하려고 한다. 또한 심리학자, 교육학자들은 이러한 이해를 바탕으로 교육을 개선하고, 사고 장애를 치료하며, 인지적 자원 활용의 최적화를 도모하고자 한다.

1. 피아제의 인지발달 이론

1) 피아제의 생애

J. Piaget
(1896~1980)

1896년 스위스의 뉴샤텔(Neuchatel)에서 태어난 피아제(Jean Piaget)는 의심할 여지없는 세기의 아동발달 심리학자이다. 11살 때, 알비노 참새(Albino sparrow)의 서식을 관찰하고 글을 써서 뉴샤텔의 박물학 학술지에 기고한 사실과 15세에 진행한 연체동물에 관한 연구는 널리 알려진 일이다. 이처럼, 그는 어린 시절부터 자연현상에 남다른 관심을 가지고 자연 속에 서식하는 새, 물고기 등의 행동을 즐거이 관찰하곤 했는데, 어린 시절부터 생물학에 비범한 재능을 보인 그는 나이 21세인 1918년에 생물학으로 박사학위를 받았다.

생물학에 비범한 재능과 흥미에 더불어 철학, 종교, 논리학에 이르기까지 그의 관심분야가 넓고 다시, 여러 학문 영역과의 접촉은 피아제로 하여금 지식 구성에 관한 철학적 명제인 인식론에 관심을 가지게 했다. 따라서, 그는 '지식은 무엇인가?' 또 '그것은 어떻게 획득되는가?'라는 학문의 가장 기본적인 질문에 답을 찾고자 노력하게 되었다. 그 결과 그는 '하나의 관념은 관념일 뿐이고, 하나의 사실은 사실일 뿐이다'라는 판단을 내리게 되었다. 다시 말하면 이 문제를 해결하기 위한 철학적인 접근이 너무 사변적이고, 과학적인 접근은 너무 사실적이어서 그 어느 하나를 가지고는 이 문제의 해답을 찾을 수 없다는 것을 알게 되었다. 필요한 것은 이 두 학문을 연결시킬 수 있는 다른 무엇이 필요하다는 결론을 내리고 그 다른 무엇으로서 심리학을 택하게 되었다.

심리학을 공부하기로 결심한 그는 처음에 프로이트의 정신분석학에 심취하여, 1920년에 정신분석학과 아동심리학이라는 논문을 발표했으며, 그 다음 해에 프랑스의 파리로 가서 2년 동안 논리학, 인식학, 철학 그리고 이상심리학 등을 연구하게 되었다.

그는 파리에 있는 비네(A. Binet)와 함께 아동 지능문제에 관해서 연구하게 되었는데, 연구과제는 표준화 추리검사를 개발하는 것이었다. 표준화 추리검사는 모든 아동에게 동일한 문항을 주어 모든 아동이 이에 반응하도록 요구하는 검사이다. 여기에서 그는 중요한 사실을 발견하게 되었다. 즉, 아동의 오답이 연령에 따라 비슷하다는 것과 동일한 연령의 아동은 비슷하게 틀린 답을 하고 또 아동의 대답 유형도 연령에 따라 서로 다르다는 것을 알게 되었다. 따라서 그는 나이 든 아동이 어린 아동보다 단지 영리한 것이 아니라 전혀 다른 방식으로 사고한다는 결론을 내리게 되었다.

그는 아동의 지능문제가 아동의 사고구조를 규명하는 방향으로 연구되어져야 하며, 지능연구의 방법으로서는 표준화 검사방법은 부적당하며 비구조화된 임상적 방법이 효과적이라고 판단하게 되었다. 이후, 30여 년 동안 그는 임상적 연구방법을 사용해서 아동의 인지과정을 이해하는 일에 몰입하다가 1980년 9월에 작고하였다.

그는 비정통적으로 인지발달 분야에 관여했다. 피아제는 먼저 그의 아이들이 노는 것을 보면서 인간의 적응에 관심을 돌렸다. 그는 훈련된 과학자의 눈으로 그들을 관찰하면서 아이들의 놀이를 환경과의 대결로 보았다. 다시 말하면, 아이들은 놀이를 통해서 적응하는 것을 배우고 있다는 사실을 발견함으로써 독창적이면서도 놀랄 만한 그의 이론들이 완성되었다.

2) 인지발달의 기본개념

(1) 반사와 도식

피아제에 의하면 인간은 환경과의 반복적인 상호작용을 통해 끊임없이 인지구조를 변화시키기 위해서 태어날 때부터 보유하고 있는 것이 있는데, 그것이 바로 반사(reflex)이다. 대표적인 반사가 빨기 반사, 잡기 반사, 보기 반사 등이다. 인간은 이런 반사기능을 바탕으로 하여 환경과 상호작용을 함으로써 반사기능을 서로 통합하여 이전과는 다른 새로운 감각운동 기능을 획득하게 되는데 이러한 감각운동 기능을 도식(scheme 또는 schema)이라고 한다. 도식은 유기체가 외부환경의 사물을 인지하고 대응하는데 사용하는 지각의 틀, 반응의 틀이라 할 수 있다. 처음에는 단순한 도식을 반복적으로 사용하지만 시간이 지날수록 2개 이상의 도식이 합쳐지면서 유아의 행동은 점차로 다양해지고 복잡하게 된다.

(2) 인지구조

2세를 전후하여 표상(representation)이 형성되어 내적 사고가 가능함에 따라 생애 초기의 도식은 감각 운동적 차원을 넘어 개념적 차원으로 확대되어 간다. 이때 개념적 차원의 도식을 생애 초기의 감각 운동적 도식과 구별하여 인지구조(cognitive structure)라고 한다.

(3) 피아제의 인지발달 기제

피아제는 인지발달이 이루어지게 하는 요인으로 성숙(maturation), 물리적 경험(physical experience), 사회적 요인(social factors) 그리고 평형화(equilibration)라고 말하고 있으나 성숙, 물리적 경험 그리고 사회적 요인은 비록 인지발달에 필수적이기는 하나 독자적으로 인지발달을 촉진시킬 수 있는 기제로서 작용하지 못한다고 하였다. 피아제는 이들 세 전통적인 요인의 기능을 통합하고 이를 조정함으로써 인지발달기제로서의 기능을 가능케 하는 공통적인 요인을 평형화(equilibration)라고 부르고 있다.

평형화는 기본적으로 동화(assimilation)와 조절(accommodation)의 두 기능의 통합과정이다. 동화란 자신이 이미 가지고 있는 도식 또는 인지구조 속에 새로운 경험이나 외부의 대상을 받아들이는 인지과정이다. 기존 도식의 관점에서 새로운 경험을 해석하게 된다. 그러나 새로운 경험이나 외부 자극이 항상 내적 도식에 합치되는 것이 아니므로 인지하는 것을 변화시켜 기존의 도식에 통합시키게 된다. 즉 기존의 도식에 맞게 새로운 정보를 이해하게 되며 이러한 과정을 통해 기존의 도식이 더욱 섬세하고 풍성하게 형성되는 정교화가 이루어지게 된다. 반면에 조절이란 자신이 가진 기존의 도식이나 인지구조를 새로운 대상에 맞게 바꾸어서 받아들이는 인지과정을 말한다. 새로운 경험이 유기체의 기존도식 내에 통합될 수 없을 때에는 도식 자체를 변화시키거나 새로운 도식을 형성하게 된다.

평형화는 유아가 동화를 하는 가운데 기존의 인지구조를 가지고 외부의 새로운 대상을 받아들이기에 부적합함을 느끼게 될 때 심리적 불균형 즉, 인지갈등(cognitive conflict)이 일어나게 된다. 이때 평형상태가 깨어지게 되고(불균형) 다시 평형상태를 얻기 위해 기존의 인지구조를 바꾸어서 외부의 새로운 대상을 받아들이는 조절을 한다. 이렇게 함으로써 다시 평형상태가 이루어지게 된다(재평형화). 따라서 유아는 인지발달을 위해 항상 필연적으로 지향하는 것은 동화와 조절간의 균형있는 평형상태(equilibrium)이며, 이러한 양자 간의 평형상태를 지향하는 평형화 과정이 기존의 도식이나 인지구조를 질적으로 다르게 형성하면서 인지발달을 일으키는 주요한 기제이다.

3) 피아제의 인지발달 단계

피아제는 아동의 인지발달과정을 질적으로 상이한 네 개의 단계로 구분하고 있다. 이들 각 단계의 주요 발달적 특징을 살펴보면 다음과 같다.

(1) 감각운동기(0~24개월)

감각운동기(sensorimotor period)의 발달은 감각기능과 운동도식에 집중되어 있다. 아동의 지적 활동이 내면화된 사고의 형태를 띠지 못한 채 감각기능과 빨기 반사 등과 같은 생득적인 반사기능을 바탕으로 운동기능이 발전하면서 도식에 영향을 준다. 즉 생득적인 반사기능을 기초로 초보적인 감각 및 지각적 도식에 의한 활동에 의존하는 단계이다.

이 감각운동기는 다음과 같이 6단계로 구성되어 있다.

① 반사기(reflex activity : 0~1개월)

아기는 출생 시에 환경에서 받는 자극에 적응할 수 있는 내적 체계를 갖고 있다. 무의도적이고 충동적이고 반사적인 행동을 보이는데 피아제는 반사도 도식의 하나로 보고 빨기반사, 쥐기반사 등이 빨기도식, 쥐기도식으로 동화된다고 하였다.

출생 초기에 아기들은 손가락, 이불, 베개 등 입에 닿는 것은 모두 빨려고 하는데, 이때 아기의 행동은 의도적인 것이 아닌 반사적인 것일 뿐이다.

② 1차 순환 반응기(primary circular reaction : 1~4개월)

Piaget는 우연히 발생한 행동을 반복하려고 시도하는 학습활동을 설명하기 위해 순환반응이라는 개념을 사용한다. 이 시기의 영아는 자신의 신체에 관심을 가지며 신체에 대해 탐색을 하게 되는데 예를 들어 자신의 손을 입에 가져다 대고, 빨고, 떼었다가 다시 입에 가져가는 등과 같은 감각운동을 반복하면서 도식을 형성한다고 해서 순환반응이라고 한다.

두 번째 단계에서는 첫 단계인 반사기의 상황과는 다른 행동을 보여 준다. 예를 들면 손가락 빨기와 같은 반사적 행동을 우연히 하게 된 아동은 그것이 자신에게 만족을 주면 그 행동을 반복하게 된다. 이러한 반복활동은 팔운동과 손 그리고 빨기의 협응이 이루어져야 가능한데 이는 두 개의 별개의 운동도식을 연합하려는 시도라 할 수 있다. 이와 같은 운동근육의 협응을 1차 순환반응이라 한다.

③ 2차 순환 반응기(secondary circular reaction : 4~10개월)

행동이나 관심이 자신의 신체에 국한되어 나타나던 전 단계와 달리 세 번째 단계에서는 비록 제한적으로 외부 환경과의 접촉에까지 아기의 관심이 확장된다. 아기는 우연히 관심을 끄는 환경적 사건을 발견하게 되면 예상되는 어떤 결과를 보기 위해 그 사건을 일으킨 행동을 반복하려고 하는데 이를 2차 순환반응이라 한다.

예를 들면 우연히 딸랑이를 한 번 흔들어 본 아기가 그 소리에 관심을 가지고 자꾸 딸랑이를 흔들게 되는 경우가 이에 해당한다.

이 시기에는 어떤 사물이 시야에서 사라지더라도 계속 존재하는 것이라는 인식인 대상영속성 개념(object permanence)이 발달하게 된다. 한 대상이 다른 곳으로 옮겨지는 과정을 보지 않았더라도 아기는 그 대상을 찾아낼 수 있게 된다. 그러나 아직까지는 물체가 없어지는 과정을 보지 못한 경우에는 물체를 찾아내기 힘들다. 영아 초기에는 어떤 물건이 시야에서 가려지면 그것이 없어진 것처럼 행동하거나 시야에서 가려지면 아기는 그것을 찾지 못한다. 그러나 아이들은 자라나면서 어떤 물건이 시야에서 가려진다고 하더라도 여전히 존재한다는 것을 알며 그전에 그 물건을 보았던 장소로 가서 그 물건을 찾는 행동을 하게 된다. 이와 같이 대상영속성 개념이란 자신을 포함하는 모든 대상들이 독립적인 실체로 존재하며, 대상이 한 곳에서 다른 곳으로 옮겨지더라도 혹은 시야에서 대상이 사라지더라도 다른 장소에서 계속 존재한다는 사실에 대해 인지할 수 있음을 의미한다. 영아는 여러 가지 도식을 협응함으로써 대상영속성 개념을 획득하게 되며, 지능발달에 필요한 기본적 개념을 초보적인 수준에서 획득하게 된다.

④ 2차 도식의 협응기(coordination of secondary schemes : 10~12개월)

이 시기의 아기는 전단계에서 얻은 여러 도식을 협응하여 새로운 상황에 부딪히면 문제해결을 위해 이 도식들을 적용한다. 이 시기의 행동은 목적 성취를 위한 의도적이며 목적적으로 새로운 도식을 사용하는 시도를 시작하는 단계라고 볼 수 있다. 예를 들면, 딸랑이 위에 손수건이 놓여 있을 경우 딸랑이를 집기 위해 아기는 손수건을 치우는 행동을 시도하게 된다. 즉 잡기라는 목적을 성취하기 위해 치우기라는 도식을 활용하는 것이다. 그러나 이 시기의 아기는 이전에 성공적으로 경험한 도식에만 의존하여 장애물을 대처하려 한다.

또한 이 시기에는 특정행위를 보고 다른 행동을 예상할 수도 있는데 예를 들어 엄마가 옷을 바꾸어 입으면 외출할 것이라고 기대를 갖는 등이 이에 해당된다.

⑤ 3차 순환 반응기(tertiary circular reaction : 12~18개월)

이 단계는 감각운동의 절정기이다. 아기는 새로운 행동이나 진기한 사건을 일으키는데 적극적인 관심을 보인다. 또한 하나의 목적을 위해 여러 차례의 다른 방식으로 다양한 시행을 해 보거나 같은 목적을 얻기 위해 새로운 반응을 시도하면서 그 결과를 살펴보기도 한다.

⑥ 사고의 시작(beginning of thought : 18~24개월)

눈앞에 없는 사물이나 사건들을 정신적으로 그려내기 시작하고 이전의 상황에 관한 사고를 하게 된다. 직접경험하거나 시도하지 않은 것이라도 이 시기의 아기는 사고를 통해 모방행동과 가상적인 행동도 할 수 있게 된다. 예를 들면, 인형을 갖고 놀면서 엄마 흉내를 내거나 막대기로 총싸움을 하는 등이 여기에 해당된다. 즉 도식을 활용하여 수단과 목적을 관련시킬 수 있으므로 문제해결을 위한 계획이나 해결활동을 수행하는 것이다.

이 기간의 후반기에 Piaget는 지연모방(delay imitation)이 가능하게 된다. 지연모방이란 아동이 목격한 행동을 즉시 모방하는 것이 아니라 일정한 기간이 지난 후 자발적으로 재현하는 모방을 뜻한다. 이런 지연모방이 가능하다는 것은 아이가 관찰한 행동을 표상의 형태로 저장하고 있음을 보여주는 예라고 할 수 있다.

감각운동기는 초기에는 자신의 몸에 대한 관심으로 탐색활동이 이루어지고 점차로 관심이 가까운 외부환경으로 확장되어 갔다. 이 단계에서 중요한 발달은 대산영속성 개념이 확립되어 자신과 환경을 구분할 수 있는 능력이 획득된다는 것이다. 영아는 도식을 확장해 감으로써 사물, 공간, 시간, 대상연속성, 원인-수단-결과 등에 대한 인식을 형성한다는 것이다.

(2) 전조작기(2~7세)

약 2세에서부터 학령 전까지의 유아기를 피아제는 전조작기(preoperational period)라 부른다. 조작이란 개념은 신체적 운동보다는 사고를 통한 도식의 변환을 의미한다. 전조작기의 인지발달의 두드러진 특징은 상징적 기능(symbolic function)과 중심화(centralization)에 기초한 자기중심성, 직관적 사고, 비가역성 등이다.

감각운동기가 끝날 때 즈음하여 유아는 상징을 사용하여 눈앞에 보이지 않는 대상이나 상황을 생각하는 심상을 형성하기 시작하는데 최초에 형성되는 심상은 대상의 모습, 동작 등에 대한 영상적인 표상이 주를 이룬다. 따라서 대상의 속성을 언어를 통해 의미적이며 논리적으로 표현하기는 어렵고 자신의 지각적 경험에 의존하여 내재적으로 형성하고 있는 표상을 여러 형태의 상징으로 표현하게 된다. 즉, 아동은 내재적인 표상을 가상놀이, 그림, 언어와 같은 상징적 형태로 표출하게 되는데, 피아제는 이러한 표상의 표출형태를 상징적 기능(기호적 기능)이라 부른다.

소꿉놀이, 기차놀이, 병원놀이, 학교놀이 등 취학 전 아동들의 대부분의 놀이는 가상놀이에 속한다고 할 수 있다.

또한 그림은 아동의 내적 표상이 표출되는 중요한 상징적 기능의 하나인데, 흔히 이 시기 아동이 해를 그릴 때 눈, 코, 입을 그려 넣거나 버스에 타고 있는 사람들의 다리까지 그리는 것은 아동이 눈에 보이는 것이 아니라 심상을 그리고 있음을 보여주는 것이다.

그리고 1세 6개월을 전후하여 표상이 형성되기 시작하면 유아는 자신의 표상을 언어라는 상징을 통해 표현하기 시작하는데 언어도 상징적 기능이다.

한편 전조작기의 아동은 모든 현상의 한 가지 측면만 고려하고 두 가지 이상의 측면을 동시에 고려하지 못하는 사고의 한계를 갖고 있다. 이러한 사고의 특징을 중심화라고 한다. 중심화의 경향은 자기중심성과 직관적 사고를 통해 그 특징을 살펴볼 수 있다.

자기중심성이란 타인의 생각, 감정, 지각, 관점 등이 자신과 동일한 것으로 가정하는 전조작적 사고의 특징을 말한다. 예컨대, 4세된 여자 아이에게 "어머니의 생일 선물로 무엇을 사주면 어머니가 가장 좋아할까요?"라고 물었을 때, "인형"이라고 대답하는 경우다. 이 여자 아이는 자기가 인형을 가장 좋아하니까 어머니도 자기와 마찬가지로 인형을 좋아할 것이라고 생각하기 때문이다. 또한, 자기중심적 사고는 피아제의 세 산 모형실험에서 명료하게 찾아볼 수 있다.

[그림 3]과 같이 세 개의 산의 모형이 있는 책상의 좌석 A에 4세 유아가 앉아 있다고 가정하자. 자신이 앉아 있는 자리에서 이 산의 모습이 어떻게 보이느냐고 물으면 대부분의 유아는 조망 ①을 바르게 선택할 수 있을 것이다. 좌석 D에 인형을 하나 놓아 주고 좌석 A에 앉아 있는 유아에게 만일 네가 인형이 있는 자리에 앉아서 산을 보면 이 산이 어떻게 보이겠느냐고 물으면 대부분의 유아는 조망 ④를 선택하지 못하고 여전히 조망 ①을 선택하게 될 것이다. 이것은 시각조망의 자기중심성을 보여주는 실험이며, 이처럼 전조작기 유아는 자신이 위치에서만 사물을 이해할 뿐 타인의 위치에서 보이는 사물의 모습을 추론하지 못하는 사고의 한계를 보인다. 아직 이 시기의 유아는 타인의 시각에서 보는 조망을 정확하게 추론해 내는 조망수용능력(perspective-taking ability)을 획득하지 못했다고 할 수 있다.

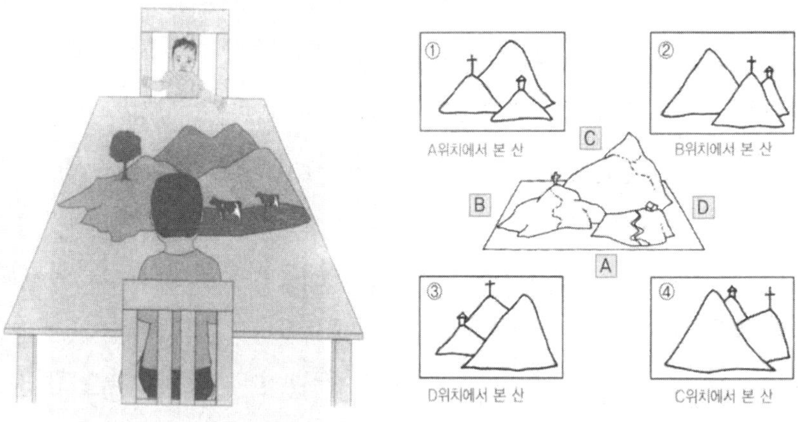

[그림 3] 세 산모형 실험

* 출처 : 송명자(1995)

중심화 특징 중의 하나인 직관적 사고는 대상이나 사태가 갖고 있는 가장 현저한 단 한 가지의 지각적 속성에 의해 판단하는 사고를 말한다. 이러한 직관적 사고는 Piaget의 보존성 실험을 통해서 잘 나타난다.

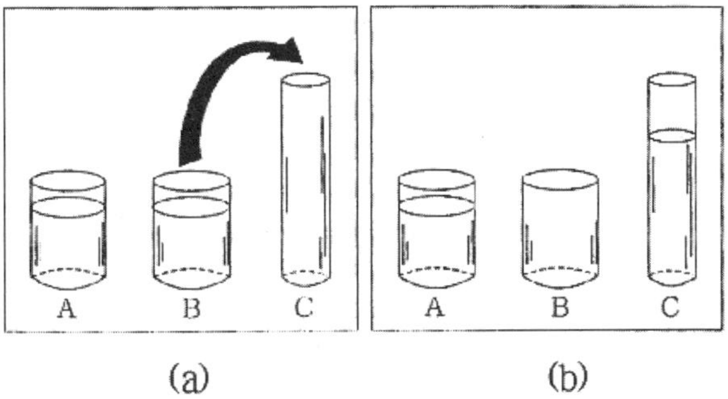

[그림 4] 액체량 보존성 실험

* 출처 : 송명자(1995)

[그림 4]와 같이, 모양과 크기가 같은 A와 B의 두 컵에 들어 있는 물의 양이 같다는 것을 유아에게 확인시킨 후 B컵의 물을 C컵에 붓는다. 그리고 유아에게 A컵과 C컵 중에서 어느 컵에 있는 물의 양이 더 많은가를 묻는다. 이 시기의 유아는 대부분 A 또는 C컵의 물의 양이 다른 컵의 물의 양보다 더 많다고 반응한다. 즉 이 시기의 유아는 아직 보존의 개념을 이해하지 못한다. 단지 A컵보다는 C컵의 물이 더 높이 올라와 있거나 A컵이 C보다 더 넓어 보인다는 지각적 특성에 의해 양을 판단하는 직관적 사고에 지배되고 있기 때문이다. 이와 같이 전조작기의 아동이 직관적 사고에 지배되어 보존성의 원리를 이해하지 못하는 것은 바로 원인과 결과라는 양방향의 관점에서 이해하거나 양방향의 상태를 함께 고려하는 가역성(reversibility)이라는 논리적 조작을 획득하지 못하고 어느 한 방향에서만 상황을 이해하려 했기 때문이다.

가역성은 반환성과 상보성의 두 조작형태로 나타난다. 구체적으로 A컵과 C컵의 물의 양이 같은 이유는 C컵의 물을 원래 B컵에 다시 부으면 물의 양이 같아지는 것인데 이처럼 가했던 조작을 철회하면 항상 원래의 상태로 돌아가는 것을 생각하는 조작이 반환성이라 한다. 또한 C컵의 물의 높이가 높아서 많아 보여도 밑이 좁은데 비해서 A컵은 물의 높이는 낮지만 밑이 넓으므로 두 컵의 물의 양은 같다. 이처럼 물 컵의 높이와 넓이라는 두 특성을 상호 비교하고 그 관계를 통합하는 조작이 상보성이다. 피아제는 반환성과 상보성의 조작형태를 포괄하여 가역성이라고 부르고 있다.

(3) 구체적 조작기(7~12세)

구체적 조작기(concrete operational period)는 일반적으로 초등학교 시기에 해당된다. 이 시기는 인지적 능력이 급속도로 변화하는 특징을 나타내는데 중요한 변화는 유아기의 비체계적이고 비논리적인 사고에서 벗어나 기본적인 논리체계를 성립하므로 전조작기와는 달리 중심화에서 벗어나는 즉, 탈중심화가 이루어진다. 다시 말해서 한 가지 차원만 고려하고 두 가지 이상의 차원을 동시에 고려하지 못하는 전조적 사고와는 달리 두 가지 이상의 차원을 동시에 고려할 줄 알게 되며, 자기중심성과 직관적 사고에서 벗어난다. 그러나 논리성과 체계성은 실제적이고 구체적인 상황에서만 적용되며 가설적인 상황에는 적용되지 못하는 한계를 가지고 있다.

세 산 모형실험에서 전조작기의 유아는 조망수용능력을 획득하지 못했기 때문에 타인의 위치에서 보이는 사물의 모습을 추론하지 못하는 사고의 한계를 보였다.

그러나 구체적 조작기 아동은 타인의 시각에서 보는 조망을 정확하게 추론해 내는 조망수용능력(perspective-taking ability)을 획득을 하게 된다. 따라서 아동은 다른 자리에서 보는 산의 모습이 자기가 보는 산의 모습과 다르다는 것을 깨닫게 된다. 이처럼 구체적 조작기 아동은 자기중심적 사고에서 벗어나 탈중심화가 이루어진다.

보존실험에서 보여준 전조작기 유아의 반응과는 달리, 구체적 조작기의 아동은 A컵과 C컵의 물의 양이 같다고 반응을 한다. 즉 이 시기의 아동은 가역성이라는 논리적 조작이 가능하기 때문이다. 보존성 개념의 획득은 앞에 소개한 양에 대한 보존성 실험 이외에도 수나 부피 등의 여러 영역에서 이루어진다. 일반적으로 아동들은 처음에 수에 대한 보존성 개념을 습득하고, 질량, 무게,

마지막으로 부피에 대한 보존성 개념을 습득한다. 피아제는 이렇게 동일한 가역성의 원리에 기초를 두면서 과제의 형태에 따라 보존성개념의 습득 시기가 달라지는 현상을 수평적 격차(horizontal decalage)라고 지적한다.

구체적 조작기에 획득하게 되는 다른 중요한 능력은 유목화(classification) 조작이다. 유목화는 부분과 전체의 논리적 관계 및 상위유목과 하위유목의 위계적 관계를 이해하여 전체는 부분보다, 상위유목은 하위유목보다 그 수가 많다는 것을 아는 것이다. 예컨대 30 송이의 빨강 장미꽃과 10 송이의 흰색 장미꽃으로 이루어진 장미꽃 40송이를 보여주면서 아동들에게 꽃이 많은지 빨강 장미꽃이 많은지 질문한다. 이때 전조작기 유아는 빨강 장미꽃이 많다고 대답을 하고, 구체적 조작기의 아동은 꽃이 많다고 대답한다. 전조작기 유아는 유목화의 개념이 성립되지 못하였으나 구체적 조작기의 아동은 하위유목과 이들을 포함하는 상위유목을 동시에 다룰 수 있으므로 이 두 유목의 관계에서 꽃과 빨강 장미, 흰색 장미를 분류하여 비교할 수 있다는 증거이다.

구체적 조작기에 획득하게 되는 또 다른 능력은 서열화(serial) 조작이다. 서열화는 물건들의 크기나 무게와 같은 하나의 속성이나 특성 기준에 따라서 순서대로 배열하는 것을 말한다. 서열화는 큰 것에서부터 작은 것으로, 작은 것에서부터 큰 것으로 차례에 맞게 배열하는 것처럼 사물을 크기, 무게, 길이, 밝기 등과 같은 여러 특성의 양적 차원에 따라 정신적으로 계열화하는 능력이다.

(4) 형식적 조작기(12세 이후)

형식적 조작기(formal operational period)는 인지발달의 마지막 단계로 12세경부터 성인기 초기까지 계속된다. 구체적 조작기에 비해 형식적 조작기의 개인은 상황에 대해 추상적으로 논리를 전개할 수 있다. 이 시기에는 지금 현재만을 생각하는 것이 아니라 과거의 경험에 대한 반영적 사고를 할 수 있고 동시에 미래에 대한 가설을 세워 예측할 수 있으므로 신중하게 숙고할 수 있는 능력이 가능해지는 것이다. 피아제에 의하면 이 시기에 개인들은 타인과의 상호작용 및 교류를 통해 다양하고 독자적인 사고방식과 전혀 다른 관점들이 산재해 있음을 익히게 되는 것이다. 그러나 피아제는 모든 사람이 형식적 조작기에까지 발달하는 것은 아니라고 지적하였다.

2. 엘리스의 합리적 · 정서적 이론

엘리스의 이론은 1955년에 '합리적 치료(Rational Therapy)'로 시작하여 합리적 사고와 심리적 적응 사이의 연결을 강조하였다. 그는 인간을 스스로의 사고, 정서, 행동을 변화시킬 수 있는 성장지향적인 존재로 인식하고 인간의 사고, 감정, 행동은 매우 밀접하게 상호작용한다고 보았다. 인간의 부적응이나 문제는 외부 환경적인 상황이나 사건에 의해 야기되는 것이 아니라 인간이 스스로 만들어 낸 잘못된 혹은 비합리적인 신념이 핵심이 되어 시작된다고 가정하였다. 즉 상황에 대해 스스로 평가하는 개인의 가치, 태도, 신념이나 기준에 따라 감정과 행동이 달라진다는 것이다. 그는 1961년 인간의 정서적 측면을 강조하는 '합리적 정서적 치료(Rational Emotive Therapy)'로 개명하였고, 그 이후 1993년 행동적 측면이 이론에 중요한 부분을 차지하므로 공식명칭을 '합리적 정서적 행동치료(Rational Emotive Behavior Therapy)'로 바꾸게 된다.

1) 엘리스의 생애

REBT(Rational Emotive Behavior Therapy)의 창시자인 엘리스(Albert Ellis,

1913~2007)는 1913년 9월 27일 미국 펜실베니아 주의 피츠버그에서 출생하여 네 살이 되던 해 뉴욕시로 이사하여 그곳에서 성장하였다.

엘리스는 19살 때 여성들 주위에 가면 극도로 소심해지는 사람이었다. 그러던 차에 그는 한 달 동안 자기가 살고 있는 도시에서 100명의 소녀에게 말을 거는 시도를 해서 결국 그것을 극복을 했을 정도이다. 엘리스는 대중 앞에 서서 말을 할 때 불안해하는 대인불안도 있었다.

그는 대학을 졸업하고 8년이 지난 후에 사범대학에 들어가서 상담프로그램 과정을 정신분석적으로 교육을 받고 훈련을 받았다. 그런데 그는 정신분석이라는 것이 상당히 비과학적으로 비효율적이라고 생각하였다. 내담자들에게 과거의 외상적인 감정이나 기억을 되살리고 분출하도록 하는 것이 효과가 없을 뿐더러 때로는 내담자를 더 힘들게 한다고 생각했다. 그는 무언가 기존의 정신분석과는 달리 조금 더 직접적이고 지시적인 형태의 치료가 필요할 것 같다고 보았다. 내담자의 감정이나 과거에 접근하는 것보다 인지와 사고를 다루는 것이 효과적이라고 생각했다.

엘리스는 12개 이상의 전문 연구자들의 자문 또는 부편집자로 기여하여 왔을 뿐만 아니라, REBT에 관하여 수많은 논문과 저서를 출판하였다. 가장 대표적인 책자로 REBT의 이론과 실제를 제시한 『Reason and Emotion in Psychotherapy(1962)』, REBT의 인본주의적인 측면을 보여준 『Humanistic Psychotherapy : The Rational Emotive Approach(1973)』, 남성의 성과 해방에 대한 『Sex and the Liberated Man(1976)』, 합리적 삶을 위한 새로운 지침서 『A New Guide to Rational Living』 등이 유명하다. 1980년대에는 REBT는 국제적으로 알려져 연구소가 호주, 영국, 캐나다, 독일, 이탈리아, 멕시코와 네덜란드에서도 설립되어 상담자를 위한 훈련프로그램도 제공하게 되었다. 저서로 알코올과 화학물질 남용에 관한 REBT의 적용 『McInerney DiGiuseppe and YEAGER(1988)』 등이 출판되었다.

2) 주요개념

(1) 자기언어

자기독백이라 부르기도 하는 자기언어는 합리정서 치료에서는 모든 정서적 문제의 중요원인이란 그 상황에 대해 스스로 말하는 자기언어(self talk)에서 시작된다는 것이다. 자기언어에 따라 감정과 행동이 달라지므로 자기언어가 변화되면 감정과 행동도 달라질 것이라고 설명한다. 즉 언어는 그 사람의 신념과 가치에 의해 지배되는 것이므로 신념이 바뀌면 자기언어도 바뀌게 되고 이어서 그의 정서와 행동이 결정되므로 부적응 문제나 정서적 문제에 요인이 된다는 것이다.

(2) 합리적 사고와 합리적 신념

이는 우리의 행동을 합리적이며 효과적으로 통제하는 것으로 객관적인 현실에 근거하여 다른 사람과의 불필요한 갈등을 피하고 편안한 감정을 가질 수 있도록 조정하는 사고이다. 엘리스는 사람들이 명확하게, 유연하게, 그리고 과학적으로 생각하도록 조력하는 것을 강조한다. 건강한 사람이나 성숙한 사람이 가지고 있는 합리적 사고를 획득하고 내재화하도록 촉진하는 것이 중요하다. 이러한 합리적 사고의 특징은 다음과 같다.

① 현실성

합리적 사고는 보다 사실에 가깝다. 많은 사람들이 불편한 감정을 갖는 것은 사실에 근거를 둔 것이 아닌 것이 많다. 단지 사실이 아닌 것을 사실로 받아들이기 때문에 문제가 있는 것이다.

② 논리성

합리적 사고는 논리적이다. 어떤 사고가 사실이라고 했을 때, 그 사실의 논리적 근거를 따져 보는 것이다.

③ 유용성(실용성)

합리적 사고는 자신과 타인에게 유용적이다. 자신의 사고가 어떤 유익을 주는지 따져보는 것이다.

④ 융통성

합리적 사고는 경직되지 않고 융통성이 있다는 것이다.

⑤ 파급효과

합리적 사고는 합리적인 정서와 행동을 낳는다. 행동의 결과를 보면 그 사람의 사고가 합리적인지 비합리적인지 알 수 있다.

(3) 자동적 사고

자동적 사고는 정서적 반응으로 이끄는 특별한 자극에 의해 유발된 개인화된 생각으로 특정 자극이나 상황에 직면하는 경우에 노력 혹은 선택없이 자발적으로 일어난다. 자신의 경험으로 형성되어진 신념이나 가정 및 예측을 반영하게 되는데, 심리적인 문제나 장애를 갖고 있는 개인의 자동적 사고는 왜곡되거나 부정확하며 극단적으로까지 되기도 한다.

(4) 비합리적 사고

인간의 비합리적 사고가 왜 유지되고 강화되는가? 이것은 자기 충족적 예언(self fulfilling prophecy)의 과정 때문이다. 이것은 자기 스스로가 이행하는 예언이라는 말인데, 우리가 어떤 기대나 믿음을 가졌을 때 그 믿음이 자기 스스로 이행되는 특징이 있다는 것이다. 이것은 비합리적 사고 혹은 고정된 가치관이 왜 자기 암시, 자기 반복되는지 설명할 수 있다.

개인이 어떤 기대, 믿음, 선입견, 고정관념을 가졌을 때 그는 그러한 믿음에 따라서 행동을 하게 될 것이고, 그에 대한 타인과 주변의 반응은 다시 그 사람의 믿음을 강화할 것이기 때문이다. 비합리적인 사고를 가지고 있는 사람은 그의 사고에 따라 타인과 세상에 대해서 반응을 하게 될 것이고, 이런 반응은 그의 신념을 강화하게 하는 역할을 한다는 것이다. 어려서 형성한 비합리적 사고들이 자기 암시나 자기 충족에 의해서 강화가 된다는 것이다.

(5) 비합리적 사고의 요소

비합리적 사고는 잘못된 결과를 가져올 수 있게 하는 근본적인 원인으로 작용한다. 이 비합리적 사고의 핵심이 당위적 사고이며 여기서부터 기타의 비합리적 사고가 파행되는데, 대표적으로 과장적 사고, 인간 비하적 사고, 좌절의 불포용이 있다(장선철 · 문승태, 2003). 이것을 그림으로 나타내면 다음 [그림 5]와 같다.

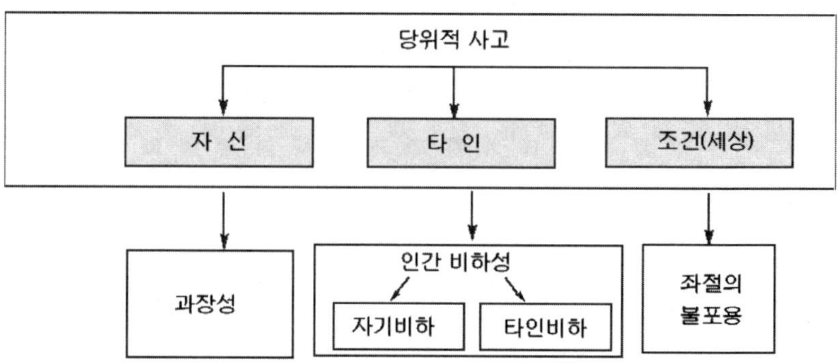

[그림 5] 당위적 사고에서 파생한 비합리적 사고의 요소

* 출처 : 장선철 · 문승태(2003)

① 당위적 사고

인간은 근본적으로 불완전한 존재이다. 전지전능하지 않기 때문에 인간과 관련하여 당위성을 강조하는 것은 비합리적이다. 그래서 엘리스는 절대적이고 당위적인 사고를 인간 문제의 근원으로 파악하고 있다. 대체로 비합리적 사고의 뿌리를 이루고 있는 세 가지 당위성, 즉 '자신에 대한 당위성', '타인에 대한 당위성', '조건에 대한 당위성'으로 요약될 수 있다(노안영, 2005).

첫째, 자신에 대한 당위성이다. 이것은 우리 자신에 대해 당위성을 강조하는 것이다. 예를 들면, '나는 훌륭한 사람이어야 한다.'이다. 이처럼 자신은 반드시 훌륭한 사람이 되고 성공적인 수행으로 다른 사람으로부터 인정받아야만 한다. 그렇지 않으면 이는 참을 수 없는 일이며 나는 보잘것없는 하찮은 인간이 되고 말 것이라는 생각을 갖게 된다.

둘째, 타인에 대한 당위성이다. 이것은 우리의 중요한 타인들, 즉 부모, 자식, 부인이나 남편, 애인, 친구, 직장동료에게 당위적인 행동을 기대한 것이다. 예를 들어서, '부모니까 나를 사랑해야 한다', '자식이니까 내 말을 들어야 한다' 등 가까운 타인에게 바라는 당위적 기대가 이루어지지 않을 때 인간에 대한 불신감을 갖게 된다. 그리고 이러한 불신감은 인간에 대한 회의를 낳아 결국 자기비판이나 파멸을 가져오게 된다.

셋째, 조건에 대한 당위성이다. 우리게 주어진 조건에 대해 당위성을 기대하는 것이다. '나의 가정은 항상 사랑으로 가득해야 한다', '나의 방은 항상 깨끗해야 한다' 등 자신에게 주어진 조건에 대해 당위적 사고를 갖는 것이다. 세상의 상황들은 내가 원하는 방향으로 돌아가야 하며, 그렇지 않으면 끔찍하며 나는 그런 끔찍한 세상에서 살아갈 수 없다.

② 과장적 사고

과장적 사고는 현실을 있는 그대로 직시하기보다는 훨씬 더 과장해서 생각하는 것을 말한다. 예를 들어서 '…이 끔찍하다', '…하면 큰일 난다.' 등으로 표현된다.

③ 인간비하

대체로 사람들은 자신들의 잘못된 한 가지 행동을 가지고 자기 자신의 가치 또는 타인의 가치를 총체적으로 평가해 버리는 경우가 많은데, 자기비하 또는 타인비하로 나타난다. 예를 들어서, '나는 수학 시험을 잘 치지 못했어'라고 말해도 될 것을 '나는 아주 머리가 나쁜 아이야', '나는 나쁜 아이야'라고 표현하는 것은 자기 비하의 한 예이다.

④ 좌절의 불포용

세상에는 인간이 할 수 있는 일이 있고 그렇지 못한 일이 있을 수 있는데, 인간의 한계를 수용하지 못하는 경우가 이에 해당된다.

3) REBT 성격이론

REBT(Rational Emotive Behavior Therapy)는 엘리스에 의하여 창안된 독특한 정신치료의 이론이다. 인간의 적응문제가 합리적 사고방식의 유무에 의하여 크게 좌우된다고 보는 그의 사상은 개인의 이성적인 생각 내지 인지적이고 지성적인 사고의 과정을 강조하고 있다. 인간의 이성을 강조한 그의 이론은 미국을 위시하여 세계 여러 나라에서 많은 호응을 얻고 있고, 뉴욕에 있는 그의 연구소와 방대한 그의 저서를 통하여 각계각층의 사람들이 심리적인 문제에 대한 도움을 받고 있다.

전통적인 정신분석적 접근에서는 과거에 일어난 어떤 사건이나 경험이 현재의 갈등과 고민의 원인이라고 보고 있다. 그리하여 치료에서는 내담자로 하여금 잊혀진 과거 이야기를 의식화시키는 작업을 한다. 인본주의적인 접근에서도 어떤 사건과 관련하여 얽혀 있는 처리되지 않은 내담자의 감정을 상담자가 들어주는 데에 주력하는 방향으로 치료가 진행되고 있다. 그러나 엘리스에 의하면 어떤 사건이 내담자의 정서적 혼란이나 고민의 원인이 되는 것이 아니라, 그 사건을 내담자가 어떻게 해석하고 받아들이느냐가 내담자의 감정을 좌우한다고 본다.

(1) REBT의 특성

REBT는 인간의 감정과 문제가 대부분 비합리적인 사고에서 생겨나는 것이라는 믿음에 기초하고 있다. REBT는 상호간에 영향을 주고받는다. 내담자로 하여금 기본적인 생활의 가치를 발견하도록 돕고, 비합리적인 신념을 합리적 신념으로 변화시키는 과정이 곧 상담이라고 보고 있다. 그러므로 REBT 상담의 목적은 내담자의 자기 패배적 신념을 최소화하고, 보다 합리적이고 현실적이며 관대한 신념과 인생관을 갖게 하여, 더욱 융통성 있고 생산적인 삶을 살아가도록 내담자를 돕는 것이다.

(2) REBT의 인간관

REBT에서는 인간은 합리적이고 논리적인 사고를 할 수 있지만, 동시에 비합리적이고 왜곡된 사고도 할 수 있는 존재라고 본다. 즉 인간은 가치를 보존하고, 행복을 누리고, 사고하고, 말하고, 사랑하며, 다른 사람과 친분을 맺고, 스스로 성장시키고, 자아를 실현하는 경향성을 가지고 있음과 동시에, 스스로 파괴하고, 일을 뒤로 미루고, 실수를 계속 반복하고, 미신세계에 빠져들고, 참을성이 없고, 완벽하려 하며, 자기를 비난하고, 자신의 가능성을 파괴하는 경향성도 가졌다고 본다.

엘리스는 인간의 사고는 그들의 감정이나 행동에 중요하게 영향을 끼친다고 지적하고 있다. 엘리스가 지적한 인간에 대한 REBT의 가정을 요약하면 다음과 같다.

첫째, 인간은 외부적 요인에 의해 혼란되고 불안해지기보다는 자기 자신 스스로에 의해 혼란과 불안을 느낀다. 특히 정서적 혼란을 가져오는 신념을 자신이 창출하고 그 신념에 따라 스스로 정서적으로 혼란하게 만드는 경향성이 있다.

둘째, 인간은 왜곡되게 생각하려는 생리적·문화적 경향성이 있으며 말할 필요도 없이 자신이 스스로를 방해한다.

셋째, 인간은 동시에 사고하고, 느끼고, 행동하며, 이들은 상호간에 영향을 주고받는다.

넷째, 인간은 자신의 인지적, 정서적, 행동적 과정을 변화시키기 위한 역량을 지니고 있다는 것이다.

엘리스는 우리들 각자의 목표가 무엇이든 그 목표달성에 도움이 되는 생각은 '합리적 생각'이고, 방해가 되는 생각은 '비합리적 생각'이라고 보았다. 엘리스는 성격발달에서 다음과 같은 비논리적이고 비합리적인 생각이 각인(imprint)이 되면 자기언어(self-talking)를 통하여 계속 교화되어 부적절한 행동을 하게 한다고 말하고 있다. 이 11가지의 대표적 비합리적 신념을 살펴보면 다음과 같다.

① 사람은 주위의 모든 사람에게 항상 사랑과 인정을 받아야 한다.
② 사람은 자신을 가치 있다고 생각할 정도로 완전히 유능하고, 적합하며, 성취적이어야 한다. 이러한 신념을 믿고 있다.
③ 어떤 사람은 나쁘고, 사악하며 악랄하다. 그러한 사람은 반드시 비난과 처벌을 받아야 만 한다.
④ 일이 뜻대로 진행되지 않는다면 무시무시하고 끔찍한 일이다.
⑤ 인간의 불행은 외부의 환경에 의한 것이며, 사람으로서 그것은 어쩔 수 없다.
⑥ 위험하거나 두려운 일은 항상 일어날 가능성이 있는 것으로 커다란 걱정의 원천이 된다.
⑦ 인생에서의 어려움은 부딪히기보다 피해 가는 것이 편하다.

⑧ 사람은 타인에게 의존해야 하고, 자신이 의지할 수 있는 더 강한 누군가가 있어야 한다.

⑨ 과거의 경험이나 사태는 현재의 행동을 결정하며, 사람은 과거의 영향에서 벗어날 수 없다.

⑩ 사람은 다른 사람의 문제와 어려움에 대해 함께 괴로워하고 속상해 해야 한다.

⑪ 모든 문제에는 가장 적절하고도 완벽한 해결책이 반드시 있으며, 사람이 그것을 찾지 못하면 그 결과는 파멸이다.

이 항목들은 우리가 끝없이 내면화시켜 자기 패배적으로 이끄는 비합리적인 신념들이다. 그리고 부적응 행동을 유발시키는 비합리적인 사고나 신념은 그 사회의 일상생활에 잠재해 있으면서 부모, 교사, 동료집단 등과 그 사회의 문화에 의해 직·간접적으로 학습되어, 한 개인의 신념체계에 통합되어 있으며, 우리 사회에 있는 대부분의 성원들이 이러한 신념을 믿고 있다.

(3) REBT의 상담과정과 상담기법

엘리스는 정서적 혼란은 객관적인 사실보다는 그 사실에 대한 생각, 그 중에서도 비합리적인 생각 때문이라고 하면서 그의 성격이론의 핵심이 되는 ABCDE 이론을 제시하였다.

A(Activating Event, 선행사건)는 가령 시험에 떨어졌다든지, 실직하게 되었다든지, 반대하는 결혼을 기어이 고집하는 자녀와 크게 싸웠다든지, 여러 사람 앞에서 직장의 상사로부터 꾸지람을 들었다든지와 같이 인간의 정서를 유발하는 어떤 사건이나 현상 또는 행위를 의미한다.

B(Belief System, 신념체계)는 어떤 사건이나 행위 등과 같은 환경적 자극에 대해서 각 개인이 갖게 되는 태도로서, 이것은 그의 신념체계 또는 사고방식이라고

볼 수 있다. 그런데 신경증 내지는 부적응적 반응으로 고통스러워하는 사람들의 대부분은 비합리적인 신념체계를 가지고 있다고 전제한다. 여기서 비합리적인 신념체계란 위와 같은 사건이나 행위를 아주 수치스럽고 끔찍스러운 현상으로 해석하여 자기를 징벌하고 자포자기하거나 세상을 원망하는 사고방식을 의미한다.

C(Consequence, 결과)는 선행사건에 접했을 때 다분히 비합리적인 태도 내지 사고방식으로 그 사건을 해석함으로써 느끼게 되는 정서적 결과를 말한다. 비합리적인 사고방식을 지닌 사람들은 대개의 경우 지나친 불안, 원망, 비관, 죄책감 등과 같은 감정을 느끼게 되고, 소위 '신경성'이라고 일컬어지는 정신신체화 질환을 앓게 되기 쉬우며, 늘 방어적 태세를 취하는 경향이 있다고 한다.

D(Dispute, 논박)는 개인이 가지고 있는 비합리적인 신념이나 사고 또는 상념에 대해서 도전해 보고 과연 그 사상이 사리에 맞고 합리적인지를 다시 생각하도록 하기 위하여 치료자는 논박을 시도한다.

E(Effect, 효과)는 비합리적인 신념을 철저하게 논박함으로써 합리적인 신념을 갖게 된 다음에 느끼게 되는 자기수용적인 태도와 긍정적인 감정의 결과를 지칭한다.

따라서, REBT관점에 의하면, 인간에게 있어서 불안이나 우울과 같은 정서적 반응(C)은 어떤 사태의 발생(A) 그 자체에 의해 결정되는 것이 아니라 그 사태에 대해 가지는 개인의 신념체계(B), 특히 비합리적 신념체계(irrational belief, iB) 때문이며, 그러한 혼란된 정서는 합리적 신념(rational belief, rB)에 의해 효과적으로 논박(Dispute, D)될 때 사라지며, 이러한 논박의 결과로 새로운 철학이나 새로운 인지 체계를 가져오는 결과(Effect, E)를 낳게 된다는 것이다.

결국 REBT는 인지적 재구조화를 위한 ABCDE의 체계로 구성되는데, 이 모형을 그림으로 나타내면 다음 [그림 6]과 같다.

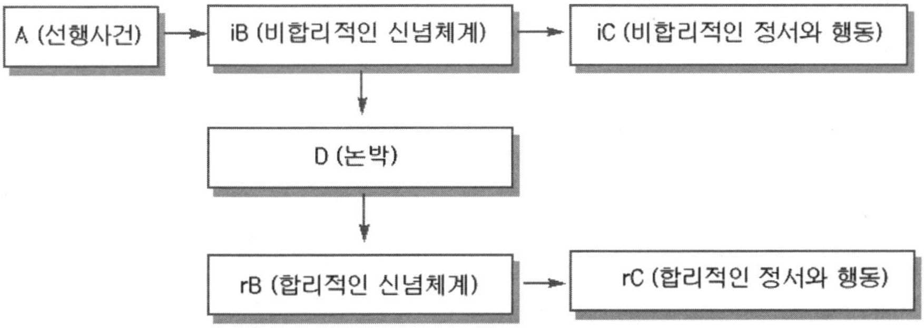

[그림 6] ABC의 확장된 모형

예를 들어 부부싸움으로 인해 생긴 우울증을 가진 내담자의 경우는, 부부싸움이 우울증을 유발했다고 생각하지만, 사실 그 내담자는 '부부간에는 싸움이 있어서 안 된다'는 신념이나, '부부 간에는 비밀이 있어서 안 된다'는 잘못된 신념이 바로 부부싸움으로 인한 우울증을 유발하는 것이라고 보았다.

따라서 내담자가 가지고 있는 should, must, ought to 같은 잘못된 비합리적 신념(iB)들이 있음을 주지시키고, 그것을 논박(D)해야 하는데, 논박을 하고 내담자가 그것을 자신의 신념이 비합리적 신념임을 이해했다고 해서 끝나는 것은 아니다. 왜냐하면 내담자는 여전히 우울(iC)하기 때문이다. 따라서 비합리적인 신념(iB)을 바꾸어 줄 수 있는 합리적인 신념(rB)으로 대체해야 한다. 그렇게 되면 합리적이고 올바른 결과(rC)가 나타나게 된다.

REBT의 본질적인 기법은 적극적이고 지시적인 가르치기로, 불변적인 과정이나 기법을 취하는 것이 아니고, 외관상 취사선택할 수 있는 절충적 형태로 여러 상담기법을 포함한다. 이것이 인간의 사고에 있어서 논리와 이성의 중요성을 강조하는 가장 지시적인 REBT의 차원이다. 정서적 기법은 논박을 통해 개입하는 것이지만, 카타르시스처럼 감정을 정화하고 편안함을 경험하려는 것이 아니라 내담자의 사고를 변화시키는 방법이다. 행동적 기법에는 내담자들은 그들이 두려워하거나 꺼리는 행동을 실제로 해 봄으로써 그 행동을 통해 자신의 비합리적인 사고와 변화과정을 통찰하고 새로운 행동을 습득하도록 한다.

3. 인지이론과 사회복지실천과의 관계

인지이론은 지난 수십 년간 사회복지실천에서 중요성이 강조되고 있다. 현대사회는 오랜 기간 인간의 인지적인 측면을 중시하고 개발하는데 많은 관심을 가지고 있으며 특히나 아동이나 청소년을 대상으로 하는 사회복지 실천에 있어 인지이론의 중요성이 부각되었다. 피아제의 연구는 아동이 어떻게 생각하며 학습해 가는지를 밝혀 냄으로써 많은 도움을 주었다. 하지만 피아제의 이론은 몇 가지 측면에서 비판을 받고 있다. 우선 아동의 성별의 차이에 의한 서로 다른 경험으로부터 유래된 발달적 경험에서의 차이를 설명하지 않았으며 더 나아가 다양한 인종이나 계층에 따르는 발달적 경험의 차이를 구별하지 않고 있다는 비판이다. 또 한편으로는 개인의 발달에 영향을 주는 사회적, 환경적 상황을 인정하지 않고 있다. 따라서 피아제의 이론은 개인과 사회적 변화 간의 상호관계를 파악하는 데에는 큰 도움을 주지 못한다는 비판이다.

부적응 아동을 돕고 문제를 해결하기 위한 인지치료 방법에 대표적인 엘리스의 합리정서 행동적 치료를 들 수 있다. REBT는 자기패배적인 행동과 정서적 고통을 일으키는 비합리적인 사고와 신념에 초점을 두고 신념의 변화를 유도하여 감정의 변화를 통해 행동의 변화를 이끄는 인지행동치료 방법으로서 행동주의와 더불어 심리과학적인 근거가 되는 사회복지실천에 이바지하고 있다.

제 3 장

행동주의 이론

1. 스키너의 행동주의 학습이론
2. 반두라의 사회학습 이론

행동주의 이론(behavioral theory)에서는 인간행동의 대부분은 학습되거나 학습에 의해 수정된다는 기본전제에 근거를 두고 있기 때문에 학습이론(learning theory)이라고도 불린다. 행동주의 이론은 다른 이론이나 모델보다 인간을 환경 안에서 보려는 사회복지의 전통적 노력과 가장 가까우며 심리적 탐구의 대상을 내부 의식에 두지 않고 외형적으로 나타나는 행동에 두는 입장이다. 따라서 인간은 외부 환경과의 자극에 따라 반응하는 존재로 보고, 학습이란 인간의 바람직한 행동의 변화를 일으키기 위해 적절한 환경으로부터 자극과 반응을 강화시키는 것으로 이루어진다고 보았다.

행동주의 이론은 다른 어떤 이론이나 모델보다도 인간을 환경 속에서 보려고 하고 개인과 환경 사이에서 일어나는 상호작용을 향상시키고 클라이언트의 생활기술을 증진시키며 환경을 변화시키기 위한 계획된 직접적 개입활동에 초점을 두고 있다.

행동주의 학습이론의 주요학자로는 파블로프, 왓슨, 스키너, 반두라 등의 학자가 있으며, 1913년 왓슨이 주장한 이후 미국 심리학의 중요한 중심적 이론이 되어 왔다. 이전까지 심리학은 심리적 탐구의 대상을 내적 의식에 두어야 한다고 알고 있었기 때문에 학습이론은 심리학의 과학화에 기여한 측면이 있다. 다음에서는 행동주의 이론 중에서 스키너와 반두라의 이론을 중심으로 살펴보고자 한다.

1. 스키너의 행동주의 학습이론

1) 개관

프로이트를 비롯한 정신역동이론가들은 인간의 감정과 행동을 설명하는 심리적 구조의 실체를 추론하였다. 이와는 반대로 스키너와 같은 행동주의이론가들은 심리적 구조를 강조하지 않았다. 스키너는 눈에 보이지 않는 성격구조를 추론하는 것은 과학적이지 않다고 생각하였고 관찰할 수 있는 인간의 행동에 절대적 관심을 두었다. 스키너는 인간에 대해 기계론적 입장을 취하여, 인간의 행동도 자연적으로 발생하는 여러 현상처럼 일정한 법칙을 가지고 있다고 보았다. 스키너는 행동을 유발하는 원인이 내부에 있는 것이 아니라 외부에 있다고 판단하였으므로 관찰할 수 없는 무의식, 자유의지, 인지 등을 강조하는 정신분석, 인본주의, 인지심리학에 반대하였다. 그는 인간의 행동이 행동의 결과에 의해서 조성·유지된다고 보고 환경의 역할을 강조하였다. 대부분의 인간행동은 학습되고, 학습을 통해 수정될 수 있다고 보았기 때문에 스키너의 이론을 학습이론이라고 부른다.

스키너의 학습이론은 특정한 행동이 어떻게 형성되었는지를 구체적으로 보여줌으로써 문제행동을 변화시키기 위한 상담분야의 이론적 체계구축에 공헌하였다.

2) 스키너의 생애

B. F. Skinner
(1904~1990)

스키너(Burrhus Frederic Skinner)는 1904년 3월 20일에 미국 펜실베이니아 주의 북동쪽 철로 도시 서스키해너에서 태어났다. 아버지 윌리엄 스키너는 변호사였고 그는 어린 시절을 포근하고 안정된 환경으로 학습이 존중되고 훈육이 잦고 행위에 상당하는 보상이 적절히 주어진 것으로 기억한다.

소년 시절 스키너는 물건을 디자인하고 만드는 데 많은 시간을 보냈고, 끊임없이 실패했지만 수년 동안 끊임없이 움직이는 기계를 디자인하고자 노력했다. 그의 이러한 기계의 발명에 대한 흥미는 후에 그가 관찰 가능한 행동을 변형시키는데 대한 관심을 갖게 만들었다.

고교 시절, 스키너는 쇼 프로그램 광고의 글자쓰기로 돈을 벌었으며, 재즈밴드에서 연주를 하기도 하고 세 명의 소년들과 오케스트라 단원이 되어 지방 영화관에서 일주일에 두 번씩 공연을 하기도 하였다. 그의 아버지는 스키너가 법학을 전공하기를 원했으나 스키너는 1926년 해밀턴대학에서 영문학사를 받았다. 그러나 실제로 그는 학교생활에 잘 적응하지는 못했다. 게다가 그는 친구들의 지적인 흥미 결핍에 대하여 실망했으며, 몇몇 교과과정에 환멸을 느꼈다. 한때 학장으로부터 제적의 위협을 받았으나 다행히 졸업은 허락되었다. 스키너가 재학 중 어떤 심리학 과목도 수강하지 않은 것은 무척 흥미있는 일이다.

대학 졸업 후, 스키너는 펜실베이아 주의 스크랜턴에 있는 부모의 집으로 돌아와 작가가 되려하였으나 실패하였다. 작가로서의 재능이 없다는 것을 깨달은 뒤에는 러시아 심리학자 이반 파블로프의 조건반사 연구, 행동주의 창시자 존 B. 왓슨의 사상을 통해 심리학에 매력을 느껴 하버드대학의 심리학과 대학원을 다니게 된다. 이 동안 조작적 조건화를 실험하는 "스키너의 상자"를 만들게 되었으며 누가기록기(cumulative recorder : 행동을 그래프로 기록하는 장치)도 만들었다. 이를 이용한 반응률(rate of response)은 심리학 연구에 있어 중요한 종속변수가 되었으며 강력한 실험연구의 방법을 만들어 낼 수 있었다.

스키너는 1931년 하버드대학에서 박사학위를 받았으며 1936~1945년에 미네소타대학에서 강의, 1941년 구겐하임의 연구원, 1942~1943년 제너럴밀스 회사에서 전쟁 연구 지휘, 1944~1945년 연구원 생활, 1945년 인디애나대학의 심리학과장 취임, 그리고 1948년에는 하버드로 다시 돌아와 심리학 교수로 활동하다가 1990년 8월 18일 백혈병의 합병증으로 86세를 일기로 세상을 떠났다.

그는 "스키너의 상자"로 불리는 조작적 조건화 상자를 만들었고 이를 바탕으로 급진적 행동주의라고 부르는 과학철학을 만들어 냈다. 스키너의 연구는 20세기의 가장 영향력 있는 심리학적 연구로 인정받고 있으며 21권의 책과 180편의 글을 남겼다.

3) 주요개념

(1) 고전적 조건화와 반응적 행동

고전적 조건화는 파블로프의 개 실험에서 그 유래를 찾을 수 있다. 파블로프는 1900년대 초반 개의 침샘 일부를 외과적으로 적출하여 먹이를 먹을 때마다 분비되는 침의 양을 측정하는 연구를 하고 있었다. 그런데 문득 그 개가 먹이 주는 사람 발소리를 듣거나 빈 밥그릇만 보아도 침을 분비한다는 것을 발견하였다. 그 유명한 파블로프의 고전적 조건형성의 개념이 바로 여기서부터 출발하였다. 즉 그 개는 발소리와 그릇이 먹이와 함께 나타난다는 일종의 '연합'을 학습한 것이고 따라서 처음에는 침분비와 아무 상관이 없었을 소리와 그릇이 먹이와 같은 효과를 지니게 된 것이다. 이를 보다 구체적으로 알아보기 위해 파블로프는 먹이를 주기 전 항상 불빛을 보여주며 먹이와 같은 효과를 가질 수 있는가를 알아보았고 그 결과는 적중했다. 종합하자면, 고전적 조건형성은 다음과 같은 네 가지의 요소를 가정한다.

표 4 고전적 조건형성의 네 가지의 요소

무조건 자극 (US : unconditional stimulus)	자동적/생득적 반응을 유발하는 자극 (예: 먹이)
무조건 반응 (UR : unconditional response)	학습되지 않은 자동적/생득적 반응 (예: 먹이에 대한 침분비)
조건 자극 (CS : conditional stimulus)	무조건 자극과 짝지어져 새로운 반응을 유발하는 자극 (예: 발소리, 빈 밥그릇, 또는 불빛)
조건 반응 (CR : conditional response)	조건 자극에 의해 새로이 형성된 반응 (예: 조건자극에 대한 침분비)

불빛이 개로 하여금 침을 분비하게 만드는 과정은 다음과 같이 설명된다. 최초에는 무조건 자극(먹이)에 의한 무조건 반응(침분비)만이 존재할 것이다. 그러나 무조건 자극과 조건 자극(불빛)이 계속적으로 같이 제시됨으로써 조건자극만 제시되어도 무조건 반응과 동일한 조건 반응을 이끌어 내는 것이 가능하다. 이러한 고전적 조건형성은 왜 필요할까? 환경에 적응하기 위해서다. 왜냐하면 사건들(CS와 US) 사이의 관계성을 학습하여 다가올 사건에 대한 준비를 할 필요가 있기 때문이다. 예를 들어 번개(CS)가 치면 귀를 막아 조금 있으면 경험하게 될 천둥소리(US)에 대비하여 귀의 손상을 막는다. 또한 긴급한 자극에 대비해 생명 유지를 가능케도 해 준다. 영양은 사자 냄새(CS)가 흘러 들어오면 미리 멀리 달아날 수 있다. 사자(US)를 직접 보는 순간 이미 때는 늦기 때문이다.

하지만 한 번 조건형성된 조건 반응도 무조건 자극 없이 조건 자극만 되풀이되면 점차 사라질 수밖에 없다. 불빛이 계속 먹이 없이 제시되면 결국 그 개가 불빛에 침을 흘리는 일은 없어진다는 것이다. 이를 소거(extinction)라고 한다. 하지만 일정한 기간 후 불빛(CS)을 제시하면 소거된 침분비가 다시 나타나며 이를 자발적 회복(spontaneous recovery)이라 한다. 즉 소거된 반응이 완전히 사라진 것이 아니라 잠시 동안 억압되어 있음을 의미한다는 것이다. 물론 그 회복된 반응은 강도가 약하기는 하지만 말이다. 또한 원래의 조건 자극이 아니더라도 그와 유사한 자극은 조건 반응 유발이 가능하다. 이를 자극 일반화라고 한다.

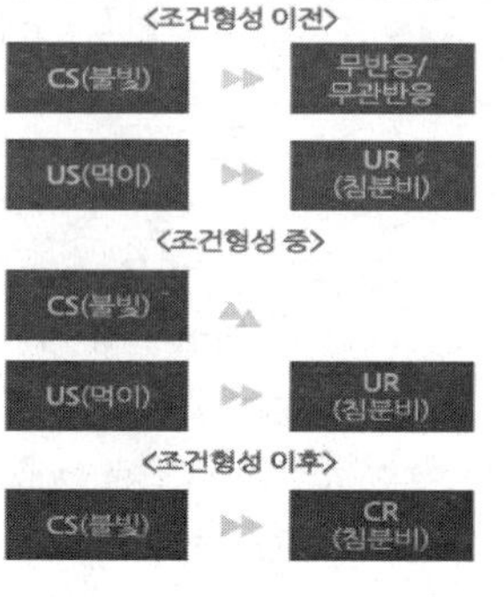

[그림 7] 파블로프의 개와 실험장치(좌) 고전적 조건형성 절차(우)

(2) 조작적 조건화와 조작적 행동

조작적 조건화(operant conditioning)는 어떤 반응에 대해 선택적으로 보상함으로써 그 반응이 일어날 확률을 증가시키거나 감소시키는 방법을 말한다. 여기서 선택적 보상이란 강화와 벌을 의미한다. 조작적 조건화는 작동적 조건화라고도 한다.

스키너는 유기체를 스스로 의지를 지닌 자발적인 존재로 보았다. 따라서 유기체는 외부의 자극에 대해 자발적이고 능동적으로 반응한다고 생각하여 파블로프의 실험에서 있었던 조건 반응을 반응행동(respondent behavior)이라고 하고 스키너의 실험에서 사용한 행동을 조작행동(operant behavior)이라고 하여 둘을 구분하였다.

반응행동은 고전적 조건화에서 사용된 반응과 같이 자극에 의해 직접적으로 유발된 반응으로 침을 흘리는 행동이나 동공의 수축, 무릎 반사 등이 이에 속한다. 반면에 조작행동은 어떤 자극에 의해 일어나는 것이 아니라 스스로 일어나는 행동, 혹은 어떤 자극이 있었다고 하더라도 그것이 무엇인지 알 수 없었던 경우의 행동을 말한다. 스키너는 외부적 자극에 초점을 맞춘 고전적 조건화를 S(stimulus)형 조건화라고 칭하면서 조작행동에 관심을 가진 조작적 조건화를 R(response)형 조건화라고 구분하기도 했다.

즉, 조작행동은 어떤 유기체가 능동적으로 환경에 작용을 가하는 행동을 말한다. 조작행동으로 형성되는 조건을 조작적 조건화라고 하는데, 유기체가 행하는 조작행동은 결과에 따라 증가하기도 하고 감소하기도 한다. 이를 통해 어떤 반응을 증가시키거나 감소시키는 것이 조작적 조건화인 것이다.

(3) 스키너 상자

조작적 조건형성은 스키너 상자(Skinner Box)를 통해 실험되고 증명되었다.

스키너 상자는 빈 상자 안에 지렛대가 하나 들어 있으며, 이 지렛대는 먹이통과 연결되어 있어 지렛대를 누르면 먹이가 나오도록 되어 있다. 이 상자를 가지고 조작적 조건형성을 실험했는데, 그 과정은 다음과 같다.

① 배고픈 상태의 흰 쥐를 스키너 상자에 넣는다.
② 이렇게 배고픈 상태로 만드는 것을 박탈이라고 한다.
③ 흰 쥐는 스키너 상자 안에서 돌아다니다가 우연히 지렛대를 누르게 된다.
④ 지렛대를 누르자 먹이가 나온다.
⑤ 지렛대와 먹이 간의 상관관계를 알지 못하는 쥐는 다시 상자 안을 돌아다닌다.
⑥ 다시 우연히 지렛대를 누른 흰 쥐는 또 먹이가 나오는 것을 보고 지렛대를 누르는 행동을 자주 하게 된다.
⑦ 이러한 과정이 반복되면서 흰 쥐는 지렛대를 누르면 먹이가 나온다는 사실을 학습하게 된다.

[그림 8] 스키너 상자

스키너 상자의 실험에서 흰 쥐가 지렛대를 누르는 행동은 먹이에 의해 강화된 것이다. 만약 지렛대를 눌렀을 때 먹이가 나오지 않았다면 지렛대를 누르는 행동을 학습하지 못했을 것이다. 이렇게 어떤 행동을 한 뒤에 유기체가 원하는 것을 제공하는 것을 강화(reinforcement)라고 한다. 고전적 조건화에서는 강화를 조건화의 과정에서 무조건 자극(unconditioned stimulus)을 부여하는 것으로 명명했지만 조작적 조건화에서는 조건화의 과정에서 부여하는 보상을 의미하는 것으로 쓰는 것이다. 조작적 조건화가 이루어지기 위해서는 강화가 중요한 역할을 한다.

(4) 강화와 벌

조작적 조건화의 기본전제는 행동이 그 결과에 의해 통제된다는 것이다. 그러나 어떤 결과는 행동이 다시 일어날 가능성을 증가시키는 반면 또 다른 결과는 행동이 재현될 가능성을 감소시키는 경우가 있다. 특정 행동에 뒤따르는 결과 중에서 행동 재현 가능성을 높여주는 것이 강화(reinforcement)이며, 가능성을 낮추는 것이 벌(punishment)이다.

① 강화

강화는 어떤 행동을 한 뒤에 유기체가 원하는 자극을 제공하여 행동의 빈도수를 높이는 것을 말한다. 하지만 유쾌한 자극의 제공뿐만 아니라 혐오자극의 제거로도 유기체를 강화시킬 수 있는데, 유쾌한 자극의 제공으로 행동의 빈도수를 높이는 강화를 정적강화(positive reinforcement)라고 하고 혐오자극의 제거로 행동의 빈도수를 높이는 강화를 부적강화(negative reinforcement)라고 한다.

정적강화(positive reinforcement)는 유쾌한 자극의 제공으로 유기체를 강화시킨다. 교사가 학생들의 발표를 유도하기 위해 발표를 할 때마다 추가점수를 제공하거나 사탕을 하나씩 주는 것은 정적강화의 예가 되는데, 여기서는 발표라는 행동의 빈도수를 높이기 위해 추가점수나 사탕이라는 유쾌한 자극을 제공함으로써 학생을 강화시킨 것이 된다.

반면에 부적강화(negative reinforcement)는 혐오자극의 제거로 유기체를 강화시키는 것을 말한다. 부적강화도 정적강화처럼 결과적으로 유기체가 유리하다고 느끼게끔 하는 것이지만, 유쾌한 자극을 제공하지 않고 혐오자극을 제거하는 것으로 강화한다는 점에서 차이가 있다. 화장실 청소를 하도록 되어 있는 아이에게 '오늘 수업에 열심히 참여하면 화장실 청소를 하지 않아도 좋다'라고 이야기하여 아이가 수업에 열심히 참여하였다면, 화장실 청소라는 혐오자극을 제거함으로써 수업에 열심히 참여하는 행동을 증가시킨 것이 된다.

표 5 강화와 벌의 관련성

자극의 종류	제시되면	철회하면
유쾌한 자극	정적강화	벌
혐오적 자극	벌	부적강화

② 벌

조작적 조건화에서는 단지 유기체가 하는 행동의 빈도를 증가시키는 것만을 이야기하지는 않는다. 어떤 행동을 수정하기 위해서는 특정 행동의 빈도를 감소시킬 필요가 있는데, 이때 혐오자극을 제공하거나 유쾌한 자극을 제거함으로써 행동의 빈도수를 감소시킨다. 이렇게 행동의 빈도를 증가시키는 강화와 대별되는 것이 벌이다.

벌은 유기체의 행동의 결과로 어떤 유쾌한 자극을 제거하거나 혐오자극을 제공하는 것을 의미한다. 특히 혐오자극을 제공하는 것을 수여성 벌이라고 하는데, 수여성 벌의 대표적인 예로 체벌을 들 수 있다. 학생이 바람직하지 못한 행동을 했을 때 교사가 체벌을 가함으로써 그 행동을 더 이상 하지 않게 만드는 것이다.

반면에 유쾌한 자극을 제거하는 벌은 박탈성 벌이라고 한다. 박탈성 벌은 그동안 받아오던 강화물을 제거한다는 말과 같다. 박탈성 벌의 대표적인 예로 '타임아웃'(time out)이 있다. 타임아웃은 어떤 학생이 교실을 시끄럽게 하는 경우, 그 학생을 일시적으로 교실 밖으로 추방하는 것이다. 편하게 교실에서 앉아 공부할 기회와 친구들과 함께 있을 기회를 박탈당하는 것은 직접적인 혐오자극을 부여하는 것이 아니라 유쾌한 자극을 제거하는 박탈성 벌에 해당한다.

스키너의 견해에 의하면 체벌은 통제하는 가장 비효과적인 방법이며, 교육에서 비효과적인 체벌은 최소화하고 긍정적 강화를 이용해야 한다고 주장했다. 벌을 적용할 때 주의해야 하는 점은, 유기체가 스스로 바람직하지 않다고 여기는 행동을 했는 데에도 불구하고 벌을 제공하지 않는다면 유기체는 그 행동이 옳은 행동이라고 믿는다는 것이다. 벌에는 이와 같은 부작용이 많은데, 가장 대표적인 부작용은 벌을 받은 유기체는 다른 유기체에게 공격적인 행동을 자주 보인다는 것이다. 혹은 부정적인 정서반응과 거짓말, 변명 등의 회피반응을 보이기도 한다. 하지만 불가피한 상황이라면 다음을 고려해야 한다. 첫째, 벌은 가능한 한 유기체가 바람직하지 못한 행동을 한 뒤에 즉각적으로 제공해야 한다. 둘째, 문제행동이 일어날 때마다 벌을 제공해야 한다. 주어지던 벌이 없으면 부적강화로 여길 가능성이 있다. 셋째, 벌의 강도는 처음부터 가능한 한 강한 것을 사용해야 한다. 벌에 대한 면역 현상이 생길 수 있다. 넷째, 바람직하지 못한 행동은 벌을 제공하되 대안적 행동을 확실히 알려주고, 제대로 강화해야 한다.

(5) 강화계획

강화계획(reinforcement schedule)은 행동증가를 목적으로 사용하는 강화물을 제시하는 빈도와 관련된 계획을 말한다. 강화계획은 크게 연속강화계획(continuous reinforcement schedule)과 간헐강화계획(intermittent reinforcement schedule)으로 구분한다. 연속강화는 개인이 특정행동을 할 때마다 매회 연속적으로 강화하는 것으로 행동을 증진시키거나 새로운 행동의 학습에 효과적이다. 간헐강화는 어떤 때에는 강화하지만 어떤 때에는 강화하지 않는 것이다. 수학문제를 하나씩 풀 때마다 칭찬을 받은 학생은 칭찬이 끊기자 얼마 안가서 의기소침해진다. 그러나 가끔 칭찬받은 학생은 칭찬이 끊겨도 공부에 열중하는 경향이 오래 계속된다. 행동수정의 초기단계에서는 연속강화가 효과적이나 목표점에 어느 정도 도달한 후에는 간헐강화로의 전환이 효과적이다.

간헐강화계획에서는 시간간격과 반응비율에 따라 고정간격계획, 변동간격계획, 고정비율계획, 변동비율계획으로 구분된다.

① 고정간격계획(fixed-interval schedule)

일정한 시간마다 강화물이 주어지는 것으로 반응의 수는 상관이 없다. 예를 들어, 주급이나 월급 등이 이에 해당하는데, 근로자가 얼마나 많이 일했는가에 상관없이 급여는 정기적으로 지급된다.

② 변동간격계획(variable-interval schedule)

피험자의 반응에 상관없이, 일정한 시간간격 없이 강화물이 주어진다. 낚시꾼이 던진 미끼를 물고기가 일정하지 않게 간헐적으로 건드리는 경우가 그 예이다.

③ 고정비율계획(fixed-ration schedule)

특정한 반응비율에 따라 강화물이 주어지는 것으로 시간과는 관계없이 피험자의 반응 수에 따른 강화계획이다. 예를 들어, 근로자가 만든 생산품의 개수에 보수가 지불되거나, 판매상품의 개수에 따라 보수가 높아지는 세일즈맨의 경우가 해당된다.

④ 변동비율계획(interval-ratio schedule)

반응이 나타날 때마다 강화하지만, 반응의 빈도를 고정하지 않고 빈도를 다양하게 정하여 이에 따라 강화를 한다. 도박 시스템은 변동비율계획에 의해 보상이 주어지므로, 도박꾼이 언젠가는 대박이 터지겠지라고 생각하면서 그만두지 못하고 계속해서 도박을 하는 경우다.

행동의 반응비율이 가장 높게 나타나는 것부터 순서대로 나열하면 변동비율계획, 고정비율계획, 변동간격계획, 고정간격계획 순이다.

(6) 변별과 일반화

특정한 반응이 보상되거나 보상되지 않을 것이라는 단서 혹은 신호로 작용하게 되는 자극을 변별자극(discriminative stimulus)이라 부른다. 즉, 어떤 행동이나 반응이 보여야 바람직한 결과를 얻을 수 있을 것인지를 알려주는 신호이다. 예를 들어 무인속도측정기는 운전자가 교통위반범칙금을 물지 않기 위하여 속도를 줄이게 만드는 신호가 된다.

일반화(generalization)는 특정 자극상황에서 강화된 행동이 처음의 자극과 비슷한 다른 자극을 받았을 때 다시 발생하게 되는 것을 의미한다. 이러한 일반화는 자극일반화와 반응일반화로 구분할 수 있다. 자극일반화를 예를 들어 설명하면 어린 아이가 삼촌을 보고 '짬촌'이라고 불렀을 때 칭찬을 해 주었다면, 비슷하게 생긴 성인남자를 보아도 '짬촌'이라 한다. 그리고 반응일반화는 강화를 통해 학습한 반응양식이 다른 반응양식으로 확대되는 것을 말한다. 예를 들어 책을 눈에서 30cm 정도 거리를 두고 읽는 행동에 대해 어머니의 칭찬을 받았다면, TV를 볼 때도 눈에 좋다는 거리에서 시청하는 경우를 들 수 있다.

(7) 이차적 강화

스키너는 유기체가 어떤 행동을 한 결과가 스스로에게 유리하면 그 행동을 더 자주 하게 된다고 보았다. 이때 그 행동의 결과로 주어진 것으로 행동의 빈도를 높이는 자극을 강화물(reinforcement)이라고 하는데, 이런 강화물은 일차적 강화물과 이차적 강화물로 나누어 볼 수 있다. 먼저 일차적 강화물(primary reinforcement)은 유기체의 행동을 직접적으로 증가시킬 수 있는 강화물이다. 예를 들면 음식이나 물과 같은 것이 되겠는데, 당장 배고픈 유기체에게 음식으로 만족을 주는 것으로써 바로 다음 행동을 증가시킬 수 있다. 반면에 이차적 강화물(secondary reinforcement)은 유기체의 행동을 바로 증가시키지 못한다. 하지만 일차적 강화물과 연합하여 행동을 증가시킬 수 있는데, 이차적 강화물의 예로서 일차적 강화물인 음식과 함께 보여주는 어머니의 미소, 칭찬 등을 들 수 있다.

(8) 행동조형과 토큰경제

인간행동의 대부분은 모 아니면 도(all-or-nothing)식으로 습득되는 것이 아니라, 점진적으로 학습되는 것이다. 이를 행동에 대한 점진적 접근이라 하는데, 그 대표적인 개념이 행동조성(shaping)이다. 이러한 행동조성은 복잡한 행동이나 기술을 학습시키는데 매우 유용한 방법으로, 기대하는 반응이나 행동을 학습할 수 있도록 기대에 부응하는 행동에 대해서 강화를 함으로써 행동을 점진적으로 만들어 가는 것이다. 예를 들어 물을 무서워하는 아이에게 수영을 가르치는 것은 어려운 일이다. 아예 수영장 입구에서 들어가기를 거부하는 아이에게 수영이라는 행동을 증가시키기 위해 수영을 좀 더 세분화된 부분, 즉 수영장 입구에서 놀기, 얕은 물에서 물장구만 치기, 허리 정도의 물에서 공놀이하기, 키판을 들고 발장구 연습하기, 머리를 잠깐 물에 넣어 보기 등으로 나누어 본다. 이 과정에서 칭찬, 관심, 장난감, 아이스크림 등의 보상이 제공되어 수영이라는 행동이 새롭게 조성된다. 사회복지실천 현장에서 행동조성은 장애아동의 옷 입기, 식사하기 등의 기본적인 생활습관 형성, 언어지도나 대인

관계에 필요한 행동학습에 많이 활용되고 있다.

토큰경제(token economy)는 조작적 조건화의 원리를 행동조절에 적용한 행동수정의 한 기법이다. 토큰경제에서는 보상으로 바람직한 행동을 할 때마다 토큰이 주어진다. 표적행동을 선정하고 바람직한 반응을 이행하면 그에 따라 강화가 제공되는 것이다. 토큰은 사탕이나 담배와 같은 물건으로 교환될 수도 있다. 병원에 입원한 정신과 환자는 식사서빙을 돕거나 방 정리, 청소를 하는 행동이 강화될 수 있다. 토큰경제의 효과성을 보고한 실증적 연구결과들은 많이 제시되고 있다. 심하게 혼란스러운 환자나 지적장애인의 사회적 상호작용 촉진과 자기관리와 같은 행동증진에 효과적이었으며, 아동의 공격적 행동 저하, 부부간 불일치의 감소에도 사용될 수 있음이 보고되었다.

4) 행동주의 학습이론과 사회복지실천

스키너의 행동주의 학습이론은 사회복지사에게 구체적인 인간행동의 개념, 사정과 행동수정기법 및 실천에서 과정적 지침을 제공했으며 효과적이고 효율적으로 클라이언트를 원조하게 하였다. 스키너의 행동주의 학습이론이 사회복지실천에 미친 영향은 다음과 같이 요약해 볼 수 있다.

첫째, 사회복지사로 하여금 원조의 초점을 정신 내적 갈등에서 클라이언트의 행동으로 이동시켰다는 점이다. 즉 클라이언트의 관찰 가능한 행동에 초점을 맞춤으로써 보다 실용적인 대처가 가능하게 하였다.

둘째, 사회복지사가 클라이언트의 구체적 문제행동에 대해 학습, 강화, 소거 등의 다양한 관점에서 분석하도록 하였다. 사회복지 현장에는 해결되어야 할 문제행동을 가진 다양한 클라이언트들을 만나게 마련이다. 그리고 이에 따라 사회복지사는 문제행동 유형에 맞추어 각기 다른 치료방법과 해결방법을 사용하게 하였다.

셋째, 인간행동에 대해 조작적 행동과 반응적 행동으로 분류하여 이에 따른 대처방안을 제시하였다. 즉 불안과 행동주의 이론에 의한 치료방법으로는 정적강화, 부적강화, 모델링, 자기주장훈련 등이 있다. 또한 불안에 의한 신경증, 공황장애, 성적 역기능 등의 해결을 위한 체계적 둔감법, 약물남용이나 알코올 중독 치료를 위한 혐오요법, 행동적 원리를 이용한 토큰기법, 폭력행동을 예방하기 위한 행동기법 등이 있다. 성적 충동과 같은 반응적 행동들을 사회복지사가 효과적으로 원조할 수 있게 되었다.

넷째, 사회복지사들이 관찰, 측정, 사례조사연구 등의 사정 분야에 관심을 갖게 하였다. 즉, 문제행동의 강도와 빈도를 양적으로 측정하여 치료로 인한 문제행동의 해결 정도와 목표의 달성 정도를 평가하는 것이다. 이렇게 치료의 과정과 목표를 사정할 수 있는 행동주의 이론의 특징은 사회복지실천의 효과성을 보여줄 수 있는 객관적 이론으로 인정받고 있다.

2. 반두라의 사회학습 이론

1) 개관

사회학습 이론은 행동의 환경적 또는 상황적 결정적인 요인들의 중요성을 강조하며, 직접 경험에 의한 학습에 전적으로 관심을 둔 행동주의는 달리 자극과 반응을 연결하는 인간의 인지적 기능을 강조하여 직접 경험에 의한 학습 또는 대리경험, 즉 관찰을 통해 행동을 할 수 있다고 보았다.

반두라는 사회적 상황 속에 사람들은 다른 사람들의 행동을 관찰함으로써 훨씬 더 빨리 학습한다고 주장한다. 예를 들어 과테말라 소녀들은 단지 관찰만

하고 직물짜는 법을 배운다. 그들은 교사의 시범을 보고 관찰한 후 능숙하게 해낸다. 즉 시행착오 학습의 지루한 과정을 거치지 않고 새로운 행동을 즉시 획득하는 것이다. 이것은 무시행학습(no-trail learning)이며, 인지적인 것이다.

사회학습 이론은 학습과정에서 관찰학습(observational learning)에 초점을 둔다. 관찰학습이란 직접적 보상 없이 타인의 행동을 관찰함으로써 행동을 습득하는 것이며 이때 행동을 보여주는 대상을 모델(model)이라 한다. 그러나 사람들은 모델을 관찰하고 학습한 내용을 모두 행동으로 옮기지는 않는다. 즉 학습과 수행(performance)을 구분하여 생각해야 한다.

반두라의 사회학습 이론은 사람들의 대부분 행동은 강화에 의해서 학습되는 것은 물론 예상된 강화에 의해서도 결정된다고 보았다. 또한 대부분의 사람들은 인간의 행동은 다른 사람들을 관찰하고 그 관찰한 사람들을 본보기로 삼아 행동을 수행함으로써 학습된다고 설명한다.

2) 반두라의 생애

Albert Bandura
(1925~)

앨버트 반두라(Albert Bandura)는 1925년 12월 4일 캐나다 앨버타 주 북쪽의 조그만 시골 마을인 문데어에서 폴란드인 아버지와 우크라이나인 어머니 사이에서 태어났다. 어린 시절 그는 아주 조그만 시골마을에서 성장하였으며, 그가 다닌 고등학교에서는 단지 20명의 학생들만 있었다. 그는 1949년 브리티시 컬럼비아대학을 거쳐 당시 학습과정에 대한 연구로 유명한 미국 아이오와대학에서 1951년 심리학 석사, 1952년 심리학 박사학위를 취득하였다. 아이오와대학에서 초기에는 임상심리학에 흥미를 가졌으며, 초기 연구의 초점은 심리치료 과정, 가족 상황에서의 아동의 공격성 등에 있었다. 특히 그는 아동이 사회상황에서 모방을 통해 많은 것을 학습한다고 주장하여 모방학습의 이해에 관심을 고조시켰다. 학습이론가인 스펜스(Kenneth Spence)의 영향을 받은 이해로 행동수정, 모델링, 관찰학습, 자기조정, 자기효능 등에 관해 연구하였다. 1953년 스탠포드대학의 심리학과 교수로 임용되어 현재까지 재직 중이다.

반두라는 심리학에 끼친 공로를 인정받아서 1972년에 미국심리학회로부터 우수과학자상을 수상했고, 1973년에는 캘리포니아 심리학회로부터 우수과학 업적상을 받았다. 1973년에는 미국심리학회 회장으로 선출되어 활동을 하였다. 오늘날 반두라는 사회학습 이론의 주요 인물로서, 행동수정의 개척자로서, 또한 공격성 이론의 학자로서 인정받고 있다. 특히 인간이 환경과의 접촉을 통하여 행동유형을 어떻게 발전시켜 나가는가 하는 이론을 발전시킨 학자이다.

반두라의 저서로는 1959년 아동의 공격성에 관한 내용을 다룬 첫 저서 『청년기의 공격(Adolescent Aggression)』, 1963년 리처드 월터스(Richard Walters)와 공저한 『사회학습과 성격발달(Social Learning and Personality Development)』, 1977년 현대 교육심리학 분야의 역저로 꼽히는 『사회학습 이론』이 있다. 그 밖의 저서로는 『공격: 사회학습분석(Aggression: A Social Learning Analysis)』(1973), 『변화하는 사회 속에서의 자기효능(Self-Efficacyin Changing Societies)』(1995), 『자기효능』(1997) 등이 있다.

3) 주요개념

(1) 상호결정론

반두라는 인간의 행동결정 요인으로 기질적 및 상황적 요인이 있지만 어느 한 요인에 의해 또는 둘의 조합에 의해 결정되는 것이 아니라고 주장한다. 반두라는 인간행동은 인간의 내적과정(inner process)과 환경적 요소 사이의 복잡한 상호작용에 의해 결정된다고 주장한다. 즉 사람, 환경 그리고 그 사람의 행동자체가 모두 상호작용하여 그 사람의 행동을 만들어 낸다는 것이다. 상호결정론(reciprocal determinism)이란 기질적 요인들과 상황적 요인들이 상호의존하여 행동의 원인이 되는 것으로 간주하며 환경자극이 인간행동에 영향을 주지만 신념, 기대와 같은 요인이 인간의 행동방식에 영향을 준다는 것이다. 즉 상호결정주의 원리란 개인적 · 행동적 · 환경적 특성이 서로에게 영향을 주는 힘의 체계를 이루고 있음을 의미한다.

(2) 관찰학습

관찰학습(observational learning)은 모방학습, 사회학습, 대리학습, 모델링, 대리적 조건화에 의한 학습 등으로 불린다. 관찰학습은 인간이 단순한 환경적 자극에 대한 반응을 통하여 행동을 학습하는 것이 아니라 타인들의 행동을 관찰함으로써 학습한다는 것이다. 인간은 단순히 타인의 행동을 기계적으로 모방만 하지 않는다. 즉, 인간은 서로 상이한 모델 및 사례들로부터 선택하고 그것을 종합해서 새로운 행동을 만들어 내기도 한다. 관찰학습은 기본적인 네 가지 과정에 의해 구분되는데, 그 과정은 다음과 같다. [그림 9]는 관찰학습의 과정을 도표화한 것이다.

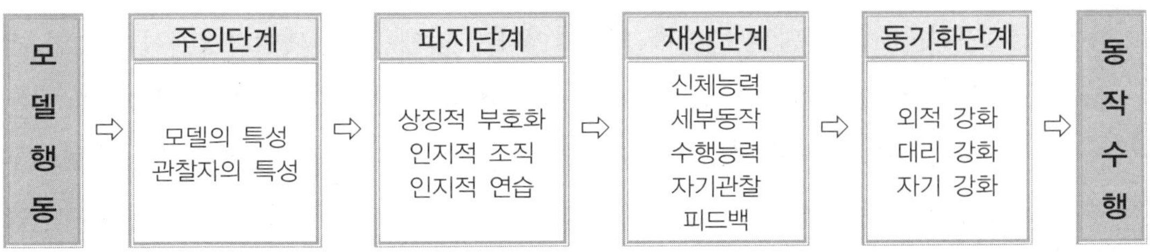

[그림 9] 관찰학습의 과정

① 주의집중단계 : 모델의 지각

관찰학습의 첫 번째 단계는 주의집중단계(attention process)다. 주의집중과정은 유기체가 관찰학습의 모델이 되는 행동과 그 결과에 주의를 기울이는 것을 말한다. 이는 관찰학습의 가장 기본적인 단계가 된다. 만약 모델의 행동에 주의를 집중하지 않거나 부적절한 측면에 주의를 집중한다면 관찰학습은 일어나지 않는다. 예를 들면 음악시간에 학생들이 악기를 다루는 교사에게 집중하지 않는다면 학생들이 그 악기를 다루기 어렵게 되는 것과 같다.

따라서 관찰학습의 모델이 되는 행동이나 그 모델은 관찰학습을 경험하는 관찰자의 주의를 이끄는 힘이 있어야 한다. 인간은 유능하고 호감이 가며 인격이 훌륭한 모델에게 더 주의를 잘 기울이는 경향이 있다. 따라서 현장에서 수업을 진행하는 교사는 관찰자의 훌륭한 모델이 되기 위해 노력할 필요가 있다.

② 파지단계 : 모델을 기억하는 것

파지과정(retention process)은 관찰학습의 모델이 되는 행동을 돌이켜 보기 위해 관찰자가 하는 인지적 행위이다. 파지과정에서는 관찰한 행동들을 보통 언어로 표상하여 기억하는데, 언어적인 표현이 힘든 것은 이미지로 기억하게 된다. 위에서 음악시간에 교사가 보여준 악기 다루는 방법에 대해 학생들이 기억하고 있어야 다음에 쉽게 따라할 수 있게 되는 것과 같다. 만약 학생들이 기억하지 못한다면 관찰학습은 일어나지 않게 된다. 파지과정에서 중요한 것은 인지적 시연이다. 인지적 시연은 언어나 이미지의 형태로 기억하기만 하는 것이 아니라 마음 속으로 그려보는 것을 말한다. 음악시간에 교사가 보여준 악기 다루는 방법을 바로 언어의 형태로 기억하는 것이 아니라 학생 자신이 악기를 다루는 양 마음 속으로 그려보는 것이 파지과정에 도움을 주게 된다는 것이다. 이것을 인지적 시연이라고 한다.

③ 운동재생단계 : 기억을 행동으로 전환하는 것

운동재생과정(motor reproduction process)은 기억되어 있는 모델의 행동을 본인의 신체로 직접 재생산하는 과정을 말한다. 관찰한 모방행동을 성공적으로 재생하려면 머릿속에 기억한 것만으로는 안 되고, 직접 행동으로 연습해 보아야 정확하고 성공적인 모방이 가능한 것이다. 따라서 반두라는 관찰자의 행동이 모델 행동과 일치되기 위해서는 실제 운동적 반복이 필요하다고 주장하였다. 음악시간에 악기를 다루는 방법을 보여준 교사는 수업 중에서처럼 단순히 보여주고, 방법을 암기시키는 것뿐만 아니라 스스로 연습할 수 있도록 기회를 주어야 한다. 이런 운동재생의 과정을 통해 관찰자는 모델의 행동을 완전히 숙지할 수 있게 되는 것이다.

④ 동기화단계 : 관찰에서 행동으로

동기화단계(motivational process)는 실제 행동으로 실현하고자 하는 동기나 욕구의 과정을 말한다. 관찰자가 모델의 행동을 정확하게 기억하고 운동능력을 지니게 되었다고 하더라도 유기체가 직접 행동하려는 동기가 없으면 실제 행동으로 나타나지 않게 된다. 이 동기화를 결정짓는 요인은 행동의 결과가 어떤 것이냐 하는 것인데, 모델에게 주어진 행동의 결과가 어떤 것이었느냐에 따라 동기화의 결과가 달라지게 된다. 따라서 교사는 관찰자의 성공적인 관찰학습을 위해 바람직한 행동을 할 때마다 강화물을 제공해 줄 필요가 있다. 모델을 통한 관찰학습이 매우 효과적이기는 하나, 유의할 점이 있다. 만약 어떤 학생이 휴지를 주웠을 때 교사가 칭찬하는 것을 목격한 다른 학생이 다음 번에 휴지를 주웠는데, 교사가 칭찬하지 않으면 더 이상 휴지를 주우려 하지 않을 뿐 아니라 부정적인 정서반응을 유발할 수 있다.

(3) 대리적 조건화와 학습

관찰학습은 이전에 하지 않았던 행동을 학습하는 과정을 말한다. 그러나 어떤 경우에는 모델을 관찰함으로써 이미 알고 있는 행동들이 강화되는 경우도 있다. 이와 같이 모델이 하는 행동을 보고 강화를 받는 것을 대리적 강화(vicarious reinforcement)라고 한다.

대리적 강화와 아울러 대리적 조건화(vicarious conditioning)에 의한 학습도 이루어질 수 있다. 예를 들어 어떤 사람에게 벨소리에 이어 계속 고통스런 전기충격을 주는 장면을 보여주게 되면, 그 모델행동을 관찰한 사람은 대리적 조건화가 이루어져 벨소리에 공포를 경험하게 된다. 이와 같이 사람들은 직접적인 개인적 경험이 아니라 타인의 경험을 봄으로써 이미 알고 있는 행동이 더욱 강화되기도 한다.

(4) 자아강화와 자기효능감

Bandura는 개인의 감정, 사고, 행동을 통제할 수 있는 자기 반응적 능력을 지니고 있기 때문에 개인의 행동은 자아강화(self reinforcement)와 외적 영향요인에 의해서 결정된다고 보았다. 이러한 자아강화는 각 개인이 수행 또는 성위의 기준을 설정하고 자신의 기대를 달성하거나 초과하거나 또는 그 수준에 못미치는 경우에 자신에게 보상 또는 벌을 내린다는 개념이다. 자기효능감(self-efficacy)이란 행동의 인지적 기본 원리로 인간이 자신의 행동을 책임질 수 있고, 통제할 수 있고, 긍정적 결과를 도출해 낼 수 있다는 믿음이다. 즉 자기효능감은 자신의 행동능력에 대한 믿음이다. 높은 자기효능감은 특별한 행동 수행에 대한 강한 신념을 가지게 되고 낮은 자기효능감은 어떠한 행동을 수행할 수 없다는 신념을 가진다. 자기효능감은 개인의 능력에 대한 판단을 수반하고, 개인이 특정행동을 할 것인지를 예측하게 한다. 자기효능감은 한 개인의 과거

성취 경험, 타인과의 비교를 통한 대리경험, 그리고 신체적 · 정서적 상태 · 사회적 영향력으로부터 비롯된다.

4) 사회학습 이론과 사회복지실천

사회학습 이론에서는 부적응 행동을 기능장애적 학습의 결과로 직접 경험에 의한 학습이거나 바람직하지 못한 모델에 노출된 학습으로 간주한다. 즉 행동이란 관찰학습을 통해 학습되고 직접적이고 대리적인 강화물에 의해 유지되는 경향이 있다. 그러므로 사회복지사들은 모델링을 체계적으로 사용하여 아동이나 성인의 공포심을 감소시키고, 공격적 아동은 협조적 아동으로 교육시키고, 자폐아에게는 언어기술을 가르치고, 반사회적 클라이언트에게는 의사소통 기술을 가르칠 수 있다. 사회복지사들은 모델링을 사용하여 교육자 역할수행을 최대한 발휘할 수 있다.

사회학습 이론에서는 이상행동자들은 대체로 자기효능감의 수준이 낮다고 하였다. 그러므로 자기효능감을 높여 줌으로써 행동수행에 대한 자신감을 유발하고 강화시켜 사회부적응 클라이언트를 사회복지사가 원조할 수 있다.

제 4 장

인본주의 이론

인간중심의 인본주의 이론은 무의식적 결정론에 근거하고 있는 정신분석 이론과 환경결정론에 근거를 두고 있는 행동주의 이론의 입장에 반대하는 '제3세력의 심리학'에 속한다. 인본주의 이론은 키에르케고르, 사르트르, 카뮈, 빈스반거, 보스, 프랭클과 같은 사상가들이 발전시킨 유럽의 실존주의 철학에 기원을 두고 있다. 그러나 실존주의 이론이 인간의 소외, 무의미와 같은 인간존재의 제한성에 초점을 두고 있는 반면에 인본주의 이론에서는 사랑, 창조성, 선택, 의미, 가치, 자아실현과 같은 인간의 긍정적인 측면에 초점을 두고 있다. 인본주의자들은 각 개인이 자신의 행동과 경험의 중요한 결정자임을 강조한다. 즉, 인간은 경험하고 스스로 결정하며 자신의 행동을 자유롭게 선택하는 의지를 지닌 사람이라는 것이다. 또한 인간은 근본적으로 선하며 존경받을 만하고 환경조건이 적당하기만 하면 자신의 잠재능력을 실현해 나갈 수 있는 존재라고 보았다.

1. 로저스의 이론

1) 로저스의 생애

로저스(Carl R. Rogers)는 1902년 미국 일리노이 주 시카고 교외에 위치한 오크파크에서 6남매 중 넷째로 출생하여 경제적으로 안정된 가정에서 어린 시절을 보냈다. 그의 부모는 자상한 반면에 철저한 종교적인 입장을 지니고 있었기 때문에 로저스의 소년 시절은 엄격하고 비타협적인 종교적 규율의 분위기였다. 가족 이외에는 친구가 없어서 고교 시절까지 대부분의 시간을 혼자서 독서와 사색으로 보냈다. 1919년 위스콘신대학에 입학한 후, 대학교 3학년 때에 그의 인생을 변화시킬 만한 사건이 발생했다. 그는 중국 북경에서 개최된 세계기독학생연합회에 참가하는 12명의 미국 학생 중 한 사람으로 선발되어 6개월 동안 중국에 머물렀다. 그곳에서 많은 외국인들이 자기와는 다른 종교적 · 문화적 태도를 가지고 있다는 사실을 알았고, 그 동안 부모로부터 받아 온 교리적 연대로부터 벗어나야겠다는 생각을 했다. 1924년에 위스콘신대학 사학과를 졸업한 후, 뉴욕 시에 있는 위스콘신 신학교에 입학했다. 대학교 2학년 때 컬럼비아대학교 사범대학으로 학교를 옮긴 후 임상과 교육심리학을 공부하였다. 1928년에 석사과정을 마치고 1931년에는 임상심리학으로 박사학위를 받았다.

박사학위 후에 아동학대방지협회의 아동연구부에서 심리학 연구원으로서 10년간 비행아동과 불우아동을 위하여 치료활동을 하였다. 1940년에는 오하이오주립대학의 심리학 교수로 재직했으며, 1945년부터 1957년까지 시카고대학의 심리학 교수와 상담소장의 일을 맡았다. 이 기간 동안에 『내담자 중심요법』을 출간했다. 1956년에는 미국심리학회의 우수과학공로상을 수상했고, 1957년에는 모교인 위스콘신대학 교수로 활동하였으며, 1964년에는 교수직을 사임하고 캘리포니아 주 라졸라에 있는 서부 행동과학연구소와 인간연구소로 자리를 옮겼다. 1972년에는 미국심리학회의 우수공로자상을 수상했다. 그는 인간의 잠재력에 접근하는 심리요법과 상담요법을 고안해 실행한 성격연구의 혁신자이며 참만남운동(encounter movement)의 개척자로서 활동하다가 1987년에 사망하였다.

2) 기본가정

로저스는 모든 인간에게 객관적 현실이란 존재하지 않으며 주관적인 현실세계만 존재한다고 보았다. 그러므로 모든 인간행동은 개인이 세계를 지각하고 해석한 결과이다. 이러한 인간행동을 정확하게 이해하기 위해서는 각 개인의 내적 준거체계를 이해해야 한다. 즉, 그가 객관적인 현실을 어떻게 지각하고 해석하는지를 알아야 한다는 의미이다. 인간의 행동은 궁극적으로 자신의 능력을 증대시키고 자신을 실현하려는 목적을 가지고 있기 때문에 비록 살아가면서 내적 긴장감이 다소 있더라도 내적 평형 상태를 유지하기보다는 성장과 발달을 추구하려는 욕구가 더욱 강하다. 인간의 자아실현 경향과 미래지향성은 인간행동에서 가장 기본적인 동기라고 할 수 있다.

표 6 로저스의 인간에 대한 기본가정

① 인간은 믿을 수 있고, 능력이 있으며, 자기이해와 자아실현을 위한 잠재력을 지니고 있다.
② 자아실현은 일생을 통하여 이루어지는 과정이다.
③ 만약 신뢰하고 존경하는 분위기가 형성된다면 인간은 긍정적으로 발달하고 성장한다. 개인적 성장은 치료적인 관계나 다른 형태의 관계를 통해서 발전한다.
④ 진실성, 수용성, 감정이입적인 관심을 포함하는 원조자의 긍정적 태도는 효과적인 원조관계를 위한 필수조건이다.
⑤ 클라이언트의 주관적인 경험을 존경하고, 자유와 개인적인 책임감, 그리고 자율성을 고양하고 선택권을 부여하는 것은 클라이언트의 성장을 촉진시킨다.
⑥ 원조자는 권위적인 인물이 아니다. 원조자는 존경과 긍정적인 관심을 통하여 긍정적인 성장을 증진시키는 사람이다.
⑦ 클라이언트는 자기인식(self-awareness)을 할 수 있는 능력이 있고, 더욱 적절한 행동을 할 수 있는 능력을 지니고 있다. 클라이언트는 모든 사람들과 마찬가지로 부적응적인 상태에서 벗어나서 심리적으로 건강한 상태로 옮겨 갈 수 있는 성향을 가지고 있다.
⑧ 실천가는 원조관계에서 나타나는 '여기 그리고 지금'의 행동에 초점을 두어야 한다. 원조관계에서는 클라이언트가 자신의 세계에서 어떻게 행동할 것인가에 초점을 두어야 한다.
⑨ 진정한 자아에 대하여 아는 것이 원조관계의 중요한 목적이다.
⑩ 원조관계의 목적은 클라이언트가 더욱 독립적이고 통합된 상태로 변화하게 하는 것이다.

로저스는 인간본성과 행동에 관한 기본가정을 근거로 하여 클라이언트와의 치료적 관계를 촉진시키는 지침을 제시하였는데, 인간중심의 접근방법이 지니고 있는 기본가정은 〈표 6〉에 제시했다.

3) 주요개념

현상학은 개인의 주관적 경험, 감정, 그리고 세계와 자신에 대한 개인적 견해와 사적 개념을 연구한다. 로저스는 현상학적 심리학자의 한 사람으로서 사람이 어떻게 행동하는가 하는 것은 그 사람이 세계를 어떻게 지각하느냐에 달려 있다고 보았다. 행동이란 개인이 세계를 지각하고 해석한 직접적인 사건의 결과로 생기므로 인간의 행동을 잘 이해하기 위해서는 그 개인의 내적 준거틀(internal frame of reference)을 이해할 필요가 있다고 하였다. 현상학적 이론이 지니고 있는 주요 개념들에 대하여 살펴보겠다.

(1) 긍정적 지향의 경향

로저스는 인간의 본질을 이야기하면서 인간은 때때로 비정한 살인의 감정이나 이상적 충동, 반사회적 행동을 나타내기도 하며, 파괴적이고 미성숙하며 퇴행적이고 위험한 방법으로 행동할 수도 있다는 점에 동의한다. 그러나 인간 유기체란 분화(differentiation), 자기 책임감, 협동과 성숙의 방향으로 나아가는 선천적 경향성을 지니고 있으며, 긍정적으로 지향하는 경향성이 있음을 발견하였다(Rogers, 1961). 즉, 인간은 합목적적이며 건설적이고 현실적인 존재로서 어떤 힘에 의해서 이끌려 가는 피동적인 존재가 아니라 미래의 목적과 자기 지시적인 목적의 방향으로 에너지를 지향시킬 수 있는 활동적인 존재로 보았다.

(2) 자아실현의 경향

인간은 선천적으로 자신을 유지시키거나 향상시키기 위하여 자신의 능력을 개발하는 경향성을 지니고 있는데, 이를 자아실현 경향성이라고 한다. 자아실현은 더욱 능력 있는 사람이 되는 과정이다. 모든 사람은 생존해 있기 때문에 선천적으로 동기화되며 근본적으로 활동적이고 자아실현적이다. 자기발달을 지향하는 이러한 움직임은 다소의 투쟁과 고통을 수반하지만 충동이 강하기 때문에 고통이 있음에도 이를 인내한다.

인간은 근본적으로 생물학적 잠재력뿐 아니라 심리적 잠재력을 가지고 태어난다. 이러한 생물학적 잠재력과 심리적 잠재력은 사람마다 동일하지 않으며, 각자는 잠재력을 실현하는 체험과 잠재력을 실현하지 못하는 체험 간의 구분을 가능하게 하는 타고난 신체적 지혜가 있다. 이것을 유기체적 평가과정(organismic valuing process)이라 한다. 신생아는 태어나면서 무엇이 좋게 느껴지고 무엇이 나쁘게 느껴지는지를 구별할 줄 아는데 이는 유기체의 본능으로 아는 것이다. 인간은 자아를 실현하는 과정에서 유기체적 평가과정을 겪는다. 즉, 자기를 유지시키거나 향상시키는 것으로 지각된 경험들을 더욱 추구하고 이를 긍정적으로 평가한다. 그 개인은 이러한 긍정적인 경험으로부터 만족감을 얻는다. 반면에 자아보존이나 자기향상을 부정하거나 반대하는 것으로 인식되는 경험들은 부정적으로 평가해 이를 피한다. 결국은 자아실현을 경험하게 해주는 것에는 접근하지만 그 반대의 경우에는 회피한다.

(3) 주관적 경험과 행동

경험과 행동 간의 관계를 이해하는 것은 로저스의 현상학적 이론의 중요한 주제이다. 로저스는 인간은 자신이 사건에 대하여 어떤 인상을 갖느냐에 따라서 행동한다고 하였다. 이는 인간의 행위를 지배하는 것은 자극 상황에 대한 주관적인 해석과 그것에 대한 개인적 의미이다. 그러므로 어느 누구도 자기의 현실을 타인에게 강요할 권리를 가지고 있지 않다.

인간의 행동을 이해하기 위해서는 행동이란 과거에 일어난 어떤 것에 의하여 결정된 것이라고 보아서는 안 되고, 현재 처해 있는 환경과의 관계성을 파악하는 것이 필요하다. 즉, 현재의 행동에 영향을 끼치는 것은 과거의 경험이 아니라 과거 경험에 대한 현재의 해석이다. 그러므로 인간의 행동이나 성격은 '현재-미래'의 틀 속에서 연구되어야 한다는 입장이다.

(4) 긍정적 관심에 대한 욕구

모든 인간은 중요한 사람으로부터 따뜻함, 존경, 사랑 그리고 수용을 얻고 싶은 기본적 욕구를 가지고 있다. 아동의 경우 긍정적인 관심에 대한 욕구를 만족시키기 위해서 자신의 유기체적 평가과정을 희생하면서까지 상대의 판단에 맞추려는 경우가 있다. 예를 들어 부모가 자녀에게 '말 잘 듣는 어린이'처럼 행동을 해야 사랑과 애정을 받을 수 있다는 입장을 취하면, 그 아이는 자신의 유기체적 평가과정에 따라서 하기보다는 부모의 '말 잘 듣는 어린이'라는 이미지에 따라서 자신을 평가한다. 따라서 아동은 어떤 경험이 자아개념을 보존시키고 증진시키는 정도에 의해서가 아니라 부모로부터 긍정적인 관심을 받는 방향으로 행동을 나타낸다. 즉, 아동은 타인으로부터 긍정적인 관심을 얻기 위하여 자신이 경험한 어떤 가치를 부정하고 타인이 생각하는 가치에 따라서 그 경험을 지각한다. 이러한 현상은 어린 시절에 자연스럽게 발달하며, 어린 시절의 긍정적인 관심에 관한 강한 욕구는 중요한 사람들이 자기에 대해서 가지는 기대와 태도에 많은 영향을 받는다. 특히 조건적인 긍정적 관심이 지속되면 그것이 아동에게 내면화되어 규범과 기준이 되며, 심지어는 자신의 행위를 제한시키고 현실을 왜곡하기도 한다. 사람은 자아를 실현할 필요가 있음에도 타인으로부터 사랑을 받기 위하여 자기를 희생시켜야 하는 모순에 처한다.

조건적인 긍정적 관심이 그 사람의 가치부여 과정을 지배하게 될 때 그 사람은 자신의 잠재력과의 접촉을 상실하며 자기소외를 경험한다. 인간이 성숙하기 위해서는 이러한 자아와 경험 사이의 부조화를 피하고 자기경험과 일치하는 방향으로 자아를 이룩하여 자신이 자기행동의 통제자로서 통일된 유기체적 평가과정을 회복해야 한다.

(5) 무조건적인 긍정적 관심

로저스는 무조건적인 긍정적 관심(unconditional positive regard)이 건강한 성격 발달을 위한 중요한 요소라고 하였다. 이것은 어떤 개인에 대하여 조건 없이 있는 그대로 그 사람을 수용하거나 존경하는 것을 의미하며, 어떤 경우에서든지 주어지는 완전하고 진실된 사랑과 존중을 의미한다. 이것은 아이에 대한 부모의 양육에 있어서 부모가 항상 아이가 행하는 것은 어떤 것이든지 용서하고 수용한다는 것을 의미하지 않는다. 이는 아이가 그 존재 자체로서, 귀중한 한 인간으로서 평가받고 사랑받고 있다는 분위기를 제공하는 것을 의미한다. 예를 들어 아이가 자기의 경험이 중요한 것은 그것 자체로서 중요한 것이지, 다른 사람과 비교해서 긍정적으로 관심받을 가치가 있다거나 없다고 생각하는 것이 아니라고 지각하면 그 아이는 무조건적 긍정적 관심을 경험하는 것이다. 아이가 부모로부터 한 인간으로서 존중해 주는 무조건적인 긍정적 관심을 받을 때 그 아이는 자신을 가치 있는 존재로 판단하며, 자신의 욕구와 자아개념에 따라 행동하므로 최대한으로 성장할 수 있다.

(6) 완전히 기능하는 사람

로저스는 훌륭한 삶이란 어떤 목적지가 아니라 방향이라고 하였다. 방향이란 유기체가 어떠한 방향으로든지 자유롭게 움직일 수 있는 내적 자유가 있을 때 그가 선택하는 방향으로 움직이는 과정이다. '완전히 기능한다'는 것은 자신의 잠재력을 인정하고 능력과 자질을 발휘하여 자신에 대한 완벽한 이해와 경험을 풍부하게 하는 방향을 이동해 나가는 것이다. 로저스는 완전히 기능하는 사람이 공통적으로 가지는 다섯 가지 중요한 성격 특질을 언급하였다.

① 완전히 기능하는 사람은 경험에 대하여 개방적이다. 경험을 개방하는 사람은 그 자신을 들을 수 있으며, 자신의 내부에서 무엇이 일어나고 있는가를 경험할 수 있다. 그들은 자신의 감정을 민감하게 인식하고 이를 억압하지 않는다. 또한 감정에 민감하되 충분하게 합리적으로 자신의 감정을 인식하며 사리 판단을 하여 상황에 적절하게 반응한다.

② 완전히 기능하는 사람은 실존적인 삶을 사는 사람이다. 실존적인 삶이란 인간이 존재의 매 순간을 충분히 만끽하며 사는 것을 뜻한다. 현재의 자기나 미래의 자기는 그 순간으로부터 나오는 것이며, 개인의 자아와 성격은 경험으로부터 나타난다. 그들은 실존적인 삶을 살아가는 과정에서 자신의 경험구조를 발견하며, 유동적이고 적응적이며 관용적이고 자발적이다.

③ 완전히 기능하는 사람은 유기체적인 신뢰가 있다. 대부분의 사람들은 일부 집단이나 기관이 지켜 온 사회적 규범에 의존하며 타인의 판단이나 과거에 자기가 유사한 상황에서 행동했던 방법에 의존한다. 즉, 그들의 의사결정은 외적 영향력의 출처에 의해서 좌우된다. 그러나 완전히 기능하는 사람은 자신의 유기체적 경험을 통하여 자신이 해야 할 것과 하지 말아야 할 것을 결정한다.

④ 완전히 기능하는 사람은 경험적 자유를 지니고 있다. 주관적인 경험적 자유란 인간이 자기의 세계를 형성하는 데 중요한 역할을 담당할 수 있다는 자신의 의지를 나타내는 감정이다. 로저스는 인간의 행위가 생물학적인 신체구조나 사회적 압력, 과거의 경험에 의해서 강하게 영향을 받는다는 점을 인정하고는 있지만, 인간은 자기가 선택한 인생을 자유스럽게 살아갈 수 있다고 보았다. 그러므로 경험적 자유는 인간이 자신의

행동과 그 결과에 책임을 지는 것은 자신 뿐이라는 의미를 내포하고 있다. 완전히 기능하는 사람은 자신의 인생에서 많은 선택을 하며 실제로 자신이 원하는 것은 어떤 것이든지 실제로 행할 수 있다.

⑤ 완전히 기능하는 사람은 창조성을 지니고 있다. 훌륭한 삶을 사는 사람은 창조적인 사람이며, 그들은 문화 내에서 건설적으로 살아가는 경향이 있다. 이들은 자신의 깊은 곳에 있는 욕구를 만족시키며, 사회 속에서 살아가고 있지만 사회에 얽매여서 살아가지는 않는다.

4) 로저스 이론의 평가

로저스는 초기에는 정신분석이나 랭크의 기능주의 접근법 등 다양한 치료 방법에 대해 관심을 쏟았다. 그러나 당시의 심리치료 분야의 주류였던 정신분석과 지시적 상담에 회의를 느끼면서 클라이언트를 위한 독특한 관점을 개발시켜야 함을 인식하여 클라이언트 중심의 비지시적 치료 방법을 개발하였다. 로저스와 같은 인본주의 이론가들은 개인 존재의 고유성이나 개인의 잠재력과 내적 욕구에 중요성을 두고 있으며 개인의 자아개념이나 잠재력을 극대화할 수 있는 개인의 능력에 초점을 두고 있다. 인본주의 이론은 정신역동학파에서 말하는 본능적이고 역동적인 개념들을 거부하고, 자기(self)에 관한 것에 초점을 두기 때문에 현상학적 이론 또는 자아실현 이론이라고 불린다. 현상학적 이론은 개인이나 생활사건에 대한 자기인식은 성격발달을 이해하기 위한 준거틀을 제공한다는 사실을 강조하고 있다. 현상학적 입장에 따르면 각 개인은 행동의 주체이며, 행동이란 단지 내부세계의 관찰 가능한 표현일 뿐이기 때문에 인간의 경험에 대한 연구를 하는 것이 필요하다고 하였다(Milholln & Fofisha, 1972). 또한 생활사건에 대한 개인적인 해석에 기반을 두고서 환경에 반응을 나타내는 개인을 이해하는 것이 중요하다는 입장이다. 성격발달에 관한 로저스의 이론은 현상학적 자기에 초점을 두고 있다. 현상학적 자기란 각 사람이 자기만의 고유한 방법으로 인식하는 자기에 관한 이미지이다. 잘 적응하는 사람은 자신이 어떻게 진실되게 행동하고 생각하며 경험하는지에 대하여 정확하게 인식하는 사람이다. 반면에 부적응적인 사람이란, 자기 이미지와 현실 사이에 부조화를 이루어서 결국은 심한 불안 상태가 되어 버리는 사람이다. 로저스는 유아는 내적 평가 중심을 지니고 있어서 부모의 도움이 없이도 자신이 무엇을 좋아하는지를 안다고 믿었다. 유아는 자신이 원하는 것을 평가하는 것이 자유롭기 때문에 자신의 감정이나 느낌에서 유아의 유기체적 가치과정이나 신뢰가 융통성이 있고 개방되어 있다. 아이가 발달해 감에 따라서 외부세계로부터 오는 평가를 받아들이고 점차로 유기체적 가치부여 과정이 변형되어 간다.

그러므로 아이는 부모나 교사, 기타 권위 있는 사람들이 자신을 어떻게 생각하는가에 따라서 스스로를 평가하는 방법을 배운다(Raskin, 1985). 이러한 외부로부터의 평가과정은 그 개인의 자아실현이나 성장 · 발달에 영향을 끼치는데, 특히 타인으로부터의 부정적 평가는 부정(denial)이나 왜곡(distortion)과 같은 심리적 방어기제를 발전시켜서 결국은 정신병리를 발생시키기도 한다. 반면에 무조건적인 긍정적 관심을 주고받는다면 그 개인은 완전히 기능하는 사람으로 발전하고 건강한 자아구조를 발달시킨다.

로저스는 인간이 자아개념과 경험 사이에 불일치가 생기면 긴장, 불안, 내적 갈등을 경험하며 이러한 상태가 심해지면 정신병리의 원인이 된다고 하였다. 이러한 문제에 직면하는 클라이언트를 위해서 치료자가 공감, 무조건적 관심, 진실성을 보일 때, 클라이언트는 자아개념과 경험 사이의 불일치를 탐색하기 시작하고 과거에 부정하고 억압해 왔던 감정들을 경험하여 자아개념을 재조직화한다. 그러므로 치료자는 클라이언트에게 논의할 주제를 제시하거나 충고나 해석, 제안을 하지 않고 허용적이며, 비위협적인 분위기를 만들고 비지시적인 태도를 나타냄으로써 클라이언트가 스스로 문제에 대한 인식을 하고 문제해결을 위하여 자신의 역량과 창조성을 발휘할 수 있게 해야 한다.

이러한 로저스의 이론은 이론보다는 치료 기법에 더 많은 영향을 끼쳤으며, 치료적 관계의 구성요소로서 비위협적 환경, 비심판적 태도, 공감과 진실성, 무조건적 긍정적 관심, 문제해결자로서의 클라이언트에 중요성을 두고 있다는 점이 장점이라고 할 수 있다. 반면에 이 이론의 한계점도 있다.

첫째, 클라이언트가 자신의 문제를 해결하는 방식에 초점을 두지 않고 문제에 대한 클라이언트 자신의 인식과 이해를 증가시키려는 통찰 지향적 접근이기 때문에 대안 제시가 어렵고 개입의 효과성을 파악하기가 어렵다.

둘째, 치료자는 비지시적이어야 하기 때문에 상담의 주제를 제시하거나 어떤 제안을 하지 않고, 또한 해석도 하지 않아야 하는 반면에 클라이언트가 면접의 방향을 잡아야 할 책임이 있다. 그러나 치료자는 클라이언트가 제시하는 어떤 주제에 대해서는 관심을 보이다가 어떤 주제에 대해서 이야기할 때는 관심을 덜 나타내는 등 비언어적 의사소통을 통하여 교묘하게 클라이언트를 유도하는 경우가 있다.

셋째, 성격발달에 관한 자료를 제공해 주지 못하고 있다. 또한 우울증, 슬픔, 수치심과 같은 정서적 문제가 왜 생기는지에 대하여 설명하지 못하며 야뇨증, 지나친 음주, 공격적 행동, 폭력행동 등과 같은 문제행동이 왜 생기는지에 대해서도 설명하지 못하고 있다.

넷째, 치료자는 클라이언트에게 진실되어야 한다는 점을 강조하고 있지만 현실적으로는 클라이언트에 대한 자신의 진실된 감정을 표현한다는 것이 힘든 작업이다.

다섯째, 클라이언트는 긍정적이거나 부정적인 결과로부터 자유로운 치료환경 내에서 반복적으로 자신의 관심사를 얘기하기 때문에 클라이언트의 문제가 감소하고 결국은 긍정적 변화가 발생한다. 이러한 현상은 오히려 환경을 중요시하는 학습이론적인 관점에서 해설될 수 있는 부분이다.

2. 매슬로우의 이론

1) 매슬로우의 생애

매슬로우(Abraham Harold Maslow)는 러시아로부터 이민 온 유태인의 집안에서 7남매 중 장남으로 1908년 뉴욕의 브루클린에서 태어났다. 그는 어린 시절과 청소년 초기에 매우 심한 고독과 고통을 겪으면서 친구도 없이 도서관에서 책에 파묻혀 자랐다. 그는 아버지의 압력에 못이겨 대학에서 법학을 전공하기 시작하였으며 뉴욕시립대학에서 코넬대학으로, 다시 대학 3학년 때에 위스콘신대학으로 전학하여 심리학을 전공하기 시작하였다. 1930년 학사학위를 받은 후 1931년 석사학위, 1934년에는 박사학위를 취득했다. 매슬로우가 위스콘신에서 심리학을 공부하기로 결심한 것은 왓슨의 행동주의에 결정적인 영향을 받았기 때문이다. 그의 박사학위논문은 "원숭이의 성적 특성과 지배 특성에 관한 관찰 연구"였다. 그의 관심은 동물 연구에서 인간에 대한 연구로 옮겨졌으며, 성, 특히 동성애에 대한 연구가 인간성을 깊이 이해하는 데 필수적이라고 생각하였다.

행동주의에 대한 그의 열정은 첫 딸이 태어나면서 사라지기 시작하였다. 아이가 나타내는 복잡한 행동은 그로 하여금 행동주의 심리학이란 사람보다는 동물을 이해하는 데 더 적절한 것이라는 생각을 하게 만들었다. 제2차 세계대전은 그의 인생 방향을 크게 바꾸어 놓았다. 인간의 본성과 미움, 전쟁과 평화, 형제애 따위에 대한 깊은 관심을 나타내며 자신의 실험과 연구조사를 통해서 검증할 수 있는 인간본성에 대한 이론의 발전에 전념할 수 있는 계기가 되었다.

그는 기존의 심리학이 염세적이고 부정적이며 인간의 장점보다는 약점에 더 초점을 두고 있으며 사람의 미덕보다는 악한 부분을 탐색해 왔다고 생각하였다. 그는 인간의 어두운 면보다는 더 밝고 긍정적인 부분에 관심을 가지고서 전체적인 인간의 모습을 제공하고자 시도하였다.

1951년부터 1969년까지 브랜다이스대학 심리학과 교수로 지내면서 미국 심리학계의 인본주의 운동에서 가장 유명한 인물이 되었다. 그는 발달심리에 관심이 많았으며 말년에는 인간의 잠재성에 대한 운동을 벌이는 단체들을 지원하는 일을 하였다. 매슬로우는 62세 되던 해인 1970년 6월에 지병인 심장병이 악화되어 심장마비로 사망했다.

2) 기본가정

매슬로우는 성격발달에 관한 공식적인 틀을 제시하지 않고 욕구의 계층화를 통하여 동기와 정신병리에 관한 자신의 견해를 제시하였다. 특히 사람들은 인생 초기에 사랑, 보금자리, 음식과 같은 욕구가 잘 충족되지 않으면 병리나 일탈행동이 발생한다고 하였다. 즉, 사랑의 욕구가 강한 초기 아동기에 지속적인 사랑을 받지 못하면 그 아이는 남을 이용하는 성향이 생기거나 죄책감이 없는 사회병리적인 사람이 될 수 있다. 인생 초기의 좌절감은 부적응적인 반응유형을 발생시켜 인생 후기의 동기나 욕구를 왜곡시킨다.

매슬로우는 신경증과 정신증과 같은 전통적인 정신적 용어를 사용하기를 싫어한다. 약물 중독, 범죄, 정신병리, 신경증 따위는 질병이라기보다는 한 개인이 자신의 잠재력에 도달하는데 실패한 결과라고 간주한다. 즉, 비정상적이거나 정신병리적인 개인은 아직 자아실현을 이루지 못한 상태로 간주한다. 매슬로우는 로저스처럼 인간의 본성에 대해서 낙관적인 견해를 가지고 있다. 인간은 선하며, 개인의 선천적인 잠재력을 표현할 수 있는 환경이 제공된다면, 건강한 방법으로 자기를 개발할 수 있는 능력이 있다고 믿었다. 매슬로우가 인간에 대해서 가지고 있는 기본가정은 〈표 7〉에서 보는 바와 같다.

표 7 매슬로우의 인간에 대한 기본가정

① 인간의 본성은 원래 선하다.
② 인간은 자유롭고 자율적이며, 인간행동은 내면으로부터 나오지만 무의식적 동기의 사물이 아니다.
③ 동물에 관한 연구는 복합적인 인간경험의 본질을 설명하지 못한다.
④ 인간행동을 연구하고 이해하기 위해서는 인간의 병리적인 측면보다는 건강한 사람의 행동과 지각에 대해서 탐구해야 한다. 즉, 정신병리를 이해하기 위해서는 정신건강에 대하여 먼저 이해해야 한다.
⑤ 사람은 능력 있는 존재이며 기본적인 욕구들이 총족되면 인간성을 성취하고 결국은 자아실현자가 된다.

3) 주요개념

(1) 잠재적 창조성

매슬로우는 인간의 가장 보편적인 특징은 창조성이라는 사실에 최초로 관심을 가진 사람이다. 모든 사람은 태어날 때 창조성을 잠재적으로 가지고 있으나 문명화되면서 창조성을 잃었다고 생각하였다. 인간이 온화한 환경에서 성장할 때 자신의 본성을 실현시키기 위한 능동적인 노력을 함으로써 사람의 창조성은 더욱 뚜렷하게 발전한다. 창조성이란 누구에게나 잠재해 있는 것이기 때문에 특별한 자질이나 능력을 요구하지 않는다.

(2) 형성되어 가는 것

인간은 결코 정적이지 않고 항상 무엇인가 다른 존재가 되려고 하는 과정

중에 있다. 현재는 10년 전의 모습과 다르고 5년 후의 상태도 지금과는 다를 것이다. 자기 잠재력을 가능한 한 많이 인식하는 것이 자유로운 인간으로서 개인이 지는 책임이다. 매슬로우는 형성되어 가는 과정을 자아실현의 과정으로 보았으며, 이는 인간본성의 고유한 것으로 간주하였다. 그러므로 형성되어 가는 것(becoming)을 거부하는 사람은 성장하기를 거절하는 것이고, 스스로 인간 실존의 가능성을 부정하는 것이다. 또한 이것은 인간의 실현 가능성에 대한 왜곡이며 비극이라고 하였다.

사람은 자신의 선택과 운명을 결정할 책임을 져야 한다. 자기가 원하든지 원치 않든지 간에 이 세상에 있는 한 자신의 삶에 대하여 책임을 져야 하는 것이다. 자신에게 주어진 자유와 책임으로부터 도피하는 것은 잘못된 신념을 가진 것이고 결국은 자포자기하는 삶을 사는 것이다.

(3) 욕구

매슬로우는 인간에게 있는 기본 욕구와 메타 욕구(meta need)를 구분하는 동기화 이론을 제시하였다. 기본 욕구는 결핍 욕구라고도 하는데, 음식과 물, 온도, 사랑과 애정, 안전, 자아존중 등에 대한 욕구들이다. 메타 욕구는 성장 욕구 또는 자아실현 욕구라고도 하며 정의, 선, 미, 질서, 조화, 잠재능력과 재능을 발휘하려는 욕구들이다. 기본 욕구는 대부분 메타 욕구에 비하여 우세하며 계층적 순서로 배열된다. 메타 욕구도 기본 욕구처럼 선천적이라고 보았으나, 기본 욕구만큼 사람들에게 본능적이거나 선천적인 것이 아니며, 이 메타 욕구가 충족되지 않을 때에 그 사람은 소외, 고민, 냉담, 냉소 등과 같은 상태가 되어서 병적인 상태가 될 수도 있다. 즉, 심리적 건강을 유지하고 완전한 성장을 이루기 위해서는 메타 욕구(성장 욕구)를 만족시켜야 한다. 매슬로우는 인간의 기본 욕구(또는 동기)는 타고난 것이며, 강도와 중요성에 따라서 계층적 단계로 배열되어 있다고 하였다. 인간의 욕구는 다섯 단계로 구성되어 있으며 낮은 단계에 있는 욕구가 어느 정도 만족되어야 더 높은 단계의 욕구를 의식하거나 동기가 부여된다고 가정하였다(Hjelle & Ziegler, 1981 : 368). [그림 10]은 매슬로우의 인간욕구 5단계를 나타내고 있다.

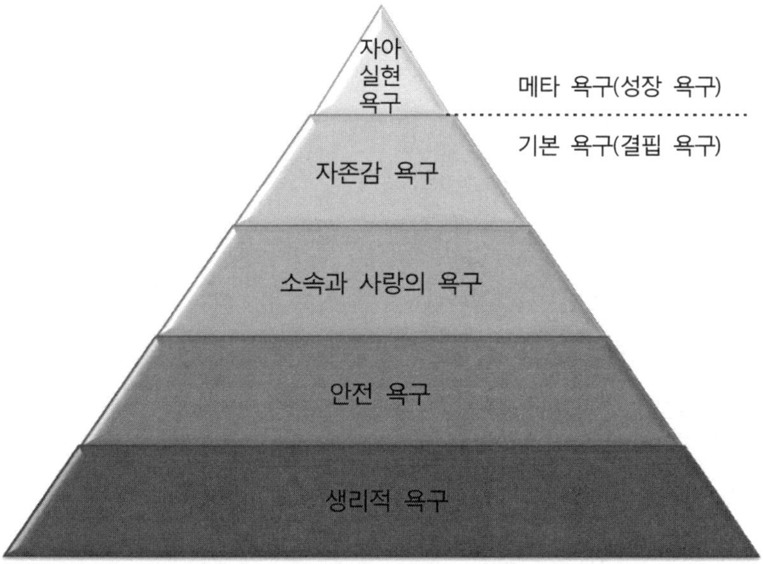

[그림 10] 매슬로의 인간욕구 5단계
* 출처: Garebed & Meers, 1982, p. 430.

① 생리적 욕구

인간의 욕구 중에서 가장 기본적이고 강한 욕구이다. 예를 들면 음식물, 물, 산소, 활동과 수면, 성, 추위나 더위로부터의 보호, 감각적인 자극에 대한 욕구들이다. 사람들은 이러한 기본적 욕구가 만족되지 않으면 더 높은 단계의 욕구를 충족하려는 시도를 하지 않으려 한다. 항상 배고픈 사람에게는 음식이 중요한 요소인 반면에 자유, 사랑, 공동체 의식, 존경, 철학 따위는 일차적 관심 밖의 일들이다. 그 이유는 이러한 것들이 고픈 배를 채우지 못하기 때문이다. 생리적 욕구는 인간행동을 이해하는 데 있어서 중요한 요소이다.

② 안전 욕구

사람은 생리적 욕구가 만족되면, 안전 욕구에 대해서 관심을 가진다. 안전 욕구로는 안정감, 보호, 의존, 질서, 구조, 제한성, 공포나 불안, 위험으로부터의 자유가 있다. 안전에 대한 욕구는 유아와 어린 아이들이 많이 지니는데, 이는 상대적인 무력감과 어른에 대한 의존성 때문이다. 가정 내에서 부모가 가지는 어느 정도의 엄격성은 아이의 안전에 대한 욕구를 충족시켜 주는 역할을 한다. 아이를 개방적이고 자유롭게만 기르는 부모는 아이의 안전 욕구를 만족시키지 못한다. 또한 가정 내에서 부모 간의 싸움, 별거, 이혼, 가족구성원의 죽음은 아이들이 자신이 처해 있는 환경을 불안전하게 느끼게 만든다. 안전에 대한 욕구는 전쟁, 범죄, 홍수, 지진, 폭동, 사회조직의 해체가 발생할 때도 나타난다.

③ 소속과 사랑의 욕구

소속과 사랑의 욕구로는 사랑, 애정, 가족이나 집단에 대한 소속감, 우정, 사람들과 시간을 함께 보내는 것이 있다. 사람들은 친구나 가족, 사랑하는 사람이 없을 때 심한 외로움을 느낀다. 그러므로 소속에 대한 갈망과 소외, 고독, 낯섦, 고립감 따위를 극복하고자 하는 욕구는 오늘날 우리 사회가 전통적 집단의 붕괴, 가족의 분산과 해체, 계속되는 도시화와 익명성, 이웃 간의 낯섦, 잦은 사회적 이동성이 심해질수록 더욱 심화되어 간다. 사랑에 대한 욕구는 사랑을 받는 것뿐 아니라 주는 것까지 포함한다. 사람은 사랑을 받고 포용되는 것을 통하여 자기가 가치 있다고 느끼며 사랑을 받지 못하는 경우에는 공허감, 무가치감, 적대감을 가진다.

④ 자존감 욕구

자존감 욕구에는 두 가지 유형이 있는데, 이는 자기에 대한 존중과 타인으로부터의 존경이다. 자기에 대한 존중이란 개인 스스로가 가치 있다고 생각하며 능력, 신뢰감, 개인적인 힘, 적합성, 성취, 독립, 자유 등의 개념을 가지는 것이다. 이러한 욕구들이 충족되면 사람들은 자기가치감, 확신감을 가지며 자신이 능력 있고 유용하며 중요한 사람이라고 느낀다. 반면에 자존감의 욕구를 충족하지 못하는 사람은 무력감, 나약함을 경험한다. 이러한 부정적인 자기인식은 스스로 좌절감을 느끼며 타인과 비교하여 자기비하감을 경험한다. 타인으로부터의 존경이란 수용, 주목, 평판, 인정을 포함하며, 타인들로부터 좋게 인식되고 평가받음으로써 자신이 가치 있는 사람이라고 느낀다. 매슬로우는 건전한 자존감이란 개인의 실제능력을 근거로 타인들로부터 얻어 낸 존경에 근거하고 있으며 타인으로부터 받는 존경보다는 자신에 대한 자존감이 더욱 중요하다고 하였다.

⑤ 자아실현 욕구

대부분의 사람들은 생리적 욕구, 안전 욕구, 소속과 사랑의 욕구, 자존감 욕구 등을 충족하기 위해서 많은 시간을 보낸다. 그러나 소수의 사람들은 4단계 까지의 욕구에 머무르지 않고 자아실현 욕구를 충족하기 위해서 동기화된다. 매슬로우에 따르면, 인구의 1% 정도가 자아실현에 근접한다고 하였다. 그 이유는 자아실현을 위한 움직임은 자동적으로 발생하거나 쉽게 이루어지는 것이 아니기 때문이다. 특히 자아실현 욕구는 제일 위의 계층에 위치해 있기 때문에 본능적인 욕구의 힘이 제일 약하다고 할 수 있다. 또한 자아실현을 위해서는 자기인식이 필요한데 자기를 안다는 것이 스스로에게 위협적일 수 있기 때문에 이를 두려워하는 경향이 있다. 자아실현은 사람들이 자기를 표현하고 탐색하는 것이 자유로운 환경일 때 가능하기 때문에 사람들은 타인과 함께 사는 환경에서 아무런 제한 없이 진리와 정의, 정직과 같은 가치들을 추구한다는 것이 쉽지가 않다.

자아실현이란 자아증진을 위한 개인의 갈망이며, 자신이 잠재적으로 지닌 것을 실현하려는 욕망이다. 자아실현을 한다는 것은 자기가 원하는 종류의 사람이 되는 것이며 자신의 잠재력을 최고로 발휘하는 것이다. 자아실현의 형태는 사람마다 다르며 개인차가 많이 난다. 인간의 잠재력을 실현하려는 충동은 자연스러운 것이지만 많은 사람들은 자신의 잠재력에 대해서 모르고 있거나, 자신의 능력을 의심하고 심지어는 두려워하는 경향이 있어서 자아를 실현하는 기회를 소멸시키고 있다. 잠재력을 발휘하기 위해서는 과거의 습관을 유지하려는 경향에서 벗어나서 새로운 경험을 위한 개방이 필요하다, 안전하고 따뜻하고 친절한 분위기에서 자란 아이들은 개인의 기본적인 욕구가 위협을 받지 않기 때문에 성장이 이루어지고 자신이 할 수 있는 최선에 도달하기 위해 노력한다. 아이로 하여금 자아실현을 성취하게 하려면 낮은 단계에 있는 욕구에 만족할 수 있는 기회를 많이 제공해 줄 필요가 있다. 〈표 8〉은 매슬로우가 제시하고 있는 인간의 다섯 가지 욕구를 범주화하고 있다.

표 8 인간 욕구의 범주

욕구 범주	욕구의 예	
자아실현 욕구	· 자신의 잠재력을 살리는 것 · 타인의 있는 그대로를 수용하는 것 · 창조적으로 행동하는 것	· 자신의 장점과 제한점을 수용하는 것 · 자발성을 가지는 것 · 타인의 의견에 대하여 독립적으로 행동하는 것
자존감 욕구	· 자존감(타인으로부터의 존경 포함) · 확신 · 강함(지위와 명예)	· 성취감(인정) · 능력
소속과 사랑의 욕구	· 사랑 · 소속감(가족, 집단) · 사람들과 시간을 함께 보내는 것	· 애정 · 우정
안전 욕구	· 신체적 안전 · 안정감, 질서, 구조	· 의존 · 공포나 불안, 위험으로부터의 자유
생리적 욕구	· 음식물과 물 · 배설 · 운동	· 산소 · 휴식과 수면 · 건강

* 출처: Lievert & Spiegler, 1990, p. 315.

(4) 성장 동기

자아실현 욕구는 인간의 동기 중에서 제일 상위의 단계에 위치하고 있지만, 이러한 욕구는 다른 욕구와 함께 계층화하기에는 적합하지 않다. 그 이유는 1단계에서 4단계까지의 기본적 욕구와 5단계의 욕구는 근본적으로 다르기 때문이다. 즉, 생리적 욕구, 안전 욕구, 소속과 사랑의 욕구, 자존감 욕구들은 결핍(deficit)으로부터 인간을 동기화시키지만 자아실현 욕구는 성장에 의해서 동기화되기 때문이다.

사람들은 결핍동기에 익숙해 있기 때문에 개인의 행동은 긴장을 감소하거나 당장의 부족한 것을 채우려는 쪽으로 에너지를 투입한다. 예를 들어 사람이 외로우면 동료를 찾는다. 이와 같이 4단계까지의 인간 욕구는 결핍동기에 의해서 기능을 한다. 결핍동기와는 대조적으로 성장동기는 한 개인의 고유한 자아실현 경향성을 가지고 인생을 발전시킨다.

이러한 성장동기의 예는 〈표 9〉와 같다.

표 9 성장동기의 예

· 진실	· 정의	· 선	· 질서
· 미	· 단순성	· 전체성, 통합성	· 풍요로움, 포괄성
· 생동감(과정)	· 용이함	· 고유성	· 즐거운
· 완벽함	· 자기충족감	· 완성	· 의미 있음

* 출처: Lieben & Spiegler, 1990, p. 323.

결핍동기를 만족시키면 긴장이 완화되지만 성장동기를 만족시키려면 오히려 긴장이 증가한다. 예를 들어 즐거움을 맛보기 위하여 험한 산을 오름으로써 성장동기를 만족시키려는 것은 위험과 신체적 어려움이 수반된다. 반면에 결핍동기인 안전을 지키기 위해서는 그냥 계곡에 머물면서 산을 오를 때 부딪힐 수 있는 위험으로부터 자신을 보호하면 되는 것이다.

(5) 자아실현자의 특성

매슬로우에 따르면 자아실현자는 존재가치에 의하여 동기화되며, 성장동기를 가지고서 자신의 체험을 확장하고 삶을 풍부하게 한다. 매슬로우는 자아실현자의 특징을 다음과 같이 정의하였다.

① 자아실현자는 현실에 대하여 효과적인 지각을 하며 편안해진다. 그들은 일반적 · 추상적 · 규범적인 것과 새롭고, 구체적이고 독특한 것을 쉽게 구분하며, 사람을 정확하고 효과적으로 판단하는 능력이 있다. 또한 자신이 원하거나 필요한 방식으로 세상을 바라보는 것이 아니라 있는 그대로 세상을 본다.

② 자아실현자는 어떤 불평이나 지나친 생각을 하지 않고 자신의 본성과 다른 사람들을 수용한다. 자신의 장점과 약점을 포함하고 있는 자신을 수용하기 때문에 자기를 있는 그대로 받아들이며 다른 사람에 대해서도 관대하다.

③ 자아실현자는 행동에 있어서 꾸밈이 없고, 내적 생활이나 사고, 충동에도 꾸밈이 없다. 그들은 고의로 전통을 거스르거나 반항하지 않으며, 의도적으로 사회의 규범을 어기지 않는다. 또한 자신의 일상적인 삶에 대하여 감사할 줄 알며 자율적이고 개인적인 윤리규정을 가지고 있다.

④ 자아실현자는 자아 중심적이지 않고 문제 중심적이며, 자기 자신보다 외부의 문제들에 관심을 가진다. 즉, 나무만 바라보면 전체 숲을 볼 수 없기 때문에 가급적이면 전체 숲을 보려고 한다.

⑤ 자아실현자는 자신에 대해 불편해하지 않으며 혼자일 수 있고 일반 사람들보다 더욱 고독과 개인 사생활을 즐기는 경향이 있다.

⑥ 자아실현자는 사회적 환경으로부터 비교적 독립되어 있다. 그들은 만족을 위하여 실제 세계나 다른 사람, 문화 따위에 깊이 의존하지 않고 자신

의 발전과 성장을 위하여 자신의 잠재력과 잠재된 자원에 의존한다.

⑦ 자아실현자는 자연이나 어린아이와 같이 삶의 기본적인 것에 관하여 기쁨과 즐거움을 느끼며, 새롭고 순수하게 감사해 하는 놀라운 능력이 있다.

⑧ 자아실현자는 환희와 경이로움, 경외의 느낌 등 신비한 경험을 한다.

⑨ 자아실현자는 때로는 분노나 혐오감을 느끼기도 하지만 대체로 인간에 대하여 깊은 일체감, 공감, 애정을 가지고 있다. 그들은 사람을 돕기 위한 열정이 있으며, 대부분의 사람들에게 가족구성원과 같이 대하는 경향이 있다.

⑩ 자아실현자는 일반 사람들보다 더욱 깊은 관계를 가지지만 소수의 사람들과 깊은 유대를 맺는다.

⑪ 자아실현자는 민주적인 성격특성을 가지고 있으며, 누구에게나 조건 없이 우호적이며 모든 사람을 존중한다. 또한 타인들로부터 무엇인가 기꺼이 배우려고 하며, 타인의 출생, 인종, 혈통, 가문, 나이, 힘에 의하여 사람을 차별하지 않는다.

⑫ 자아실현자는 수단과 목적을 구분하며 실제 생활에서 옳고 그른 것을 확실하게 구분한다. 또한 그들은 인습적이지 않은 윤리적이고 도덕적인 기준을 가지고 있다.

⑬ 자아실현자는 철학적이고 사려 깊은 유머감각이 있다. 이들의 유머는 타인에게 상처를 입혀서 웃기는 적대적 유머가 아니며, 타인의 열등함을 비웃거나 음란한 농담 같은 유머와도 다르다. 이들의 유머는 웃음보다는 은근한 미소를 자아내는 유머이다.

⑭ 자아실현자는 어린아이의 순수함에 가까운 창조성을 지니고 있다.

⑮ 자아실현자는 자아충족적이고 자율적이기 때문에 특정한 방식으로 생각하고 행동하라는 사회적 압력이나 문화적응에 저항한다.

4) 매슬로우 이론의 평가

매슬로우는 동기에 관한 이론을 개발하였는데, 특히 자아실현 동기의 역할에 대하여 심도 있는 연구를 하였다. 인간은 자아실현 욕구에 의해서 동기화되며, 자아실현자가 지니고 있는 특성으로서 인지하고 지각하는 능력, 수용, 지속적인 감사, 자발성, 문제 중심적인 경향성, 수단과 결과의 구분, 분리와 독립, 문화와 환경으로부터의 독립, 문화화에 대한 저항, 남을 도우려는 열망, 민주적 특성, 심오한 대인관계, 철학적인 유머감각, 창조성, 신비한 경험 따위가 있다. 그러나 자아실현자는 완벽한 인간이라거나 항상 고도로 지적인 활동을 하거나 유명한 사람은 아니라고 하였다.

인간행동을 설명하는 데 인본주의적 접근은 인간을 자신의 인간성을 만드는 창조자로 보기 때문에 행동주의 이론이나 정신분석 이론의 입장과는 차이가 있다. 성장을 지향하는 인간의 노력과 인간 자체가 존엄하고 가치가 있다는 가정은 인본주의 이론의 핵심이다. 이러한 입장은 사회복지의 가치와 일치하며, 본질이라고 할 수 있다. 정신분석 이론이나 행동주의 이론은 비정상적이거나 일탈적인 인간행동에 초점을 두고 있는 반면에 인본주의 이론은 긍정적이고 성장 지향적인 인간의 본질에 초점을 두고 있다. 그러므로 인본주의 이론가들은 인간의 성격발달과 행동에 영향을 주는 환경적인 요소를 매우 중요하게 생각한다.

매슬로우에 따르면, 자기에 관한 고유성을 획득하는 경향을 가진 사람들은 자신이나 타인을 잘 수용하고 자발적이며, 강력한 문제해결능력을 소유하고 있고, 자율적으로 기능하고 자신의 환경을 인정할 줄 안다. 각 개인 성격의 차이성은 각 개인이 잠재적으로 가지고 있는 자아실현을 얼마나 성취하느냐에 따라서 달라진다고 하였다.

매슬로우가 제시하는 인간행동에 대한 욕구 이론은 인본주의적 원리에 기반을 두고 있다. 욕구는 낮은 계층으로부터 상위 계층으로 단계화되어 있으며, 상대적으로 높은 단계에 있는 욕구가 충족되기 위해서는 그 이전의 단계에 있는 욕구가 충족되어야 한다고 설명하고 있다. 최상위 단계에 있는 자아실현 욕구는 에릭슨이 제시한 인생의 마지막 발달 단계를 성공적으로 해결한 것과 유사하게 보인다.

매슬로우의 인간욕구에 관한 준거틀은 사회복지사들에게 의미하는 바가 크다. 어떤 사람이 음식이나 옷, 거주지와 같은 자원이 부족한 경우에는 기본적인 생리적 욕구가 충족되지 못한 상태이고, 이는 다른 종류의 욕구를 충족하는 데 극복하기 힘든 장애물을 만든다. 특히 노숙자 가정이나 개인에게 서비스를 제공하기 어려운 경우의 예를 보아서 알 수 있듯이, 사람들은 기본적인 생리적 욕구가 채워져야 다른 욕구를 채우기 위한 에너지를 발견할 수 있기 때문에 매슬로우의 이론은 설득력이 있다.

그러나 사람들이 기본적인 생리적 욕구를 먼저 충족하려고 하지 않는 경우도 있다. 소위 '배고픈 예술가'처럼 자신의 예술 활동에 전념하기 위해서 음식과 잠을 전폐하는 경우가 그 예이다. 어떤 사람들은 자신들의 정치적 투쟁을 위해서 개인적인 안전을 돌보지 않는 경우도 있다. 또한 세계 도처에는 많은 사람들이 빈곤과 박탈로 고통을 당하고 있지만, 그들 중 많은 사람들은 여전히 타인과 사회에 대한 소속감을 가지고서 정서적 유대감을 맺고 있고, 자존감을 유지하고 있다. 이것은 안전하고 보장된 환경에 있지 못하는 사람들은 타인과의 의미 있는 관계를 맺지 못한다고 볼 수가 없다는 것이다. 역사적으로 보더라도 재난이 있던 시기에도 사람들은 긴밀하고 지지적인 공동체를 이룰 수 있었기 때문에 매슬로우의 욕구 이론은 인간행동을 설명함에 있어서 나름대로의 제한성을 지니고 있다.

3. 사회복지실천과 연관성

인간중심의 인본주의 이론은 인간에 관하여 보다 희망적이고 낙관적인 견해를 지니고 있다. 모든 인간은 자신의 내부에 건전하고 창조적인 성장을 위한 가능성을 가지고 있다고 믿는다. 이러한 가능성을 인식하지 못하는 것은 부모의 훈육, 교육, 그리고 다른 사회적 압력의 속박적이고 왜곡된 영향력 때문이다. 그러나 만일, 개인이 그 자신의 생에 대한 책임을 기꺼이 수용한다면 이러한 유해한 영향력은 극복될 수 있다. 어떤 비판가들은 인본주의 이론이 과학적 심리학이라기보다는 오히려 종교를 세속적으로 대치한 것이라고 본다. 어떤 사람들은 인본주의 이론이 아직도 가설적인 것을 기정사실로 받아들이고 있고, 이론과 이데올로기를 혼동하고 있으며, 연구 대신에 수사학을 대치하고 있다고 비판을 하기도 한다. 이러한 비판에도 불구하고 인본주의와 실존주의가 사회복지실천에 기여한 바는 매우 크다. 인본주의 이론이 사회복지실천에 미친 영향은 다음과 같다.

첫째, 사회복지실천의 가치관은 기본적으로 인본주의에 근거를 두고 있다. 인본주의는 인간이란 의식 있는 존재로서 이성적으로 생각하고, 선택하며, 자유롭게 행동할 수 있는 능력이 있다고 믿는다. 또한 인간은 삶을 통제하고 살아가는 방법에 대한 생각들을 바꿀 수 있는 개인적인 권한을 가질 수 있는 존재라는 사실을 중시한다.

둘째, 클라이언트 중심의 개입은 사회복지실천의 주된 원리와도 잘 맞는다. 인간을 전체로서 다루고 환경과 상호작용하는 존재로 보며, 자신의 경험에 관한 해석과 이해를 존중한다.

셋째, 이 이론은 사회복지실천에서 다른 이론들보다 더욱 융통성 있게 적용할 수 있다. 또한 클라이언트에 관하여 덜 결정론적이고, 덜 판단적인 이해를 하게 하는 토대를 제공한다.

넷째, 전체 인간에 대한 존중 사상은 효과적인 실천의 기본적인 부분이며, 사회복지실천에서 가치관의 토대를 이루고 있다. 특히 자발적이고 스스로 동기가 있는 클라이언트를 위한 사회복지실천을 할 때에 인본주의 사상과 지식은 포괄적인 접근방법을 할 수 있게 한다.

다섯째, 사회복지사들은 클라이언트가 자신과 자신의 개인적 의미를 탐색할 수 있는 기술을 가질 수 있게 원조한다. 여기에서 개인적 의미란 자신이 자각하는 세계에 관해 나름대로 부여하는 것으로, 이것은 나중에 다시 자신에게 영향을 준다. 또한 사회복지사는 클라이언트와의 경험을 통하여 클라이언트 각자의 경험에 관해 각기 다른 의미를 구성하고, 클라이언트의 자기에 대한 새로운 사고를 창출하는 것에 관하여 다양한 사고를 이끌어 낸다.

인본주의 이론가 중에서 로저스는 사회복지실천에 가장 큰 영향을 끼친 사람이다. 로저스의 접근 이론을 인간중심 접근(person-centered approach)이라고 한다. 이 접근법에서는 개인이 더욱 큰 독립성과 통합성을 달성하는 것에 치료목표를 둔다. 즉, 단순히 문제를 해결하는 것이 아니라 클라이언트의 성장과정을 도움으로써 그들이 현재 대처하고 있고, 미래에 대처하게 될 문제들을 잘 극복해 나갈 수 있도록 돕는 것이다.

이 접근에 따르면 클라이언트의 잠재력을 개발하기 위하여 사회복지사는 클라이언트와 평등한 관계를 맺는 것이 중요하며, 치료적 관계에서 진실성과 일치성을 가지고서 사회복지사의 말과 행동은 그들의 성격과 진실한 태도를 반영해 주는 것이어야 하며, 클라이언트에게 영향을 주기 위하여 가장하는 것이 아니어야 한다. 또한 사회복지사는 클라이언트에게 무조건적인 긍정적 관심을 가지며, 세상에 대한 클라이언트의 견해에 대해서 공감을 나타내는 것이 중요하다. 즉, 사회복지사는 솔직성과 진실성, 온화함과 존중, 수용의 자세, 공감적 이해를 가지고서 클라이언트와의 관계를 형성해야 한다. 이러한 개입원리는 클라이언트와의 관계 형성을 중요하게 생각하는 사회복지실천 영역에서 기본적이고 핵심적인 원칙으로 활용되고 있다.

또한 로저스에 따르면 사회복지사의 접근은 비지시적이고 비심판적이어야 하고, 적극적인 경청과 정확한 공감이 포함되어야 한다. 클라이언트의 개인적 성장을 추구하면서 클라이언트의 문제에 대한 과거력보다는 '여기 그리고 지금(here and now)'에 초점을 둔다. 또한 클라이언트의 어떤 조건에 따라서 진단하고 분류하기보다 모든 인간을 한 사람의 개인으로서 대우한다.

로저스는 클라이언트와 진실한 관계를 맺는 것이 치료에서 핵심 요소라고 하였다. 아울러 치료자 자신이 클라이언트와의 촉진적인 관계를 형성할 수 있는 자질을 갖추고 있는지를 다음의 질문을 통하여 스스로 평가해 보아야 한다고 하였는데, 이러한 자기평가는 인본주의적 입장에 서서 사회복지실천을 행하는 사회복지사에게 매우 유용한 지침이 될 수 있다. 〈표 10〉은 인본주의 이론을 실천하기 위한 지침을 보여주고 있다.

표 10 인본주의 이론을 실천하기 위한 사회복지사 지침

① 나는 다른 사람을 믿을 수 있고, 일관성이 있는 존재로 보는가?
② 나는 현재 있는 그대로의 내 모습을 명확하게 전달할 수 있을 만큼 표현적인가?
③ 나는 다른 사람에게 온화함, 보호, 흥미, 존경 등 긍정적인 태도를 보이고 있는가?
④ 나는 다른 사람과 분리될 수 있을 만큼 충분히 강한가?
⑤ 나는 다른 사람의 분리를 허용할 수 있을 만큼 충분하게 안정되어 있는가?
⑥ 나는 다른 사람의 감정과 그 개인의 의미 속으로 들어갈 수 있으며, 그 사람이 보는 바대로 볼 수 있는가?
⑦ 나는 다른 사람의 모든 면을 있는 그대로 수용할 수 있는가?
⑧ 나는 나의 행동이 다른 사람에게 위협으로 인식되지 않는 관계 속에서 충분히 민감하게 반응할 수 있는가?
⑨ 나는 외적인 평가의 위협으로부터 자유로운가?
⑩ 나는 다른 사람을 형성되어 가는 존재로 보며, 나 자신과 다른 사람을 과거에 묶어 놓지는 않는가?

제 5 장

일반체계 이론과 생태체계 이론

1. 일반체계 이론과 생태체계 이론의 등장
2. 브론펜브레너(Bronfenbrenner)와 생태체계 이론
3. 일반체계 이론
4. 생태체계 이론
5. 사회복지실천에서의 생태체계 이론의 적용

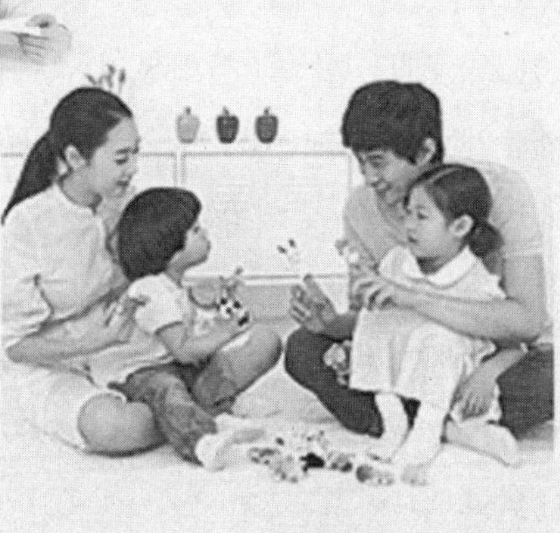

1. 일반체계 이론과 생태체계 이론의 등장

사회복지의 목적은 클라이언트와 그들의 물리적 및 사회적 환경들 간의 상호교류(transaction)의 질을 사회정의의 가치와 일치하는 방향에서 향상시키는 것이다(Mattni & Lowery, 2007). 생태체계 관점의 기본 철학은 인간은 사회제도, 문화적 힘, 환경의 물리적 공간 뿐 아니라 수많은 타인들과 연결된다는 것이다. 즉, 클라이언트의 삶에 영향을 주는 변인이 많다는 것이다. 따라서 사회복지는 상호 연결된 상호교류의 네트워크를 다루는 역할이 중요하다. 이러한 맥락에서 일반체계 이론과 생태체계적 개념에서 나온 생태체계 관점은 임상사회복지 실천은 물론 임상사회복지실천의 기반이 되는 통합적 제너럴리스트실천의 확대된 대상체계를 이해할 수 있는 맥락을 제공한다.

체계이론은 자연과학에 학문적 기초를 두고 있는 일반체계 이론(general system theory)에서 비롯되어, 사회과학 영역에서는 체계이론을 일반체계 이론에 바탕을 두고 Parsons의 구조기능이론적 관점에서 재조명한 사회체계 이론(social system theory)으로 확대되어 사회복지 분야나 인간행동을 이해하는 학문에까지 사용되고 있고, 최근 들어 사회복지 영역에서는 생태체계 이론(ecosystem theory)이 새롭게 등장하여 체계이론은 다양한 개념을 제시하고 있다(장수한 외, 2008). 생태체계 이론은 생태학(ecology)과 일반체계 이론(general system theory)은 생태체계적인 관점(ecosystem perspective)을 구성하고 있다(Grief, 1986).

그러나 체계이론과 생태학적 이론에서 사용하는 용어는 대부분 중복되어 사용되고 있는데, 이 두 이론의 공통점은 사회복지사들이 세상을 바라보는 유용한 수단으로 사용될 수 있다는 것이기 때문이다. 이 이론은 모두 환경 속의 체계들과 그 체계들이 어떻게 사람들과 상호작용하고 영향을 미치는지에 대해 초점을 맞추고 있다. 생태학적 접근은 사회복지 관점에서 볼 때 세상을 보는 보다 구체적인 방식을 제공한다. 생태학적 이론은 개인과 개인적 가족체계를 더 강조하는 경향이 있는 반면, 체계이론은 더 넓은 관점을 전제로 한다. 따라서 체계이론은 사회 서비스조직 안에서의 역동성이나 가족의 기능 등을 서술하는 데 사용될 수 있다(Zastrow & Kirst-Ashman, 2004).

또한 '환경 속의 인간'을 기본관점으로 두고, 행동을 개념화 · 분석하는 데 도움을 준다. 즉 각각의 관점은 인간이 왜 그렇게 행동하는지를 좀 더 명백하게 이해할 수 있도록 상황을 분석하는 방식이나 틀을 제공해 준다.

생태체계 관점의 특징은 첫째, 인간의 복잡성을 설명할 수 있는 많은 유용한 이론들의 장점을 활용하고 있다. 둘째, 개인, 가족, 집단, 조직, 지역사회의 행동이 서로 연결된 것으로 설명하며, 이는 통합적 제너럴리스트 사회복지실천을 뒷받침하는 이상적 관점을 제공한다. 셋째, 인간과 그들의 환경이 어떻게 적응상태(fit)를 이루는지에 대해 초점을 두기 때문에 사회복지사는 발생한 문제에 대하여 사람이나 환경 어느 한쪽에 책임을 편향하여 전가시키지 않는다(Germain & Gitterman, 1996).

위에서 언급한 것과 같이 생태체계적 관점은 일반체계 이론과 생태학 이론이 합성되어 나온 관점이다. 그러나 체계이론과 생태학적 관점 간의 관계에 대해서는 약간의 논쟁이 있다. 두 이론적 접근 간에 어느 정도 유사하고, 또한 유사하지 않는가를 살펴보면 먼저 두 관점 모두가 체계를 강조하고 체계들의 여러 수준들 간의 역동적 상호작용에 초점을 둔다는 것이다. 또한 사용되는 용어와 개념이 유사하며 모두가 사회복지사에게 세계를 조망할 수 있는 구조적 틀을 제공한다. 두 관점 모두가 내적 기능보다 외적인 상호작용을 강조해서 사회복지사는 클라이언트가 다른 체계들과 상호작용을 향상시키도록 돕는 것을 강조한다.

반면에 차이점은 첫째, 생태학적 접근은 환경 속의 개인이란 초점을 유지하며, 삶이란 두 체계 간의 역동적 상호작용을 의미하는 것으로 본다. 따라서 개인의 능동적 참여를 강조하고, 인간 상호 간 그리고 그들의 환경과의 상호작용을 강조한다. 체계이론은 보다 광범위한 관점을 채택하여 생명이 없는 기계적인 운영체계를 의미하거나, 가족의 기능을 서술하는데 많이 활용되기도 한다. 둘째, 각기 다른 용어를 강조하는데, 예로 생태학적 관점은 개인과 환경 간의 상호기제에 있어서 개인과 환경이 만나는 접점(interface)에 초점을 두는 반면에 체계이론은 체계 내의 하위체계들의 경계, 체계 내의 항상성 또는 균형의 유지들을 중요시한다. 셋째, 문제 및 증상에 대한 관점이 있어서 체계이론은 체계 간의 역기능적 상호작용의 결과로 간주하나, 생태학적 관점에서는 개인과 환경 간의 상호작용의 부조화로 간주한다. 넷째, 실천의 목적과 사회복지사의 강조점이 체계이론은 체계의 역기능적 속성 및 조건의 개선이나 변화를 통해 증상을 제거하는 반면, 생태학적 접근은 개인이 환경과 상호작용하는 방식이나 생활상의 문제에 초점을 두고 자아능력의 발달을 통한 적응능력의 향상뿐 아니라 문제의 상황을 적응적 상황으로 재구조화하는 데 초점을 둔다.

2. 브론펜브레너와 생태체계 이론

브론펜브레너(Urie Bronfenbrenner)는 1917년 러시아의 모스코에서 태어나, 6살 때에 미국으로 가게 되었다. 1938년 Cornell University에서 심리학과 음악을 복수 전공하였으며, 그 후 Michigan 대학에서 발달심리학을 전공하였다. 지금은 코넬대학의 인간발달과 가족학을 연구하는 심리학 교수이다.

생태학적 접근의 대표적인 학자인 브론펜브레너는 '맥락 속의 발달

U. Bronfenbrenner
(1917~2005)

(development-in-context)' 혹은 '발달의 생태학(ecology of development)'을 연구해야 한다고 주장하였다. 여기서 생태학(ecology)이란 개인이나 유기체가 경험하고 있는 혹은 개인과 직접·간접으로 연결되어 있는 환경적 상황을 의미한다. 생태학적 접근(ecological approach)에서는 가족, 지역사회, 문화 등 인간이 몸담고 있는 생태환경을 보다 체계적으로 구조화하고 이들 환경체계와 개인간의 관계를 이해하는 것을 인간발달의 주요 과제로 삼고 있다. 즉, 활동적이며 성장하는 인간이 환경과 어떻게 관계되어 있는지를 이해하는 방법으로 인간 발달의 생태학을 생각하였다. 그는 유아의 발달이 이루어지는 주변 세계와 더 넓은 세계 사이의 관계를 이해하려고 하였고 유아들의 주변 세계에 대한 해석과 그 해석들이 어떻게 변화하는지에 초점을 두었다.

브론펜브레너는 그의 저서, 『인간 발달의 생태학(The Ecology of Human Development)』(1979)에서 사람과 상황이 상호작용한 방식들을 설명했다. 브론펜브레너의 모델을 가장 잘 이해하기 위해서, 러시아 인형을 은유하여 설명하고 있는데, 러시아 인형이란 가장 큰 인형 속에 점차 작은 인형들이 차례로 들어 있는 것이다. 상황들도 역시 더 큰 상황 속에 담겨 있다. 미시체계는 중간체계 속에 담겨 있고, 중간체계는 외체계 속에 담겨 있다. 그는 이러한 각각의 상황들 속에서의 역동성과 그 상황들간의 전이(轉移)에 관심을 가졌다. 브론펜브레너는 인간을 둘러싸고 있는 생태학적 환경을 가장 가까운 것에서부터 가장 먼 것에 이르기까지 네 개의 구조체계로 구분하였다.

3. 일반체계 이론

일반체계 이론은 1930년대 생물학자인 Luding von Betalanffy에 의해 처음으로 제시된 이후 많은 학문분야에서 주목받기 시작하였다(박명숙, 1999). Betalanffy는 생물의 조직과 어떻게 생물이 유지되고 그 기능이 조절되는지를 설명하고자 노력하였으며, 인간의 현실을 관찰하고 각각의 체계 요소들 간의 상호관련성과 상호의존성을 강조하여 이른바 과학적 사고의 중요한 변화를 가져온 이론으로 평가받고 있다. 일반체계 이론에서 주장하는 체계의 개념은 우리의 사고방식을 전체적인 상황 속에서 사실과 사건을 볼 수 있는 이론으로 발전되었다.

즉, 사회복지사가 세계를 조망할 수 있는 방법과 안내할 수 있는 개념적 전망을 제공한다. 사회복지 전문직은 개인, 가족, 집단, 조직과 지역사회를 포함하는 환경 내의 다양한 체계들 간의 상호작용에 초점을 둔다. 실질적으로 사회복지 학문 및 실천에 처음으로 도입된 것은 1960년대부터 이며 이 이론을 소개한 학자들은 메이어(Meyer), 골드스타인(Goldstein), 핀커스와 미나한(Pincus & Minahan), 그리고 시포린(Siporin)이다. 특히 핀커스와 미나한(1973)은 사회복지사가 실천현장에서 다루는 네 가지 체계를 클라이언트체계, 변화매개체계, 표적체계, 그리고 행동체계를 〈표 11〉과 같이 분류하여 소개하였다. 이를 통해 사회복지사는 자신들이 다루고 있는 사람들이 어떤 체계에 해당하는지를 명확하게 분석해 낼 수 있고, 사회복지사와 다른 사람들 간의 관계인 목적을 공유하는 협조적 관계와 합의에 도달해야 할 필요가 있는 협상관계, 즉 각 체계와의 관계에 대한 본질을 분석하는데 있어서나 적절하고 정직하게 관계를 맺는데 있어서 명확성이 더해지는 것이다(서진환, 2001).

표 11 핀커스와 미나한의 사회복지실천 기초체계

체계	관계를 맺는 사람들	상세 설명
변화 매개체계	사회복지사, 사회복지사가 소속되어 있는 조직들	
클라이언트 체계	원조를 구하는 사람, 집단가족, 지역사회인 변화매개체계와 함께 일함	실제 클라이언트는 원조를 받는데 동의하고 스스로 참여하는 사람들이고 잠재적 클라이언트는 사회복지사가 관여하고 싶어하는 사람들, 즉 아동학대 용의자나 보호관찰 대상자로 조사를 받는 사람들
표적체계	변화매개체계가 목적을 달성하기 위해 변화시키고자 하는 사람들	클라이언트와 표적체계는 일치할 수도 있고 그렇지 않을 수도 있다.
행동체계	변화매개체계가 목적을 달성하기 위해 함께 일하는 사람들	클라이언트와 표적체계, 행동체계는 일치할 수도 있고 그렇지 않을 수도 있다.

1) 주요개념

(1) 체계(system)

상호의존적이고 상호작용하는 부분으로 구성된 전체, 즉 부분간에 관계를 맺고 있는 일련의 단위이다. 체계의 예로는 하나의 거대한 국가, 공공복지서비스를 담당하는 부서, 그리고 새로 결혼한 부부, 기본적으로는 사람으로 구성되면서 사람에게 영향을 주는 사회체계를 의미한다(Zastrow, 2002). 체계의 속성에는 조직화, 상호인과성, 항구성, 공간성, 경계 등이 있다.

(2) 홀론(Holon)

각 실체는 하나의 부분임과 동시에 하나의 전체라는 뜻으로 단위는 부분들로 구성되는데 부분들에 대하여 이 단위는 전체, 즉 상위체계(suprasystem)가 되며, 동시에 단위는 어떤 것보다 큰 체계의 부분, 즉 하나의 성분 또는 하위체계가 된다. 홀론의 개념은 Koestler의 전체-부분의 명제를 확대해서 몇 개의 추론을 포함하고, 일차적 관심을 두는 초점체계(focal system)의 지정을 필요로 한다. 초점체계의 성분, 즉 하위체계에 관심을 가져야 할 뿐만 아니라 이에 관련되어 있는 환경에 관심을 가져야 한다. 이는 사회체계의 기본 단위에 대한 미시적 · 거시적 관점을 제공한다. 거시적 기능주의자인 파슨즈는 사회를 중요한 초점체계로 보았고, 사회적 행동주의자인 미드는 체계의 최소 단위인 개인 행동에다 두었다.

(3) 에너지(energy)

체계의 기본적인 재료로서, 인간과 환경 사이에 적극적으로 개입하는 자연발생적인 힘, 즉 행동할 수 있는 체계의 능력, 즉 체계를 유지할 수 있으며, 변화시킬 수 있는 힘을 의미한다. 에너지의 존재는 체계와 그 부분들에 미친 효과에서 추리된다. 따라서 직접 관찰할 수 없고 '행동역량', '행동', '변화 야기력'에서 유추할 수 있다. 또한 넓은 의미에서 정보와 자원, 아이디어 및 인력 등은 잠재 에너지로 간주할 수 있는데, 이는 체계를 활성화시키거나 동원시킬 수 있어서 에너지원으로 일할 수 있는 역량을 포함하기 때문이다.

(4) 조직

체계의 에너지를 조직하는 것, 즉 체계 구성성분의 에너지 재배열을 의미한다. 성분의 행동에 미치는 영향의 정도와 관련되어 있다. 고도의 조직과 저도의 조직으로 나눌 수 있다. 고도의 조직의 예는 가족을 들 수 있다.

(5) 체계의 기능

체계는 생존하기 위해 혹은 체계 목적을 수행하기 위해 에너지를 필요로 하며, 이는 네 가지의 기본적인 체계 기능을 통해 가능하다. 안정과 균형을 유지하려는 사회체계의 특성을 모델화한 파슨즈(Parsons)의 모델이다.

4. 생태체계 이론

사회복지실천의 역사를 되돌아볼 때 '환경 속의 인간'에 대한 사회복지의 관심이 지속되어 왔음에도 불구하고, 개인과 가족, 집단, 지역사회를 대상으로 한 사회복지실천에 국한되어 왔으며, 통합방법론이 본격적으로 대두되기 이전까지는 개인을 둘러싸고 있는 환경에 대한 개념과 개입전략이 부족했다는 점에서 생태체계 이론은 시작되었다.

생태체계 이론은 생태학(ecology)에 기초한 생태적 관점(ecological perspective)과 일반체계 이론(general system theory)이 결합되어 만들어진 이론이다. 기존의 '환경 속의 인간'을 설명하는 이론들의 분위기와는 달리 거시이론으로 생각할 수 있는데, 정신역동 이론, 인지 이론, 행동주의 이론 등은 개인에 중점을 두었다면, 생태체계 이론은 개인을 둘러싼 제반 환경에 초점을 맞춘다(최옥채 외, 2002). 사회복지에서 강조하고 있는 인간과 환경간의 상호작용을 강조하는 데 있어 개인 또는 개인에게 영향을 주는 환경이 다차원의 체계를 형성해 상위체계가 하위체계에 영향을 미침은 물론 하위체계가 상위체계에 영향을 미침이 적지 않음을 설명한다. 사회복지에서 개인에게만 초점을 맞추거나 혹은 사회환경의 영향만을 분리해서 접근하기보다 양자 간의 상호작용을 중시하는 생태체계 이론의 관점은 사회복지에서의 환경 속의 인간을 가장 잘 설명해 줄 수 있는 이론이다.

생태체계적 관점이 대두되면서 이 이론은 사회사업실천을 전망하고 개입의 표적을 설정하기에 가장 적절한 관점이다. 이것은 전체에 직접적인 관심을 두고자 할 때 적절하며, 클라이언트 상황의 한 부분이나 한 체계 혹은 한 가지 특징에 관심을 두지 않는다(김기태 · 박병헌 · 최송식, 2009). 사회복지실천에서의 통합적인 관점을 생각하면서 유기체와 환경간의 광범위하고 복잡한 상호교환관계를 다루는 관점으로써 개인과 환경 사이의 상호작용의 본질을 이해하기 위한 기틀을 제공하여 줄 수 있다. 생태학적 관점은 개인과 환경을 각기 개별적으로 이해하기보다는 둘 사이의 관계성을 이해하는데 초점을 둔다. 아동을 중심으로 하는 프로그램의 경우 그들을 둘러싼 다양한 환경체계들(학교, 가족, 지역사회, 대중매체 등) 사이에서 상호작용과 상호교류가 일어나는 공동영역에 초점이 맞추어지며, 그 개입의 목적은 각 영역에서 아동의 대처능력과 환경의 요구 사이에 조화를 획득하는 것이 된다(한인영 외, 1997).

Rappaport에 따르면 생태체계론적 관점은 사람과 사회환경 사이의 관계력을 강화하는 것으로 간주한다. 개념적으로 이 관점에서는 부적절한 사람도 없고 부적절한 환경도 없지만, 사람과 환경 사이의 적합성은 일치할 수도 있고 일치하지 않을 수도 있다는 것으로 함축하고 있다(전재일, 1997).

1) 주요개념

생태학적 관점에서 환경의 강조는 사회지지망을 강화시키거나 구축하는 방향으로 지향하는 환경중심적 중재를 지지한다. 반면에 교류의 강조는 개인적인 목표를 달성하는데 있어서 제도적 또는 환경적 장애들을 다루기 위해 개인의 능력을 증진시키는 방향으로 지향하는 개인중심적 중재를 장려한다(전재일,

2002). 따라서 인간과 환경은 분리된 것이 아니라 상호간에 지속적인 교류를 하면서 존재한다고 본다. 적절한 지역사회는 거주지와 환경 속의 생산적인 균형을 즐기며 규칙적이고 비파괴적인 태도 속의 변화를 허용하며 시민들에게 본질적이고 일상적인 생필품을 제공한다. 따라서 지역사회를 고도로 상호의존적이며 많은 변화를 가진 사람과 제도 사이의 관계라고 본다. 즉, 이러한 관점에서는 인간과 환경은 분리된 것이 아니라 상호간에 지속적인 교류를 하면서 존재한다고 본다. 지역사회복지실천에서 단순히 환경에 대한 이해를 첨가하는 것으로 두 체계 사이의 교환적인 상호작용 혹은 교류를 고려해야 한다. 체계와 환경간의 상호작용은 요구와 자원의 역동적 상호작용이다. 인간이 그들의 환경에 영향을 주는 것과 같이 사회적, 물리적 환경 역시 인간에게 영향을 준다. 사회적 기능수행에 대한 상호교류적인 영역, 인간과 환경 모두는 변화할 수 있다는 개념을 강조하는 의미이다(전재일 외, 2003).

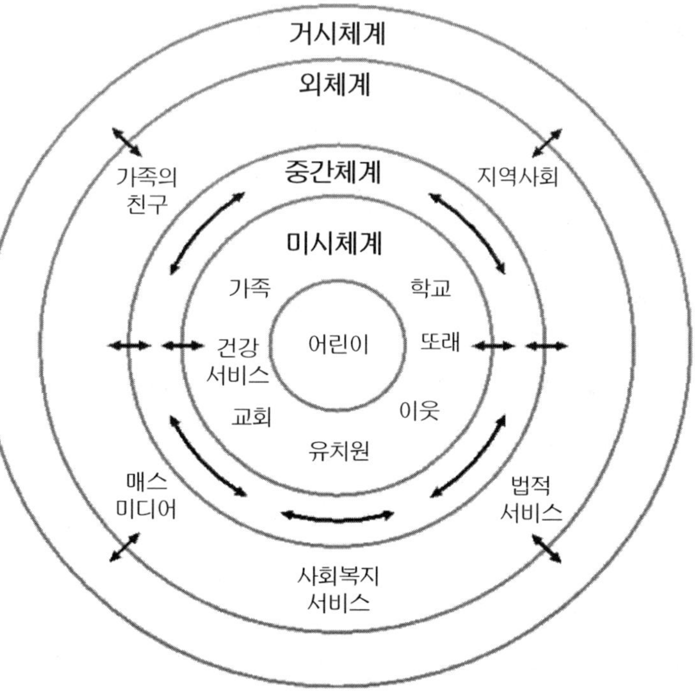

[그림 11] 생태체계 이론

생태체계 이론의 주요 개념으로 인간의 속성과 관련된 것으로 관계, 역할 및 유능성, 환경의 특성에 관한 것으로는 사회적 환경, 물리적 환경, 공간과 시간적 리듬 그리고 생활영역과 거주 환경이 있다. 그리고 인간과 환경 간에 일어나는 상호교류와 관련된 개념으로 적합성, 적응, 스트레스, 대처 등이 있다.

(1) 관계

관계(relationship)란 인간관계를 형성하거나 타인과 연결될 수 있는 능력으로 관계를 맺고자 하는 욕망과 능력은 초기의 양육과정에서 시작되고 일생을 통하여 상호적 보호 행동의 유형을 결정하게 된다.

(2) 역할

역할(role)은 발달하는 사회적 영역을 이해할 수 있게 해 주며, 일련의 기대되는 행동 유형이며 상호적 요구와 의미의 유형이다. 감정, 정서, 지각, 그리고 신념은 역할수행과 직접적으로 연관되어 있으며 역할은 내적 과정과 사회적 참여 사이에 가교의 기능을 수행한다.

(3) 유능성

유능성(competence)이란 인간발달에 필수적 요소로서 자아심리 이론에서는 개인이 환경과 효과적으로 상호작용할 수 있는 능력이라고 보았으며, 어떤 과업을 수행하고 상호작용으로 인해 일어나는 결과를 통제할 수 있는 능력이라고 규정하였다.

(4) 사회적 환경

사회적 환경이란 사회적 세계 내의 개인과 그의 매일의 상호작용을 포함한다. 현대인의 생활에서 가장 많은 영향을 미치는 사회적 환경을 관료제 조직(bureaucratic organization)이며 이것은 인간의 욕구를 효과적으로 충족시키기 위한 목적으로 만들어진 것이다. 그러나 이러한 조직을 이용하는 주민들의 생활 스트레스를 도와주기보다는 오히려 생활문제를 야기하는 경우가 많다. 또한 사회적 관계망은 주요 타인 간의 관계체계로서 성장과 적응에 상당한 기여를 한다.

(5) 물리적 환경

물리적 환경이란 매일의 일기 조건부터 공기의 오염물질까지 그리고 개인이 살고 있는 집의 설계부터 이웃집 소음까지의 모든 것을 포함한다. 우리는 전 생애 동안 우리가 몸담고 있는 물리적 환경에 적응해야 한다.

자연적 환경(기후, 지리적 조건)의 리듬변화는 인간의 모든 생활에 반영되고 있으며, 인위적 환경(건축물, 대중매체, 교통체계 등 인간이 배치한 구조나 대상들 모두 포함)의 변화는 개인의 사회적 관계망의 손실을 일으키며, 친숙한 장소와 구조를 상실하게 하므로 정체감의 혼란을 가져오기도 한다.

(6) 공간과 시간적 리듬

개인의 안녕상태에 중요한 영향을 미치는 환경적 측면인 공간은 건축양식, 관계영역, 개인적 지각에 적용될 수 있다. 생태학적 관점에서 공간과 관련된 변인들은 도시지역과 농촌지역 모두에게 개인-환경 단위의 적응에 중요한 영향을 미치고 속도, 기간과 같은 시간적 리듬(temporal rhythme)은 적응과 밀접한 관련성을 지니고 있다고 본다.

(7) 생활영역과 거주환경

생활영역(niche)이란 지역사회 성원들이 차지하고 있는 직접적 환경이나 지위 등을 의미하며, 브로펜브레너는 특별한 개인적 특성을 지닌 개인의 발달을 촉진 또는 방해하는 환경 내의 영역이라고 하였다. 즉, 효과적으로 기능할 수 있는 특정한 장소나 환경을 의미한다. 거주환경(habitat)은 개인의 문화적 맥락 내에 존재하는 물리적 · 사회적 환경과 관련된 개념이다.

(8) 적합성

적합성(goodness of fit)이란 개인의 적응적 욕구와 환경의 질이 어느 정도 부합되는지와 관련된 개념으로 다른 종의 경우에는 진화에서 비롯되며 인간의 경우에는 일생을 통하여 성취된다. 적합성을 인간과 환경 사이의 상호 교류를 통하여 성취되고, 이들의 상호작용이 성공적이고 적응적일 때 적합성이 이루어진다. 개인과 환경 사이의 적합성은 양자의 기능이다. 적합성은 개인과 환경 간의 계속적 교류이며 고정되어 있지 않고 상호교류의 변화에 따라 바뀐다. 그러므로 부정적 교류가 반복되면 인간발달과 건강, 그리고 사회적 기능은 손상된다.

(9) 적응

적응(adaptation)이란 개인과 환경 사이의 활발한 상호 교환을 포함한 개인－환경이라는 하나의 단위 내에서 이루어지는 과정을 의미한다. 인간은 자신의 욕구에 적합하도록 환경을 변화시키고 이러한 환경의 변화에 적응할 수 있어야 한다. 인간은 끊임없이 창조하고, 재구조화하며 환경이 인간에게 어떤 영향을 미친다고 해도 환경에 적응해 나간다. 또한 생태학적 이론에서는 적응상의 문제를 병리적 상태로 규정하지 않으며 스트레스를 일으키고 성공적 적응을 방해하는 환경적 요인을 중요시하고 있다.

(10) 스트레스

스트레스(stress)는 사회적 또는 발달적 변화, 충격적 사건, 다양한 생활문제 등의 요구가 자신이 활용할 수 있는 인적 자원 또는 환경 자원을 초과하는 상황에서 비롯된다. 즉 개인과 환경 간의 상호교류의 불균형이 야기하는 현상이다.

개인과 환경 사이의 상호교류는 생활 스트레스를 야기할 수 있으며, 스트레스는 개인이 지각한 요구와 이러한 요구를 충족시킬 수 있는 자원을 활용할 수 있는 능력 사이의 불균형에 의해 야기된 생리, 심리, 사회적 현상이라고 할 수 있다. 또한 스트레스는 반드시 문제가 되는 것은 아니며 개인이 긍정적 자존심을 가지고 있고, 유능성이 있다고 생각하는 경우에는 스트레스에 대한 반응은 부정적이지 않을 수 있으며 개인의 성장과 발전을 도모하는 하나의 동기로 작용할 수 있다.

(11) 대처

스트레스에 자연적으로 발생하는 대처(coping) 기술은 정서적 고통을 통제하기 위하여 개인이 수행하는 행동이다. 대처 능력을 갖추기 위해서는 내적 자원(자존감과 문제해결 기술)과 외적 자원(가족, 사회적 관계망, 조직의 지원)이 필요하다. 성공적 대처는 인간과 환경의 질을 향상시키고 높은 수준의 사회적 관계, 능력, 자긍심, 자율성 획득으로 적응 수준을 향상시킨다.

2) 환경체계모델

환경체계에는 미시체계(microsystem), 중간체계(mesosystem), 외부체계(exosystem), 거

시체계(macrosystem), 그리고 시간체계를 포함한다.

(1) 미시체계

미시체계는 "특정한 물리적, 물질적 특성을 가진 장(場)으로 개인이 경험하는 활동유형, 역할의 대인관계"라는 Bronfenbrenner(1979)의 정의를 따를 때, 학생과 환경 간에 직접적인 상호작용이 이루어지는 영역이다. 즉, 개인에게 가장 가까운 환경체계가 미시체계이다. 중앙에 위치한 아동의 근접환경이 미시체계이다. 미시체계는 아동이 살고 있는 집의 크기, 근처에 있는 운동장의 시설물, 학교 도서관에 구비된 장서의 크기 등과 같은 물리적 특성을 포함하며 아동의 가족, 친구, 학교, 이웃도 이 체계에 포함된다. 이들은 아동의 발달에 관련이 있는 특성들을 소유하며 또래집단의 사회 경제적 지위, 부모의 교육수준, 교사의 정치적 신념 등이 그것이다. 이 미시체계 내에서 아동과 부모, 친구, 교사, 코치와 같은 사회인자 간에는 대부분 직접적 상호작용이 이루어지는 체계라고 볼 수 있다. 건강한 미시체계는 호혜성에 기반을 두고 있다. 부모는 자녀의 합리적 요구를 받아들이고, 자녀는 부모의 합리적 요구를 존중함으로써 화답한다. 부모－자녀 간의 의사소통에서 호혜성이 무너지게 되면 미시체계의 질은 떨어진다. 브론펜브레너는 대부분의 사회 문화적 영향에 관한 연구가 미시체계에 초점을 맞추고 있다고 주장하고 있다.

(2) 중간체계

중간체계는 학생들이 참여하는 2개 이상의 미시체계 간의 상호작용 및 관계의 유형을 의미한다. 이에 두 개의 미시체계 모두와 관련된 타자, 사회적 연결망에서의 중개적 고리, 미시체계간의 공식적, 비공식적 의사소통, 다른 미시체계에 대한 태도와 지식의 성격 등 다양한 형태의 중간체계가 존재할 수 있다. 예를 들면 부모와 교사 간의 관계, 형제관계, 이웃 친구와의 관계 같은 것이다.

학교와 관련한 중간체계의 활성화는 미시체계들의 범위에 따라 제한받는데, 사회복지기관, 지역사회 복지기관 등과 같은 다양한 체계들과 학교간의 관계로 구체화될 수 있는 중간체계의 활성화는 결국 학교체계가 얼마나 이들 체계들에 대해 중요한 의미를 부여하면서 관계를 맺느냐에 달려 있다. 중간체계는 발달하는 개인이 새로운 환경으로 이동할 때마다 형성되거나 확대된다.

미시체계와 중간체계 간에는 몇 가지 문제가 발생할 수도 있는데, 첫째. 여러 다른 미시체계가 제각기 다른 가치관을 표방할 때에는 잠재적 위험이 따른다. 예를 들면, 또래집단은 음주, 흡연, 약물남용, 조기 성행위를 영웅시하고 격려하며 보상하지만, 부모나 교회는 이러한 행동을 부정적으로 보고 처벌한다. 둘째, 극도로 빈약한 중간체계 내에는 미시체계 간에 의미 있는 연결이 거의 또는 전혀 없다. 즉 개인생활이 각기 분리되어 있다. 자녀는 친구를 알지 못하는 부모, 같은 학교에 다니지 않는 친한 친구, 부모나 친구가 알지 못하는 교회에 다니는 아동 등이 그 예이다.

중간체계의 상호작용은 아동이 아들 · 딸, 친구, 학생, 밴드부원 등으로 동시에 다중적 역할에 참여하는 것이다. 사람들이 서로 다른 환경에서 서로 다른 역할 수행, 즉 시간에 따라 그리고 어떤 환경에서 다른 환경으로 옮겨 감에 따라 역할이 바뀐다.

중간체계 개념에는 서로 다른 역할을 거의 동시에 수행한다는 의미가 내포되어 있다. 사람들이 다양한 미시체계에 참여할 때에는 다양한 역할을 수행하여야 한다. 사회적 역할은 사회에서의 다양한 대인관계라든가 그가 갖는 지위와 연관된 행동과 기대라고 정의된다. 예를들면, 가정에서의 딸 또는 아들, 또래집단의 친구, 학교 친구, 운동선수, 직장의 동료, 친밀한 관계에서 서로 사랑하는 연인들의 역할이다. 이러한 사회적 역할은 다른 사람이 아버지 또는 어머니, 교사, 코치, 직장상사, 연인 등의 대응적 역할을 수행한다는 것을 암시한다.

3) 외체계

외체계는 발달하는 개인이 적극적 참여자로 관여하지는 않으나 발달하는 개인이 속한 환경에서 일어나는 일에 영향을 주거나 영향을 받는 사건이 발생되는 하나 또는 그 이상의 환경을 의미한다(Bronfenbrenner, 1995). 아동의 경우 외체계는 정부기관, 사회복지기관, 교육위원회, 대중매체, 직업 세계 등이 포함된다. 이러한 외체계의 환경들은 아동의 행동에 영향을 준다. 예를 들면, 부모의 직장 상사는 부모가 어디에서 일할지, 언제 일을 할지, 얼마만큼 수입이 있을지, 언제 휴가를 갈 수 있을지, 자유로운 근무시간을 허용할지 등을 결정한다. 또한 고용주는 아버지나 어머니를 서울에서 부산으로 전근시킬 수도 있고, 아주 해고시킬 수도 있다. 이러한 결정들은 자녀의 미시체계와 중간체계에 심각한 영향을 줄 수 있다.

아동학대와 아동유기에 관한 연구들은 외체계 변인이 아동에게 영향력을 미치는 중요한 요인으로 보고 있다. 빈약한 주거, 실직, 장기간의 빈곤은 모두 외체계의 요인들로서 부모의 통제권이 미치지 못한다. 그럼에도 불구하고 외체계 요인들은 아동학대와 아동유기의 확률을 높이는 요인들이다. 활발한 친족 지원망, 교회 출석 등과 같은 예방 요인들이 외체계에 존재한다면 아동학대와 아동유기의 가능성을 줄여 줄 수 있다.

4) 거시체계

거시체계는 민족집단체계와 같이 특정 문화의 유형이나 보다 광범위한 사회적 맥락을 의미한다. 즉 거시체계는 미시체계, 중간체계, 외체계에 포함된 모든 요소에다 개인이 살고 있는 문화적 환경까지 포함한다. 학생들이 생활하고 성장하는 문화의 전반적인 구조적 유형을 의미하며, 학교에 영향을 미치는 경제, 교육, 법적, 사회적 체계들의 지배적인 유형이 여기에 해당된다(이상균,

1998).

거시체계는 신념, 태도, 전통을 통해 인간에게 영향을 주며 다른 체계보다 더 안정적이지만 사회적 변화에 따라 변한다. 거치체계는 사회관습과 유행을 통해 자신의 가치관을 표현하고, 미의 기준을 제시하기도 하고, 성별에 따라 적절하거나 부적절한 행동을 정의하기도 한다. 거시체계는 아동의 삶에 직접적으로 개입하지 않지만, 전체적으로 보면 아치형처럼 사회계획을 포괄함으로써 간접적인 강력한 영향력을 행사한다.

5) 시간체계

시간체계는 전 생애에 걸쳐 일어나는 변화와 사회역사적 환경을 포함하여 아동이 성장함에 따라 겪게 되는 부모의 죽음 등의 외적인 사건이나 심리적 변화 등의 내적인 사건이 구성요소가 된다. 시간체계에 관한 연구들은 인간의 생애에서 단일 사건이 발달에 미치는 영향뿐 아니라 시간의 경과와 더불어 연속적으로 일어나는 사건들이 누적되어 미치는 영향에 관해서도 연구한다.

5. 사회복지실천에서의 생태체계 이론의 적용

많은 사회복지사들이 실천에 활용하고 있는 생태체계적 관점은 사회복지실천을 전망하고, 중재의 표적을 설정하기에 가장 적절하다(전재일 외, 2002). 사회복지실천에 있어서 생태체계적 관점의 적용을 보면 다음과 같다.

첫째, 인간행동에 대한 다양한 이론, 특히 생태학과 일반체계 이론으로부터 도출된 개념의 강점을 통합하였으며, 사물들이 어떻게 상호적응 상태를 이루고 그들이 어떻게 상호적용해 가는가에 초점을 둔다. 즉, 사회복지실천에서 사정을 위한 모델로서 통합된 관점으로 환경이 인간에 영향을 미치는 방식과 인간이 환경에 영향을 미치는 방식들을 보는 준거틀을 제공하여 개인을 바라보는 다양한 관점을 제시해 주는데 용이한 이론이다.

둘째, 사회복지실천에 있어서 사정(assessment)의 도구로서 직접적인 유용성이 있다. 핀커스와 미나한의 4체계모델을 비롯하여 생태도와 가계도, 사회적 관계망 지도는 대표적인 사정도구로서 사용될 수 있다.

1) 생태도

환경 속의 인간의 관점을 유지하는 생태체계 이론은 클라이언트 자신과 그들의 환경을 사정할 수 있는 중요한 관점을 제공한다. 클라이언트와 환경 간의 상호교류를 시각적으로 알 수 있는 사정도구에는 생태도(eco-map)가 있다. 생태도는 개인에게 영향을 주는 환경요인을 나타냄으로써 사회적 환경의 맥락에서 클라이언트를 파악할 수 있다. 특히, 생태도는 개인체계보다는 가족체계를 사정할 때 많이 활용된다. 즉, 가족구성원 사이에, 혹은 가족과 외부체계 사이의 에너지 흐름과 자원의 교환, 그리고 스트레스나 갈등의 정도를 파악하는 도구가 된다. 생태도를 활용함으로써 사회복지사는 그 가족 내에 존재하는 결속, 긴장, 지지뿐 아니라 가족과 외부체계 사이에 존재하는 자원의 부족과 결핍, 자원의 흐름, 자원의 유용성을 이해할 수 있다. 따라서 생태도는 사회체계적 시각에서 가족의 상태를 전체적으로 조망하도록 도울 뿐 아니라, 체계들 간의 관계를 원활하게 하기 위해서 어느 체계를 어떻게 변화시켜야 할지를 결정하도록 도와 준다.

2) 가계도

가계도(genogram)란 사회체계의 한 부분으로서 가족체계를 사정하는 방법이다. 이는 2~3세대 이상에 걸친 가족구성원에 관한 정보와 그들 간의 관계를 도표로 나타낸 것이다. 가계도에서는 가족에 관한 정보를 도식화함으로써 복잡한 가족유형의 형태를 한눈에 볼 수 있다. 따라서 현재의 클라이언트의 문제가 가족 맥락과 어떻게 관련되는지, 그리고 그 문제가 가족 안에서 과거로부터 현재까지 어떻게 발전되어 왔는지를 파악할 수 있다. 가계도의 사용 목적은 복잡한 가족 내 유형들이 어떻게 세대를 거쳐 전달되는지 설명하는 데 용이하다.

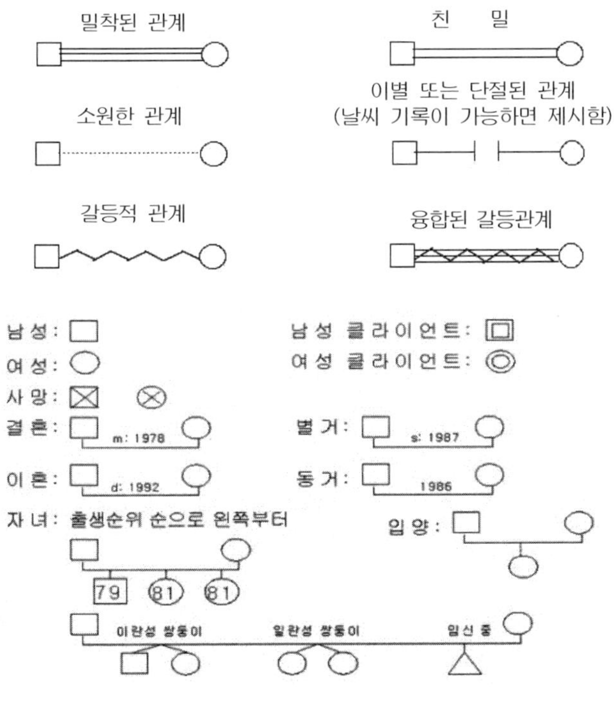

[그림 12] 가계도와 생태도에서 사용되는 기호

제 6 장

다문화 이론

1. 다문화의 정의
2. 다문화 관련 주요개념
3. 다문화 이론
4. 다문화주의의 유형
5. 사회복지실천에의 적용

현대사회는 산업화 · 도시화 · 정보화의 진행으로 다양한 사회변화가 일어나고 있다. 특히 세계화, 지구촌화, 국제화의 의미가 내포된 개방화 및 다원화 사회로의 변화는 국가 간의 활발한 인구 이동을 발생시켰고, 단일민족을 자랑하던 한국사회에도 다민족 · 다문화사회로의 이행을 촉진시켰다. 21세기 세계는 다양한 국적, 여러 가지 피부색, 다른 종교를 가진 사람들이 어울려 사는 것이 보편적인 현상이 되었다. 지리적 경계를 벗어나 세계라는 열린 공간에서 서로 다른 가치와 문화를 가진 사람들이 모여서 살면서, 자연스럽게 다문화사회가 형성되었다. 요약하면, 다문화사회란 서로 다른 출생지, 다른 가치 그리고 다른 욕구들을 가진 사람들이 함께 하는 사회를 말하는 것으로 다문화사회는 시대적 추세로 볼 수 있다.

그 동안 단일민족으로 형성된 단일문화라는 입장에서 우리나라는 다문화에 대해 크게 고민하지 않았으나 최근에 우리나라에서 이주노동자, 결혼이주여성 등의 증가로 인해 다문화에 대한 관심이 지속적으로 증가하고 있다. 문화적 이질성은 대인관계의 긴장이나 갈등을 일으킬 수 있으며 특히 소수계층에게 차별, 억압을 불러일으킬 수도 있기에 사회복지실천에서 다문화에 대한 관심은 지속적으로 논의될 필요성이 있다. 이 장에서는 다문화에 대한 정의, 다문화와 관련된 주요개념, 이론, 사회복지실천과의 연관성에 대해 살펴보고자 한다.

1. 다문화의 정의

"문화는 한 특정 집단 안에서 형성된 상징들에 의해 학습되고 전해지는 인간 행위의 총체적 형식이다"(Conde-Frazier, Kang and Parrett, 2004)라는 문화의 정의를 받아들인다면 '다문화사회'란 두 개 이상의 문화적 집단이 한 사회 안에 공존하고 있는 상태라고 볼 수 있다. 이러한 다문화사회는 각 문화집단이 가지고 있는 문화적 특수성과 유사성을 동시에 경험하고 있는 사회라고 할 수 있을 것이다(오현선, 2007).

다양한 문화와 인종적 배경을 지닌 사람들이 한 사회나 국가에 공존하면서 발생하는 여러 가지 현상이나 문제를 해결하기 위해서 출현한 다문화주의라는 용어는 유동적이고 광범위해서 쉽게 정의하기 어렵다(구견서, 2003).

다문화는 "multi-cultural, inter-cultural, cross-cultural"로 혼합하여 번역될 수 있을 정도로 아직은 그 개념의 이해와 논의가 명확하지 않다. 일반적으로 다문화란 성별, 종교, 직업, 계층, 인종 등에서 비롯되는 각 사회집단들의 고유한 문화적 특성이 다양하게 존재하고 있음을 강조하고, 주류 또는 비주류 집단들의 문화를 동등하게 여기고 존중해야 하는 데서 시작된다.

그러므로 다문화주의란 한 국가 또는 사회 안에서 몇 가지의 문화가 공존하는 것을 의미하며, 일반적으로 인간 사회의 인종적 · 문화적 다양성과 특수성을 설명할 때에 사용된다. 따라서 다문화주의라는 용어는 사용하는 사람, 분야, 국가에 따라 다양한 의미로 표현할 수 있는데 캐나다에서 다문화주의 정책의 시행으로 많이 사용되기 시작하였고, 1980년대 이후에는 북아메리카와 오스트레일리아, 유럽에서 본격적으로 사용되었다(평택대학교 다문화가족센터, 2007).

김희정(2007)은 네 가지 측면에서 다문화주의를 정의하였다. 첫째는 가장 일반적인 의미의 다문화로 인종적 · 민족적 다양성을 지칭한다. 그러나 만약 이러한 인종적 다양성만을 고려한다면 현재와 같은 국제화 · 지구화가 진행되는 상황에서 지구상에 있는 모든 국가가 다문화 국가라 할 수 있을 것이다. 둘째는 학문적 담론 의제로서의 다문화주의이다. 지구화로 인한 활발한 노동력의 이동이 이루어지는 오늘날과 같은 상황에서 기존의 단일민족에 기반했던 국민국가의 개념은 더 이상 현실을 제대로 반영하지 못한다. 민족과 국가가 일치하는 국민국가의 개념을 고수한다면, 소수인종들은 자신의 고유문화를 포기하고 다수의 문화에 동화되도록 강요받는 것과 마찬가지이다. 학문적 담론 의제로서의 다문화주의는 이러한 동화론에 반해 등장하게 되었다. 다문화론자들은(Taylor, 1994; Kymlicka, 1995) 이민자들이나 소수민족들은 자신의 고유문화를 향유할 수 있는 '문화 권리'가 있다고 주장한다. 여기서 문화 권리는 자유민주주의 국가의 시민에게 보장되어 있는 다양한 권리의 연장으로 이해된다. 셋째로 다문화주의는 사회운동의 측면에서도 살펴볼 수 있다. 예컨대 시민들의 권리 의식이 향상되면서, 이민자나 소수인종 그룹들이 국가를 대상으로 자신의 문화적 고유성을 인정해 주기를 요구하기 시작한 것이다. 이러한 측면에서 다문화주의는 탈근대주의(postmodernism)와도 맥락을 같이 한다(Young, 1989; Taylor, 1994; 김희정, 2007 재인용). 마지막으로 다문화주의는 국가의 소수자 정책(이민자, 소수인종, 난민정책)을 총괄적으로 지칭한다. 서구의 다문화주의 정책은 이민자가 쉽게 통합할 수 있도록 공공기관에서 본국어로 서비스를 제공한다거나 인종차별주의 예방을 위한 교육 실시, 공무원을 대상으로 다문화 이해 교육 실시, 다문화 축제 주최 등을 포함한다(Kymlicka, 1995).

다문화는 소수자로부터 시작했고, 소수자는 근대 민족국가가 등장하면서 공용어를 문제삼아 사회문제로 등장했다(박병섭, 2008). 다문화의 대표적 사회문제로 인종차별을 들 수 있다. 1960년대 시민운동이 인종차별에서 출발했고, 1970년대 성차별이 쟁점화하면서 여성운동이 일어났다. 인종차별이나 성차별을 다문화주의 관점에서 보면 이와 같은 사회적 움직임이 다문화주의의 시발점이라고 할 수 있다. 이 과정에서 여러 가지 사건이 등장한다. 예컨대 국가주의를 강화할 때는 문화와 정체성이 숨어 있었으나 1960년대 이후 지역주의, 인종문제, 민족부흥 따위로 다양성이 대두했고, 1980~1990년대는 이민, 신민족주의, 새로운 소수자가 등장했다. 이런 맥락에서 문화공동체의 존재 이유를 강조할 수 있고 정치 사회적인 면을 간과할 수 없다.

유럽과 북미에서 서로 다른 형태의 다문화사회를 취하고 있으나 우리나라는 전통문화에 이질 문화가 들어온 유럽형에 속한다. 유럽이나 북미 할 것 없이 이미 오래전부터 부족한 노동력을 해결하기 위해 이민자를 끌어들였고, 이들에게 여러 면에서 차별과 통제가 있었다. 현재 우리나라에서도 이와 같은 현상이 도처에서 벌어지고 있다. 예컨대 여성 결혼이민자 정책은 동화주의를 기반으로 하고, 외국인 근로자 정책은 선택적 배제와 비공식적 다원주의를 허락하고, 시민사회와 학계가 논의하는 다문화는 진정한 다문화가 아닌 기존 한국문화와 '다른 문화'라는 의미가 지배적이다.

다문화사회의 방향을 위해 먼저 문화의 속성을 이해해야 한다. 문화는 자신이 자각하지 못하는 무수하고, 세세한 습관의 형식에서 이루어지는 것이라 이 숨은 부분을 파악하는 것이야말로 서로 다른 이질문화를 이해하는 열쇠이다. 다문화는 정치적 성향을 띠고, 문화 자체가 지니는 속성을 고려할 때 사회복지학에서 다문화 제도와 실천 측면을 철저히 이해해야 할 필요가 있다(최옥채 외, 2002).

2. 다문화 관련 주요개념

다문화에 관한 이해를 돕기 위해 먼저 다문화 관련 주요개념을 정확히 이해하는 것이 중요하다. 다문화뿐 아니라 다문화 주변을 이해할 수 있는 다문화 관련 개념도 함께 넣어 살펴보도록 하였다.

1) 문화적응

문화적응이란 기존의 문화 속에서 살다가 다른 문화 속에 들어가 살게 되면서 나타나는 현상으로 '이주자들의 문화적인 패턴에서의 변화로 인해 소수인 개인의 행동과 신념체계가 새로운 문화인 다수집단의 그것과 비슷해지는 것이며, 문화의 형태, 언어, 관습 및 생활방식에 대한 적응'이라고 할 수 있다. 서얼과 워드(Searle & Ward, 1990)는 문화적응을 심리적 적응과 사회적 적응으로 구분하여 설명하고 있다. 심리적 적응은 내적 심리적인 결과로서 개인적·문화적 정체성, 좋은 정신건강, 새로운 문화환경에서 개인적인 만족감 등의 성취를 말한다. 사회 문화적 적응은 개인이 새로운 환경과 연관된 외적 심리적인 결과로서 가족생활과 직장, 학교에서 매일의 문제를 처리할 수 있는 능력을 말한다. 따라서 이주자의 적응은 새로운 문화에서 원만한 상호작용을 통해 심리적·물리적으로 안정되게 지내는 것으로 크게 심리적인 적응과 사회 문화적인 적응으로 양분된다(구차순, 2007).

2) 문화권

다문화론자들은 이민자들이나 소수민족들이 자신의 고유문화를 향유할 수 있는 문화권리를 지닌다고 주장한다. 여기서 문화권은 참정권이나 자유권과 같이 자유민주주의 국가 시민에게 보장되는 다양한 권리의 연장으로 이해한다. 요컨대 다문화주의자들은 문화권을 근거로 문화의 차이를 인정하고 상대의 전통문화를 계승하는 데 정부가 나서야 함을 강조한다. 이는 다문화주의가 지닌 한계성을 드러내는 것이기도 한데, 모든 개인은 반드시 한 가지 문화에 소속해야 한다고 강조함으로써 오히려 개인을 고립시키기도 한다. 이렇게 문화를 빌미로 개인의 정체성을 매몰시키는 것은 개인의 문화권을 박탈하는 것이다. 어쨌든 문화권리를 보장함으로써 소수세력의 삶을 온전히 보호할 수 있다. 이는 1980년대 사회복지서비스 대상자에게 복지권이 대두했던 것과 같은 이치로 간주할 수 있고, 문화적 차이가 엄중히 인정되어야 함에 중점을 둔다(최옥채 외, 2002).

3) 문화적 역량

문화적 역량이란 주류 문화와 차별성을 갖는 다른 소수 집단의 문화를 가진 인구집단의 독특한 욕구를 이해하고 이에 반응하는 능력을 의미한다. 한국사회에서는 매우 짧은 기간 동안 다문화가 확산되고 있으며, 그 주요한 원인은 범세계적인 노동력 이동, 급증하는 국제결혼, 1990년대 후반 이후 증가하고 있는 북한이탈주민(새터민) 유입 등이다. 다문화 인구가 점차적으로 증가함에 따라서 실천 현장에서는 전문 인력의 부족, 관련 교육의 부재, 예산 부족, 전문적 슈퍼비전의 부재, 의사소통의 문제 등의 실천상의 어려움을 겪고 있다. 또한 클라이언트와 사회복지사 간의 문화적 차이로 인한 오해와 편견, 갈등 발생가능성이 커지면서 효과적 서비스를 제공하는 데 장벽이 발생하고 있다. 따라서 사회복지에서도 다양한 문화적 배경의 클라이언트와의 효과적인 사회복지실천을 위해 '문화적 역량(cultural competence)'을 갖춘 전문 인력 양성이 요구되고 있다. 요약하면, 문화적 역량이란 문화적 다양성에 대해 민감하고, 전문지식과 기술을 갖춤으로써 다문화사회복지를 효과적으로 제공할 수 있는 능력을 말한다.

4) 다문화교육

다문화교육은 교육과정 및 교육제도를 개혁하여 다양한 계층 · 인종 · 민족 집단의 학생들에게 균등한 교육기회를 제공하자는 개혁운동이고, 문화적 다양성에 진보적 입장을 내세우며, 소수자 자녀의 학업을 돕고, 다수자 자녀를 민주시민으로 키우는 것이다. 이런 맥락에서 다문화교육은 제도화된 공공정책의 대상이 될 수 있다. 다문화교육의 중요성은 "개인은 학교를 떠나 사회적 관계를 맺으며 자유로운 의식을 지니고, 나아가 자유로우면서도 책임감 있는 인간이 된다"는 차원에서 강조할 수 있다(최옥채 외, 2002).

5) 문화적 유능성

문화적 유능성은 다음의 몇 가지 속성으로 정리될 수 있다. 첫째, 문화적으로 유능한 조력 전문가는 인간행동, 가치, 편견, 선입견, 개인적 한계 등에 대한 자신의 가정을 인식하고자 적극적으로 노력한다. 둘째, 문화적으로 유능한 조력 전문가는 문화적으로 다른 클라이언트의 세계관을 이해하기 위해 적극적으로 노력한다. 셋째 문화적으로 유능한 조력 전문가는 문화적으로 다른 내담자와 작업할 때 내담자에게 적절하고 밀접하며 민감한 개입 전략과 기술을 적극적으로 개발하고 사용한다.

6) 문화변용

이미 자치권이 있는 두 사회가 밀접한 관계 속에서 지속적으로 접촉하여 두 문화가 서로에게 많은 부분이 전파된 것을 인류학자들은 문화변용(acculturation)이나 문화접촉으로 부른다. 즉 문화변용은 상이한 문화를 지닌 개인이나 집단이 접촉했을 때 이들 당사자 간 관계의 성격에 따라 달라진다. 이러한 문화변용은 상이한 문화 속의 개인, 가족, 집단, 조직, 지역사회가 만나 상호 영향을 주고받으면서 일어날 뿐만 아니라 그 사회가 추구하는 제도, 관습, 가치 따위와 같은 사회적 상황으로부터도 영향을 받는다.

3. 다문화 이론

앞에서는 다문화 관련 주요개념을 통해 다문화를 전체 맥락에서 살펴보았다. 이제부터는 다문화 당사자들이 처한 상황을 규명하고, 새로운 방안을 모색하는 데 도움을 주는 다문화 관련 이론을 정리한다.

1) 인종 · 민족 계층체계

Gerhard Lenski(1984; 윤인진, 2004 재인용)는 한 사회의 계층체계를 정치권력에 기초한 정치계층체계, 자산에 기초한 자산계층체계, 직업에 기초한 직업계층체계, 민족성에 기초한 민족계층체계와 같은 몇 개의 하위 계층체계들로 나누어서 분석하였다. 이러한 하위 계층체계들이 모여서 한 사회의 분배체계(distributive system)를 이루는데 이것은 사회학에서 통상적으로 말하는 사회경제적 구조와 유사한 개념이다. 또 다른 학자인 Lieberson(1961; 윤인진, 2004 재인용)은 서로 분리되었던 두 인종 · 민족 집단이 어떠한 방식으로 접촉을 하느냐에 따라서 이후의 두 집단 간의 관계가 결정된다고 보았다. 접촉상황은 두 가지 방식이 있는데, 첫째는 정복을 통해 이주집단이 토착집단을 종속시키는 것이고, 둘째는 이주를 통해 이주집단이 토착집단에 편입되고 종속되는 것이다. 접촉이 일어난 후 두 집단 간의 인종 · 민족계층체계를 결정하는 것은 두 집단 간의 권력의 차이이다. 이주집단이 그들의 정치, 경제체계를 토착집단에 강요하고 이 과정에서 전쟁 또는 갈등이 발생한다. 반대로 토착집단이 이주집단에 비해 지배적인 위치에 있으면, 전자는 후자를 선별하여 받아들이고 전자의 사회문화에 동화되도록 압력을 가한다. 이주가 자발적으로 이루어졌을 경우에는 두 집단 간의 갈등이 미미하고 토착집단의 사회문화에 동화되는 속도는 더욱 빨라진다.

2) 동화 이론

타인종 · 타민족에 관한 이론으로 서구에서 개발된 대표적인 이론은 동화

이론과 다원주의 이론으로 구분할 수 있다. 동화 이론(Assimilation Theory)은 미국 사회에서 가장 잘 알려진 이론이다. 전통적 동화 이론이란 하위문화 혹은 소수문화에 속한 개인 및 집단이 지금까지 살아오던 생활방식, 관습, 가치, 언어 등을 포기하고 새로운 사회의 지배문화를 채택, 습득하는 것을 말한다. 전통적 동화 이론이 전제하는 것은 지배문화의 우월성이다(김범수 외, 2007).

Park(1950)는 미국의 인종 및 민족관계를 순환적인 입장에서 설명했다. 이민자들은 접촉(Contact), 경쟁(Competition), 수용(Accommodation), 동화(Assimilation)의 여러 단계를 거쳐서 백인 토착민과 구분되지 않고, 최종적으로 미국사회에 완전하게 동화된다고 하였다.

Gordon(1964)은 동화를 일곱 단계로 나눔으로써 Park(1950)의 이론을 보다 정교하게 하였다. Gordon의 동화 7 단계는 (1) 문화적 동화, (2) 구조적 동화, (3) 혼인적 동화, (4) 정체적 동화, (5) 태도 수용적 동화, (6) 행동 수용적 동화, (7) 시민적 동화이다. 소수집단성원은 처음에는 문화적 동화를 거치고 다음에는 다수집단성원과 일차적 관계를 맺는 구조적 동화를 거치게 된다고 보았다. Gordon의 일곱 단계에서 가장 핵심이 되는 것은 구조적 동화로서 이 단계를 통과하게 되면 이후의 동화단계(혼인적, 정체적, 태도 수용적, 행동 수용적, 시민적 동화)는 큰 어려움 없이 진행된다고 보았다.

한편 근대화론에 입각한 동화 이론은 근대화 지상주의에 의해 귀결된 것이 평등사회가 아니고 근대화의 명목으로 인한 문화적 동화 압력이라고 보는 견해이다. 근대화로 인한 문화적 동화 압력이 소수민족 및 이민, 난민, 외국인 노동자 집단 등에게 가해졌고, 더욱이 언어 및 생활습관의 차이에 따른 억압을 정당화함으로써 사회적 · 경제적 · 정치적 불평등을 지속시키는 힘으로 작용하였다. 동화 이론은 각 문화를 존중하고 고유한 가치를 인정하여 문화 간의 우열관계를 부정하는 것이 아니라 강한 문화가 약한 문화를 흡수하는 이론이다(구견서, 2003).

다문화사회에서는 주류문화가 존재하고 다양한 소수의 문화가 존재하기 마련이다. 이때 사회통합을 위해 다양한 소수의 문화를 주류문화 속에 통합시키려는 경향이 동화주의이다. 동화주의는 소수자를 새로운 자국민으로 만들어 사회통합을 이루려 한다. 동화주의의 목적은 한 국가의 구성집단 중 다수를 이루는 민족 혹은 지배적 위치에 있는 민족의 생활양식을 문화적 기준점으로 삼고, 그 외 소수민족이나 이질적인 집단은 고유의 생활양식에서 벗어나 지배적 집단의 문화를 수용하고 동화되는 것이다. 따라서 동화주의적 시각에서 소수집단의 문화는 무시되거나 배척되어야 할 대상으로 파악되며, 국가는 다문화보다는 하나의 통일된 문화를 가지고 운영되는 것을 이상적이라고 본다. 동화주의는 각 문화를 존중하고 고유한 가치를 인정하는 것이 아니라, 지배문화의 우월성을 강조하고 있고, 강한 문화가 약한 문화를 흡수하는 것을 목표로 한다.

동화 이론은 제2차 세계대전 이후 학계에서 비판을 받기 시작했다. 동화 이론에 대한 제일 큰 비판은 백인계 이민자들이 몇 세대를 거치면서 미국 주류사회로 편입되고 동화되는 것과는 달리 흑인, 아시안, 히스패닉, 인디안과 같은 유색인종들은 아무리 많은 세대가 지나더라도 정치적, 경제적으로 예속되거나 차별적인 상황에서 벗어나지 못한다는 점이다. 동화 이론의 결점을 보완하기 위한 이론으로 다원주의 이론이 등장한다.

3) 다원론과 다문화주의

동화 이론이 소수집단으로 하여금 다수집단의 제도와 문화로의 일방적인 동화를 강조한다면 다원론은 집단들 간의 차이를 유지하거나 또는 강화하려고 한다. 다원론은 동화가 불가피하다는 것을 인정하지 않으며, 동화의 바람직하지 못한 면들에 대해 동의하지 않는다. 그리고 인종, 민족 및 문화적 다양성은 여러 가지 이유로 지속될 것이라고 주장한다(구차순, 2007).

Abramson(1980; 윤인진, 2004 재인용)은 다원론(Pluralism)을 "민족적 차이와 이질

성이 지속적으로 발생하는 조건"이라고 정의하였다. 다시 말해 다원론은 집단간 다양성과 집단경계의 유지를 권장하는 사회적 과정과 조건들의 세트라고 정의할 수 있다.

다원론은 동화론과 마찬가지로 다양한 차원이 있는데, 그 중 대표적인 것이 문화적 차원과 구조적 차원이 있다. 문화적 다원론은 동일한 경제적, 정치적 체계 내에서 많은 다양한 문화적 체계를 유지하는 것을 의미하고, 구조적 다원론은 문화적 차이뿐만 아니라 일정 수준의 분리된 민족 공동체의 존재를 의미한다. 서로 다른 민족집단은 자신들의 민족공동체 내에서 독립적인 학교, 사업체, 교회 등과 같은 시설들을 갖고 있고 이들 일상생활의 상당 부분을 이곳에서 보낸다. 또한 다원론은 문화적, 구조적 차원 외에도 권력의 형평성 차원에서 평등적 다원론(Equalitarian Pluralism)과 불평등적 다원론(Unequalitarian Pluralism)으로 구분할 수 있다. 평등적 다원론에서는 집단들이 문화적, 구조적 자치권을 유지하는 것뿐만 아니라 정치, 경제적 권력에서도 평등한 위치에 있는 것을 가정하는 반면 불평등적 다원론에서는 집단들이 문화적으로 구분되고 구조적으로 격리되며 정치, 경제적 권력에서의 불평등성도 가정한다.

한편 다문화주의(Multiculturalism)도 위에서 언급한 다원주의적 접근방식을 가지고 있다. 다문화주의란 여러 다양한 사회 구성원과 소수집단의 특수성, 정체성과 다양성을 인정하고, 다원주의적 접근방식과 정책을 가지고 다양성을 인정하는 민주적인 사회를 만들어 가는 것이다(김범수 외, 2007). 다문화주의는 포스트모더니즘에 대한 관심의 고조와 같이 하여 부상된 개념으로 민주주의의 확산과 다양한 인종의 정체성이 복잡하게 얽혀 있는 국가에서 국민통합 이념(ideology)으로써 그 필요성이 지적되면서 등장하였다(강휘원, 2006).

다문화주의는 1960년대 말 서구의 시민권운동을 기폭제로 1970년대 미국, 캐나다, 스웨덴 등의 전형적인 다인종 국가들에서 활발한 논쟁이 개시됨으로써 공론장에 본격적으로 등장했다(이상길 · 안지현, 2007; 오경석, 2007 재인용). 다문화주의는 흔히들 다양한 문화적 주체들 혹은 소수자들(subaltern)의 특별한 삶의 자유와 권리 보장을 위한 '정체성 정치' 혹은 '인정의 정치'를 뜻하는 것으로 알려져 있다. 그러나 철학적 기반, 개념 정의, 정치적 지향, 방법론 등에 있어서 합의된 규정을 발견하기란 결코 쉽지 않다.

철학적으로 다문화주의는 공동체주의와 자유주의라는 지난한 철학적 논쟁의 중심에 위치한다. '좋은 것과 옳은 것', '특수성과 보편성', '공동체와 '개인', '미학과 합리성'의 공약 가능성(혹은 공약 불가능성)을 둘러싼 철학적 논쟁의 한복판에 다문화주의가 놓여 있는 셈이다(Mulhall & Swift, 1996; 김혜성 · 조영달 역, 2001).

다문화주의의 적용범위와 적용방식에 대해 어떤 태도를 취하느냐에 따라서도, 다문화주의는 '온건한 다문화주의', '정책적 다문화주의', '강경한 다문화주의' 등으로 구분될 수 있다. 강경한 다문화주의가 사회 공동체에 대한 기존 개념(사회적 멘탈리티) 자체의 재구성을 목표로 하는데 반해, 전자의 두 가지는 정책이나 제도의 보완 정도로 다문화주의의 적용 범위와 방식을 제한한다(Martiniel, 2002; 윤진 역, 2002).

다문화주의의 관점은 샐러드 보울(salad bowl)로 표현되는데 다양한 이주문화가 서로의 고유성을 유지하면서 공존할 수 있도록 미국이 그릇의 역할을 하는 정책이다(박준언, 2004; 정하성 외 재인용). 다문화주의란 좁게는 이주문제의 적절한 해법을 모색하기 위한 시도이지만 근대 체제의 탈전통적인 전환의 문제의식과 맞닿아 있다는 점에서 명료하게 규정하거나 합의할 수 있는 개념이 아니다. 다문화주의는 근대국가 체제 '이후'의 탈전통적인 사회 공동체의 구성을 전망하는 철학, 이론, 사회운동론을 아우르는 것이다.

다문화주의는 한 국가 안에서 소수자들의 문화를 존중하고 정치적, 사회적, 경제적, 문화적 불평등을 없애려는 정책목표를 설정하고, 다문화 사회에서 인종, 문화 간 불평등을 없앰으로써 사회통합을 이루려고 한다. 다문화 체제에서는 이민자에게 굳이 출신문화를 탈피해 새로운 문화에 동화되도록 요구하지 않으며 출신문화를 유지하도록 지원하기도 한다. 결국 다문화주의는 하나의 문화로 통합하자는 정책을 포기하고 소수민족의 문화도 존중해 주며, 각각의 민족적, 문화적 뿌리를 서로 존중하면서 공존, 공생하는 사회를 이상형으로 한다.

4) 다문화인식론

다문화인식론은 다문화운동이 강력한 사상적 운동으로서 개념적 기반 및 지적 정당성을 제공하는 이론들의 집합을 일컫는다. 즉 다문화인식론은 ① 현실은 만들어지는 것, ② 해석은 주관적인 것, ③ 가치는 상대적인 것, ④ 앎이라는 것은 정치적인 것이라는 네 가지 주요 명제를 강조한다. 물론 이들 명제는 단일문화인식론과 대립한다. 어쨌든 다문화인식론 입장은 패러다임의 변화를 지지하며, 불안전성, 혼합, 상대성과 자신들의 전개방식을 기반으로 한다. 반면에 단일문화인식론은 그 자체의 본래 성격대로 이해되지 못하고 마치 그것이 현실인 것처럼 받아들여지고 있다(최옥채 외, 2002).

4. 다문화주의의 유형

다문화주의의 특성인 문화적 다양성을 어느 정도 수준까지 인정하는 지에 따라 다문화주의의 유형은 다양하게 분류할 수 있다. 소수집단이 가지고 있는 인종과 문화의 정체성과 다양성을 어떻게 어느 정도 받아들이느냐에 따라 온건 다문화주의, 강경 다문화주의로 구분할 수 있다.

1) 온건 다문화주의

한 사회 안에서 일반적으로 많이 볼 수 있는 외국문화와 관련된 것, 그리고 다른 문화의 영향을 받은 생활양식과 소비양식을 온건한(soft) 또는 가벼운(light) 다문화주의라고 한다. 주로 이주민의 음식, 전통의상, 음악, 철학, 생활패턴, 축제 등 문화적 교류를 의미한다.

온건 다문화주의는 한 사회 내의 생활양식 등의 '온건한' 부분에서 타 문화의 양식을 추구하고 반영하려는 것으로 이러한 온건 다문화주의는 개인적이거나 문화적인 부분에 영향을 미칠뿐 정치적이거나 제도적인 범주로 확대되지 않는다.

2) 강경 다문화주의

강경 다문화주의는 한 사회 내에 존재하는 다양한 문화 및 정체성에 대하여 사회적 · 제도적 · 정치적으로 인정하며 그러한 사회변화의 중심에 다양성을 가진 사람 및 집단 이주체가 되어야 한다는 것이다.

강경 다문화주의는 사회 제도적 · 정치적 개입이 적극적으로 일어나야 하며 결과적으로 다양성을 가진 주체의 불평등 및 차별 등이 시정되는 것을 목적으로 한다. 강경 다문화주의는 단순한 사회적 인정과 일상적인 생활방식의 변화를 넘어서 소수집단의 다양성과 특수성을 공적으로 인정받는 것을 의미하며, 그렇게 되기 위한 정치적인 행동이나 행동방식, 그리고 정부의 인종적 · 문화적 다양성을 위한 정책, 다문화사회에 대한 근본적인 철학적 논의 등을 의미한다.

이러한 강경 다문화주의는 온건 다문화주의에서 가져온 생활의 변화와 피상적인 의미의 다원주의를 넘어서서, 개인 또는 소수집단의 민족적 · 문화적 정체성과 다양성을 받아들일 것을 요구하며, 기존에 존재하던 다수집단 또는 주류가 이끌어 가는 사회에 변화를 촉구하고 그 결과 국민이라는 정체성의 확장을 이끌어 내며 사회적, 공적인 인정과 변화를 만들어내는 것을 말한다.

5. 사회복지실천에의 적용

다문화 사회복지실천은 소수자를 위한 전반적인 사회복지실천으로 소수자의 문화를 적극 수용하면서 이들에게 합당한 서비스를 제공하는 것이다. 즉 그들의 언어, 종교, 풍습과 같은 생활양식을 이해하고, 보장하는 것이다.

문화는 사회의 생활양식으로서 인간의 행동에 영향을 미치는 상위체계다. 우리 사회를 구성하는 사회적 · 문화적 요인이 다문화 친화적으로 변화되어 가는 모습은 이미 보편적인 현상이 되고 있다. 또한 글로벌 사회의 경험이 많아질수록 자국의 문화, 역사, 언어에 대한 지식의 한계를 자각하게 된다. 또한 점차적으로 세계화, 다문화사회로 진입함에 따라서 사회복지사는 클라이언트에 대한 문화적 역량을 향상시키기 위한 노력이 필요하다.

다문화 사회복지실천은 다문화사회를 위한 사회복지실천을 의미한다. 최근 이주자들에 대한 사회복지적 접근이 많이 증가하면서 이주자 적응과 관련해서 문화적응이라는 용어가 많이 사용되고 있다. 문화적응이란 개념은 이전부터 있었지만 최근에 파견근무, 여행, 다민족 국가의 형성, 국제결혼, 이민 등 다문화 간 상호교류가 증가하면서 더욱 큰 관심의 대상이 되고 있다. 문화적응이란 기존의 문화 속에서 살다가 다른 문화 속에 들어가 살게 되면서 나타나는 현상으로 '이주자들의 문화적인 패턴에서의 변화로 인해 소수인 개인의 행동과 신념체계가 새로운 문화인 다수집단의 그것과 비슷해지는 것이며, 문화의 형태, 언어, 관습 및 생활방식에 대한 적응'이라고 할 수 있다.

한편 다문화사업은 사회복지기관뿐 아니라 여러 유형의 영역에서 이루어지고 있음을 고려할 때 이들 기관이 연계망을 형성해 서로 협력해 나아가는 것이 유용할 것이다. 그리고 다문화 클라이언트를 만나는 사회복지사는 무엇보다도 클라이언트의 문화내적인 요인을 고려해야 한다. 예를 들어, 베트남 문화의 경우 부부관계에 대해 원가족의 개입이 매우 적고, 필리핀 문화의 경우에는 부부 관계에서 부부간의 애정표현을 중요하게 여기는 등이다.

다문화 클라이언트를 만나는 사회복지사는 우선적으로 자신의 가치관과 인간행동의 기본가정을 이해하고 클라이언트가 자신의 세계관과 어떻게 다른지에 대해 문화적 인식을 할 수 있어야 한다. 문화적 차이로 인해 사회복지실천현장에서 일어날 수 있는 왜곡된 해석을 방지하기 위해 클라이언트의 문화를 이해하려는 열린 태도가 필요하다. 다문화 가족들의 지역사회 적응을 위해서 한국의 문화 · 관습 · 가치관 등에 일방적으로 적응하도록 요구할 것이 아니라 서로가 서로의 양식을 이해하고 적응할 수 있는 양방향적 의사소통 구조의 형성이 선행되어야 하며, 상대방의 생활양식에 대한 존중과 이해를 증진하기 위해서는 먼저 부부 간 및 가족의 신뢰형성이 전제되어야 할 것이다.

다문화 사회복지실천을 위해 사회복지사는 문화적 역량을 갖추어야 한다. 전미사회복지협회에서는 문화적 역량을 "개인과 가족과 지역단체의 가치를 인정하고 지지하며 중요시하고 각각의 존엄성을 보호하고 간직하는 태도로 모든 문화나 언어, 계층, 인종 · 민족적 배경, 종교, 또는 다른 다양한 요소를 가진 사람에게 개인이나 체계가 정중하고 효과적으로 반응하는 방식"으로 정의한다(NASW, 2001). 이러한 문화적 역량을 갖춘 사회복지사가 되기 위해서는 다음의 네 가지 목표를 실천해야 한다. 첫째, 문화적 역량을 갖춘 사회복지사는 인간 행동, 가치, 편견, 선입관, 그리고 개인적인 한계에 대한 자신의 가정을 적극적으로 알아야 한다. 둘째, 문화적 역량을 갖춘 사회복지사는 자신과 문화적으로 다른 클라이언트의 세계관을 이해하려고 능동적인 자세를 취해야 한다. 다시 말해서 그들은 클라이언트가 가지고 있는 인간 행동에 대한 가정이나 편견, 가치가 무엇인지를 물어 볼 필요가 있다. 셋째, 문화적 역량을 갖춘 사회복지사는 자신과 다른 문화의 클라이언트와 일할 때 적절하고 잘 맞고 섬세한 개입전략과 기술을 적극적으로 발전시키고 실행한다. 넷째, 문화적으로 역량을 갖춘 사회복지사는 조직적이고 제도적인 힘이 문화적인 역량의 발전을 어떻게 증진시키거나 부정할 수 있는지를 이해한다. 이 네 가지 목표는 문화적 역량이 적극적이고 발전적이며 계속되는 과정이고, 달성되는 것이라기보다는 달성하기를 열망하는 것이라는 것을 이해해야만 한다.

제 2 부

인간발달과 사회복지실천

제1장

태아기와 영유아기

1. 태아기
2. 영아기
3. 영유아기의 발달과 사회복지실천

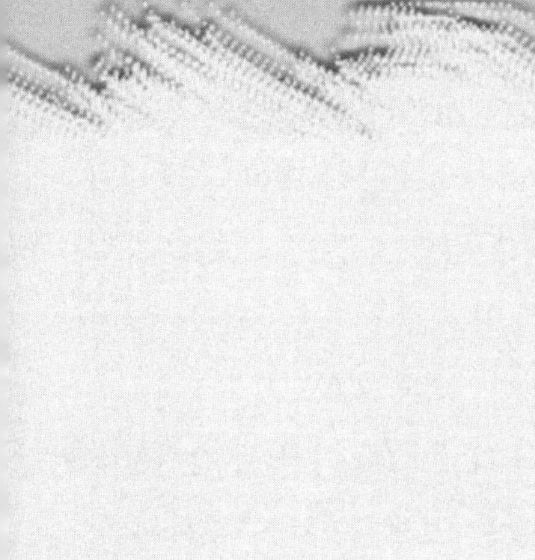

1. 태아기

1) 태아의 발달

한 인간의 탄생은 정자와 난자가 수정하는 순간에서부터 시작된다. 생물학적 · 의학적으로 정상적인 임신기간은 약 40주이다. 이 기간에 태아는 모체의 자궁에서 성장하고 발달하는데, 태내에서의 태아의 발달은 출생 이후의 다른 어떤 발달단계보다 빠르며, 또한 모체를 둘러싸고 있는 유전적 · 신체적 · 정신적 환경과 영양상태 등에 의해 영향을 받게 된다(박영숙, 2008).

태아는 수정(受精)에서 출산(出産)까지의 280일의 태내(胎內) 기간 중 2개월에서 출산 전까지의 시기를 말하며 태아의 태내발달은 크게 3기로 구분하는데, 수정에서 약 2주간을 배란기(胚卵期, the period of the ovum)라 하고, 다음 6주간을 배아기(胚兒期, the period of the embryo)라 하고, 2개월에서 출산까지를 태아기(胎兒期, the period of the fetus)라고 한다.

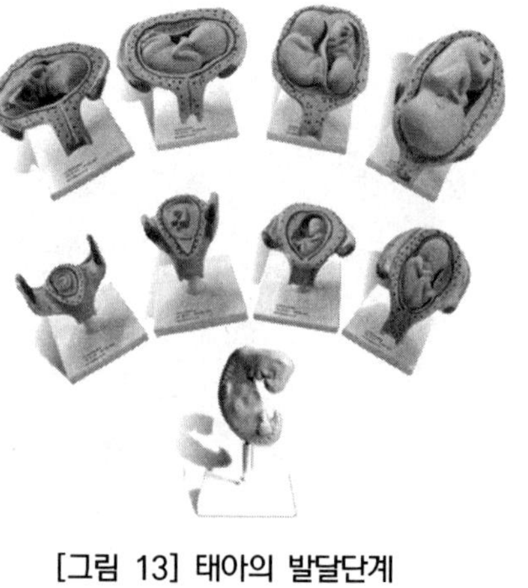

[그림 13] 태아의 발달단계

* 출처: http://www.google.co.kr

이 중 태아기는 태아가 여러 가지 기능을 각각 발휘하기 시작하는 시기로, 3개월이 되면 크기가 약 7.5cm 가량 되고 무게는 약 21g 가량 되며 사람의 형태를 거의 갖추게 된다. 성기관의 차이가 나타나며 소화기관의 활동도 시작된다. 골격 · 근육이 계속 발달하여 팔 · 다리 · 어깨를 자율적으로 움직이며 심장은 율동적으로 뛰게 된다. 태아기는 임신 9주 이후부터 출생까지의 기간을 말한다. 태아(fetus)의 신체기관 · 근육 · 신경계가 조직화되고 연결되기 시작하며 파악반사(grasp reflex)와 바빈스키반사(Babinski reflex)를 나타낸다.

2) 태아의 발달에 영향을 미치는 요인과 원인

태아의 발달에 영향을 미치는 요인은 모체를 둘러싸고 있는 내외적인 환경요인으로서 유전적 요인, 정서적 요인, 신체적 요인 등이 있다.

(1) 염색체 이상

배아세포가 감수분열할 때 정자나 난자로 들어가는 46개 염색체의 분포가 가끔 똑같지 않다. 다시 말하면, 만들어진 생식세포 중 하나가 너무 많은 염색체를 가지고 있고, 다른 생식세포는 너무 적은 염색체를 가지고 있을 수 있다. 이 대다수 염색체 이상은 치명적이라 한 개의 비정상적 생식세포와 한 개의 정상적 생식세포의 결합에 의해 생긴 접합체는 더는 발달하지 못하거나 자연유산된다.

(2) 유전적 이상

건강한 부모는 자식이 유전적 결함을 가질 수도 있다는 것을 알고는 놀라곤 한다. 대부분 유전적인 문제는 친척 중에 누구도 갖지 않는 열성특질에 의해 생기기 때문이다. 또한 유전적인 이상은 돌연변이(mutation)에 의해서도 생길 수 있다. 돌연변이는 새 표현형을 만드는 한 개 이상 유전자의 화학적 구조변화를 말한다. 많은 변이는 자연적으로 발생하고 해로우며, 심지어 치명적이기까지 하다.

(3) 정서적 요인

예전부터 임산부가 경험하는 정서상태가 태아에게 큰 영향을 끼친다고 하여 임신순간부터의 태교를 중요하게 여겨 왔다. 임산부가 정서적으로 불안하며 부신 호르면의 분비가 촉진되며, 이는 태반을 통해 태아에게 직접적인 영향을 미치게 된다(권민균 외, 2005). 불안이 심하거나 큰 충격을 받았거나 좌절을 겪었거나, 혹은 원치 않은 임신을 한 경우에는 그렇지 않은 임산부에 비하여 임신기간 중 자연유산 및 조산이나 난산의 가능성이 높아진다.

(4) 임산부의 건강상태

임산부의 영양상태는 태아발달에 결정적인 영향을 미친다. 임산부가 영양부족이 심했던 시기가 바로 태아의 신경계발달, 특히 뇌의 발달이 이루어지는 시기와 맞물린 경우에는 더 큰 상처를 받게 되며, 여러 가지 장애를 가진 유아를 출생할 가능성이 높아진다(Kail & Cavanaugh, 1996; 최옥채 외, 2005).

(5) 약물복용

임산부가 술 · 담배 · 신경안정제 · 항생제 등을 복용하는 것은 태아에게 부정적인 영향을 미친다. 흡연 시 담배의 니코틴은 태반을 비정상적으로 만들어 영양분이 잘 전달되지 않도록 하고, 또한 태아의 혈류에 일산화탄소 농도를 상승시켜 중추신경계를 손상시켜 저체중아로 출생할 가능성을 높인다. 이외에도 미숙아, 수면 중 호흡곤란, 유산, 여아사망, 아동의 암 발생 등의 가능성도 높다(Fergusson, Horwood & Lynskey, 1993; Fried & Warkinson, 1990; 권민균 외, 2005).

(6) 임신연령

일반적으로 이상적인 임신연령은 16~35세이며, 16세 이하와 35세 이상에서의 출산은 선천성 결함의 가능성을 높인다. 예를 들어 45세 이상의 임산부는 20세 혹은 21세 임산부에 비해서 다운증후군을 일으킬 확률이 40배나 더 높다(Dill & McGilvary, 1992; Lefrancois, 1999; 최옥채 외, 2005). 의학의 발달로 고연령이 태아에 미치는 영향이 감소하고는 있으나, 한편으로 노산인 경우 자연유산 · 난산 · 임신중독증 · 다운증후군 · 미숙아 출산 등의 비율이 급격히 높아지고 있다(권민균 외, 2005).

(7) 질병

임신 중 5% 정도의 여성은 어떤 종류로든 바이러스에 감염된다. 임신 전후에 풍진에 감염될 경우 태아의 시각 · 청각 · 정신지체 등에 심각한 장애를 유발할 수 있다. 따라서 모든 여성은 임신 전에 필수적으로 풍진감염을 예방해야 한다. 임신 중인 여성은 스스로 질병에 감염되지 않도록 위생과 환경에 주의를 기울여 질병감염을 예방해야 한다.

2. 영아기

영아기는 출생해서 만 2세까지의 기간을 말한다. 이 시기의 특징은 인간발달의 여러 영역에서 급속한 성장이 이루어지는 시기로 제1성장 급등기라고도 한다. 신체능력, 언어발달이 활발하게 이루어지며 성격발달의 기초가 되는 정서발달이 이루어져 성인에게서 볼 수 있는 대부분의 정서가 나타나게 된다. 또한 이후의 사회성 발달에 중요한 영향을 미치는 애착관계를 형성하는 것이 필요로 한 단계이다. 출생 이후 1개월까지의 신생아기와 신생아기 이후부터 만 2세까지의 영아기로 나누어진다.

1) 신생아기

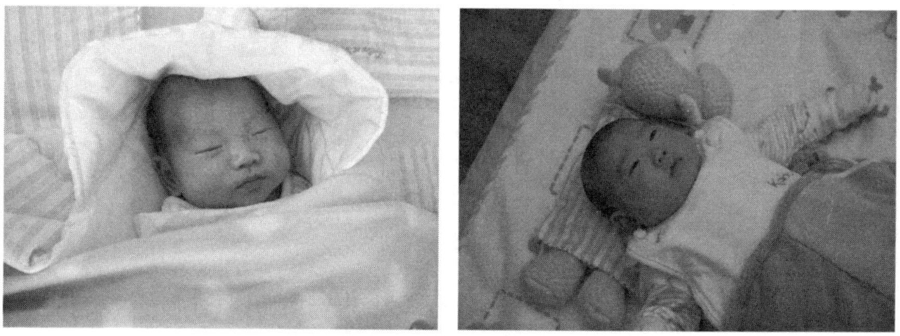

[그림 14] 신생아기

(1) 신체적 발달

영아기는 출생 직후부터 1개월까지의 기간을 신생아기 그 이후를 영아기라고 구분하고 있는데, 갓 태어난 신생아는 젖을 먹는 시간 외에도 계속적으로 잠을 자는 것으로 보이지만 신체적인 성장을 하면서 사회성을 형성하기 위한 능력을 보여주는 시기이다. 이 시기는 외부자극에 분명하게 반응하기 보다는 주로 반사반응을 보이는데 생존반사(눈깜빡거리기, 빨기반사, 삼키기반사, 근원반사)와 신생아의 생존과는 관계없는 반사인 원시반사(모로반사, 바빈스키반사, 파악반사)로 나누어진다. 피아제에 의하면 신생아는 인지발달적 관심의 대상은 아니지만 다음과 같이 이루어진다고 하였다. 신생아는 빨기, 잡기 등의 생득적 반사 연습을 하며 이 기간 동안 신생아는 자신이 접하던 대상이 사라졌을 때 그것을 찾으려 하지 않는다. 이들도 사물이 보이고, 느껴지고, 소리가 나고, 냄새나고,

또 맛이 나지 않으면 그 사물을 존재하지 않은 것으로 생각하기 때문이다. 출생 직후부터 감각적 탐색을 하며 자신의 주변 환경과의 접촉을 통해서 사물을 판단하고 적응하게 된다. 감각기관의 장애가 있을 때에는 지적 발달에 있어 지연이 나타날 수 있다(임은희, 2005).

(2) 정서적 발달

신생아의 정서는 본능적 정서가 지배적이고 미분화된 상태이다. 울음은 신생아가 정서를 표현하는 방법이며 세상과 소통하게 하는 중요한 기제이다. 울음은 신생아와 양육자 간에 접촉을 활성화시키고 어머니는 신생아의 울음, 특히 분노나 고통의 울음일 때 재빨리 반응한다.

표 12 신생아의 반사운동

반사운동의 유형		반사운동의 내용
생존반사	눈깜빡거리기반사 (eye-blank reflex)	신생아의 눈에 빛을 비추거나 물체가 신생아를 향해 이동해 오면 신생아는 눈을 깜빡거린다.
	빨기반사 (sucking reflex)	신생아는 구강자극에 민감하여 입에 닿는 것은 무엇이든지 빨려고 한다.
	삼키기반사 (swallowing reflex)	입 속에 음식물이 들어오면 신생아는 그것을 삼킨다.
	근원반사 (rooting reflex)	신생아는 입 주위에 자극을 주면 그 자극을 향해 고개를 돌리고 입을 벌려 이것을 빨려고 한다.
원시반사	모로반사 (moro reflex)	갑자기 큰 소리를 내거나 신생아를 안고 있다가 갑자기 내려놓으면 팔이 활 모양으로 휘거나, 무엇인가를 껴안으려는 듯 몸쪽으로 팔과 다리를 움츠리는 행동을 한다.
	바빈스키반사 (Babinski reflex)	신생아의 발바닥을 발꿈치에서 발가락 쪽으로 간질이면 엄지발가락을 구부리는 반면 다른 네 발가락은 부채처럼 쫙 펴는 반응을 보인다.
	파악반사 (grasping reflex)	신생아의 손바닥에 어떤 물체를 쥐어주면 그것을 빼내기 힘들 정도로 꼭 쥐는 반응을 보인다.

* 출처 : 인간행동과 사회환경, 장수한 외(2008)

2) 영아기

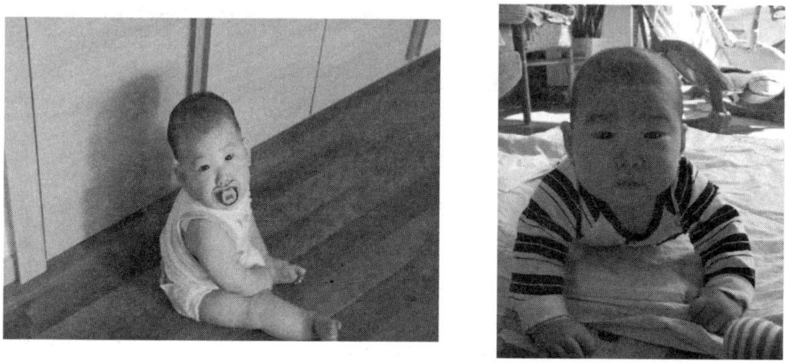

[그림 15] 영아기

영아기는 신생아기 이후부터 만 2세까지의 시기이다. 이 시기에는 급격한 성장·발달로 인하여 기본적 운동능력, 언어습득, 개념형성 등의 인지적 발달이 이루어진다. 또한 이후의 사회성 발달에 큰 영향을 미치는 애착관계를 형성하여 다른 사람과 정서적 유대관계를 맺을 수 있게 된다.

(1) 신체발달

영아기의 운동발달은 신체성장, 뼈와 근육의 성장, 신경계 성숙의 결과로 획득된다. 운동기능은 특정 운동에 사용되는 근육의 부위와 신체부위에 따라 대근육 운동과 소근육 운동으로 나누어진다. 대근육 운동은 기기, 서기, 걷기, 뛰기 등과 같이 팔, 다리, 몸통과 같은 대근육을 사용하는 운동을 말한다. 소근육 운동은 손으로 물건잡기, 손가락으로 글쓰기 등과 같이 몸의 소근육을 이용하는 운동을 말한다.

(2) 정서발달

정서란 자극에 직면하여 발생하거나 자극에 수반되는 생리적 변화 또는 눈에 보이는 행동 등의 반응을 말하며, 개인의 사고과정, 감정 변화와 외부 자극 사이의 관계를 나타내는 용어를 의미한다. 생후 2개월 무렵에 불쾌감이 분화되고, 이를 울음 등으로 표현하며, 즐거움은 미소를 짓는 방법으로 표현할 수 있게 된다.

(3) 심리 및 인지발달

영아의 감각과 지각기능의 발달은 2세 무렵이면 운동발달과 비슷한 수준에 이르게 된다. 청각능력은 출생 후 2주 정도가 지나면 사람의 목소리와 다른 소리를 구분할 수 있고, 3주 무렵에는 낯선 사람이나 부모의 목소리에 민감하게 반응한다. 생후 4~6개월 무렵에는 소리가 나는 방향을 정확하게 알며, 낯익은 목소리를 구별할 수 있고 음악을 들으면 좋아한다. 그리고 생후 1년 무렵이면 작은 소리에도 예민하게 반응하고 소리의 높고 낮음도 알게 된다. 또한 영아기의 인지발달 중에서 획득해야 할 중요한 과제 중 하나가 대상영속성(object permanence) 개념이다. 대상영속성이란 영아가 어떤 대상이 시야에서 사라지거나 들리지 않아도 그것이 계속 존재한다고 믿는 것이다. 이러한 개념은 피아제의 인지발달 단계에서 감각운동기에 터득해야 할 가장 중요한 도식이다. 처음에는 영아가 더 이상 대상을 지각할 수 없다고 느끼는 순간부터 그것을 즉시 잊어버린다. 하지만, 2세 무렵이 되면 대상영속성 개념을 지니게 된다(Zastrow & Kirst-Ashman, 1997).

3) 유아기

유아기는 3~6세까지 시기로 신체와 운동발달로 움직임이 많으며, 자신의 의사를 적극 표현하고 자기중심적 사고가 발달한다. 또한 유치원에 입학하는 등 생활환경이 확대되며, 사물에 대한 호기심이 증가하고, 반항적 행동은 점차 반항적 사고로 대치되어 간다.

(1) 신체발달

유아기에는 아직은 머리가 크고 가슴은 작으며, 배가 불룩하고 다리는 짧다. 신체발달은 2세 무렵부터 둔화하기 시작한다. 신장은 매년 2~3cm씩 자라 3세 무렵에는 92~95cm 정도가 된다. 몸무게도 점차 늘어나며 이 시기의 유아는 손과 팔을 사용해 기어오르거나 혼자서 옷을 입을 수도 있게 된다.

(2) 심리발달

이 시기의 인지발달은 피아제와 인헬더(Piaget & Inhelder, 1969)는 전(前)조작적 사고단계 중에서도 전개념적 사고단계(preconceptual period)에 속한다고 보고 있다. 이 단계에서는 도식이 내적 표상(representation)으로 전환되는 시기로 사물을 상징적으로 조작할 수 있다. 하지만, 아직은 성숙한 개념을 활용하지는 못하는 시기이다.

또한 자아통제와 자율성이 발달하게 된다. 자아통제란 외부의 자신을 일치시키는 능력, 상황에 따라 행동을 수정하는 능력, 행동을 연기하는 능력, 그리고 다른 사람의 지시를 받지 않고 사회적으로 바람직한 행동을 하는 능력을 말한다. 유아의 자아통제능력 획득은 대소변 훈련에서 시작된다. 대소변 훈련은 개인의 자율성과 사회적 요구의 갈등이 최초로 일어나는 시점이다. 무엇이든 혼자 해보려 함으로써 환경에 대한 통제를 시도하고 요구가 많아지며 자신이 원하는 방식대로 하려고 하는 시점이다. 그리고 부모로부터의 행동제한, 또래나 형제 · 자매와의 경쟁에서의 무능력을 지각함으로써 분노를 표출하는 시기가 된다.

(3) 사회성 발달

유아기는 부모로부터 분리되어 또래와의 상호작용에 적극적으로 참여하여 성인과의 접촉보다는 또래와의 접촉이 더 많아진다. 이 시기의 유아는 형제·자매나 또래와의 놀이에서 자신의 것을 지키며, 더 많은 것을 확보하기 위해 경쟁하고, 공동의 목적을 달성하기 위해 협력하는 과정에서 사회성 발달이 촉진된다. 특히 혼자놀이가 줄어들고 협동적인 놀이가 증가하는 시기이며 유아는 부모와 또래와 갈등을 겪는 때가 많아지므로 부모는 유아의 행동에 제한을 가하면서 사회적 기준을 가르치기 위한 훈육을 시작하는 시기가 된다.

3. 영유아기의 발달과 사회복지실천

사회복지실천에 있어 영유아기는 생의 발달단계에 있어 가장 어린시기에 있다. 그렇기에 신체적 또는 유전적 장애를 안고 태어나더라도 장애상태를 제대로 파악하는 것이 어려운 시기이며 치료 가능한 장애요인을 발견하지 못하고 시기를 놓쳐 버리는 경우도 있다. 이 시기에 사회복지실천에 있어서 관심을 두어야 하는 부분은 다음과 같다.

첫째, 태내기에 있어 관심을 두어야 하는 부분은 선천성 장애발생의 예방이다. 사회복지사는 임신한 부부를 대상으로 유전적 질병, 흡연과 같은 해로운 물질의 노출을 예방하기 위한 방법을 알려주어야 한다.

둘째, 영아기에 있어서는 사회성 발달과 관련하여 관심을 두어야 할 부분은 모자 사이의 부적절한 애착관계이다. 어머니의 우울증 등으로 말미암아 영아와의 신체적 접촉이나 애착관계 형성을 거부하는 경우에는 상담과 심리치료를 받을 수 있도록 한다. 그리고 영아의 사회성 반응이 부족하고 자기 고립적이며, 환경에 단조로운 반응을 보이는 등 자폐증의 속성을 보일 경우에는 조기진단과 치료를 받을 수 있도록 원조하여야 한다.

셋째, 유아의 사회성 발달에 있어서 부모의 훈육방법은 매우 중요한 역할을 한다. 따라서 사회복지기관에서는 부모 역할훈련 프로그램을 개발하여 건전한 훈육방법과 놀이지도 기술을 향상시킬 필요가 있다. 또한 부모의 양육방법에 있어서의 신체, 심리, 사회성 발달에 많은 장애를 가져올 수 있는 부분에서의 프로그램 등이 필요로 한다.

제2장

아동기의 특성

1. 신체적 특성
2. 심리적 특성
3. 사회적 특성
4. 아동기와 사회복지실천

1. 신체적 특성

1) 신체적 성장

아동기에 신체적 성장은 비교적 완만하게 진행되지만 근육이 성장하는 신체에 적응하느라 근육이 당기는 듯한 느낌의 통증을 경험하게 되는데, 이것을 '성장통(growing pains)'이라 하고 성장기 아동의 10~20%가 경험한다(Sheiman & Slomin, 1988).

이 시기에 아동의 신장은 1년에 평균 5.5㎝ 증가하여 12세경에는 147㎝ 정도로 성장하며, 체중은 1년에 평균 2.7kg씩 증가하며 12세경에는 40kg 정도로 증가한다. 신장과 체중 모두 여아가 남아보다 더 자라고 더 많이 나가는데 이는 여아의 사춘기 성장급등이 남아보다 2~3년 일찍 시작되기 때문이다. 따라서 12~13세경에 남아가 성장급등을 시작하면 이러한 경향은 역전된다. 그리고 남아가 여아에 비해 근육세포가 많기 때문에 아동기 말부터 청년기에는 남자가 힘이 더 강해진다(정옥분, 2011 : 450-451).

신체 각 부위의 비율이 달라지는데 머리는 체격에 비하여 큰 편이지만 얼굴의 면적이 전체 면적의 10%로 줄고, 12세경에 머리는 성인의 95% 정도가 발달된다. 치아는 젖니가 빠지는 시기로 아동기 동안에는 1년에 약 4개 정도씩 영구치로 대치되고 아동기 말기에 가서는 거의 모든 치아가 영구치로 대치된다.

신체구조는 몸통보다 팔과 다리의 성장이 빨라서 말라 보이고 키가 크고 팔다리가 말라 보이면서 점차 유아적인 모습을 벗어나는 특징들이 나타난다.

임파선의 발달이 급격해지고, 심장이 12세경에는 출생 시의 7배가 되고, 폐의 발달은 10세까지 완만하나 그 이후는 빨라지고, 남자가 여자보다 더 발달한다. 위의 발달은 성인의 2/3 정도에 이르고, 소량의 음식을 자주 섭취하다가 점차로 미각이 발달하고 운동이 발달해 감에 따라 식사량이 늘어나고 위도 발달하게 된다. 아동기는 성적 기관의 발달은 별로 이루어지지 않는다.

이러한 신체발달은 개인적으로 현저한 차이가 있다. 아동의 신체발달에 영향을 주는 요인으로는 유전, 성별 차이, 영양, 질병 등이 있다.

첫째, 유전적 영향으로 성장호르몬은 중추신경계와 생식기를 제외한 모든 세포조직의 발달에 영향을 미치고, 시상하부와 뇌하수체는 티록신을 분비하도록 목의 갑상선을 자극하는데, 이는 두뇌발달과 성장호르몬이 신체 크기에 최대한 영향을 미치게 하는데 요구되는 것이다.

둘째, 성별 차이는 운동발달의 성차는 거의 없고 사회적으로 사회 · 경제적 지위가 높은 가정이 신체 성장이 빠른 것으로 나타나고 있다.

셋째, 영양적으로는 영양이 부족하면 성숙이 지체되고 아동발달에 부정적인 영향이 커진다. 현대의 사회문제로 인식되는 소아비만은 인스턴트 식품의 발달과 과도한 학습과 게임 등으로 인한 운동시간의 부족이 섭취된 높은 칼로리를 거의 소모시키지 못하고 있는 것이다. 이로 인한 동료학우들로부터의 따돌림을 일으키는 등 또 다른 사회적 문제를 야기시키고 있다.

최근 연구에 따르면 소아비만의 요인 중 부모의 유전이 저학년일수록 큰 것으로 나타났다. 이 밖에도 짧은 수면시간과 잦은 군것질, 낮은 가구소득도 비만 요인으로 지목됐다[1].

---

1) http://www.mdtoday.co.kr/him/news/ : 인제대 서울백병원 가정의학과 강재헌 교수팀은 초등생(1, 4학년) 1504명을 대상으로 2년간 추적 조사를 실시한 결과 체질량지수(BMI)에 영향을 미치는 요인이 이 같이 나타났다고 14일 밝혔다(2013년 1월 14일 메디컬투데이 건강뉴스).

〈http://www.google.co.kr/search 이미지검색에서 발췌〉

2) 운동기능의 발달

아동기의 운동기능의 발달은 신체적, 지적, 정서적, 사회적 발달과 밀접한 관계가 있다. 7세경에는 대근육과 소근육의 기본적 운동기능이 거의 발달하며, 이후에는 기존의 운동능력이 더 빠르고 정교하게 발달한다. 아동기에 운동기능은 계속해서 발달하므로 달리기, 줄넘기, 자전거타기, 등산, 수영, 스케이트 등 거의 모든 운동기능을 수행할 수 있게 된다. 유아기에 비해 아동기의 운동기능은 훨씬 정교하고 유연해진다. 협응능력 발달의 가장 좋은 지표인 공놀이도 연령이 증가함에 따라 공을 보다 멀리 던지고 보다 잘 받을 수 있게 된다(정옥분, 2011 : 456).

운동기능의 남녀 차이는 사춘기가 다가오면 더욱 커지는데 남아는 야구와 같이 대근육을 사용하는 스포츠에 강하고, 여아는 체조나 수공예와 같이 소근육을 사용하는 활동을 잘한다(Lansdown & Walker, 1991). 아동기의 소근육 운동의 발달로 7세경에는 글쓰는 속도가 빨라지고, 8~10세경에는 양손을 따로 쓸 수 있고, 10~12세경에는 손놀림이 성인의 수준에 가까워지고 정교한 악기연주를 할 수 있게 된다.

아동기의 운동발달은 신체적 발달뿐만 아니라 심리사회적 발달에도 영향을 미친다. 특히 아동기에는 자신의 운동기술과 역량을 다른 아동과 비교하여 평가하기 때문에 아동기의 자아존중감 형성의 밑바탕이 된다. 그리고 운동능력이 떨어지는 아동은 대체로 소심하고, 겁이 많고, 내성적이고 의존적인 성격특성을 보이는 반면 운동능력이 뛰어난 아동들은 쾌활하고, 창조적이며 자기자신을 적극적으로 표현하는 성격을 보이는 경우가 많다. 또한 운동능력이 뛰어난 아동들은 다른 아동들로부터 부러움의 대상이 되는 반면, 운동능력이 떨어지는 아동들은 멸시의 대상이 될 수 있으므로, 자아개념과 사회적 관계형성에도 영향을 미친다(권중돈 · 김동배, 2007 : 129-130).

아동기의 아이들은 다양한 형태의 운동에 참여해 자신에게 맞는 운동을 찾아야 하는 시기다. 하지만 아직 근육과 심폐기능의 발달이 미숙한 상태이므로 격렬하거나 장시간 해야 하는 지구성 운동은 맞지 않는다. 짧은 시간 동안 즐겁고 신나게 할 수 있는 전신운동을 선택하는 것이 좋다[2].

[그림 16] 가정지원센터의 부모아동과 함께하는 운동치료 모습
〈http://www.google.co.kr/search 이미지검색에서 발췌〉

2) http://danmee.chosun.com 발췌.

2. 심리적 특성

1) 인지발달

인지는 어떤 사실을 인정하여 앎이라는 뜻으로서, 자극을 받아들이고, 저장하고, 인출하는 일련의 정신과정으로 지각, 기억, 상상, 개념, 판단, 추리를 포함하여 무엇을 안다는 것을 나타내는 포괄적인 용어로 쓰인다. '인지발달'이란 시간이 경과함에 따라 일어나는 아동의 정신적 기술과 능력에서의 변화를 일컫는다.

아동기는 유아기에 비해 인지능력에서 상당한 발전이 진행된다. 피아제의 인지발달의 제 3기 구체적 조작기[3]에 해당되며, 이 시기에는 보존개념, 조망수용능력, 유목화, 서열화 개념, 전이적 추론 등을 습득할 수 있다.

보존개념은 물체의 외형상 변화에도 불구하고 이로부터 빼거나 더하지 않으면, 그 물체의 특정한 양은 그대로 보존된다고 판단할 수 있는 능력이다. 예를 들어, 동일양의 고무찰흙으로 하나는 길게 빚어 놓고 또 다른 하나는 넓게 펼쳐 놓았더라도 이 두 고무찰흙의 양은 동이하다는 것을 인식하는 것이다. 이러한 보존개념을 획득하기 위해서는 가역성(reversibility), 보상성(compensation), 동일성(identity)의 원리를 이해해야 하는데, 가역성은 어떤 상태 변화가 그 변화의 과정을 역으로 밟아 올라가면 다시 원상복귀가 될 수 있다는 개념이다. 보상성은 높이의 감소가 폭이라는 차원으로 보상된다는 개념이며, 동일성은

3) 조작(operation)은 주어진 정보를 특정한 목적을 위해 변형시키거나 관련된 사고로 통합하는 정신적 활동을 의미한다.

어떤 방법으로든 더하거나 빼지 않았으므로 양은 동일하다는 것이다.

조망수용능력은 아동이 사고의 자기중심성에서 벗어나 타인의 입장, 감정, 인지 등을 추론하고 이해할 수 있는 조망수용(perspective taking)능력을 습득하게 된다. 즉 타인중심의 이해능력이고 향후 타인과의 관계를 위한 공감수용능력으로 발달된다.

사회적 조망수용능력은 아동의 학년이 높아질수록 더 높게 나타나고, 남아보다 여아들의 조망수용능력이 더 높은 것으로 나타났다(조성례, 2011).

유목화는 아동이 물체를 공통의 속성에 따라 분류하고 한 대상이 하나의 유목에 속하는 것으로 분류할 수 있는 것이다. 예를 들어, 다양한 교통수단을 제시하고 육지와 바다, 하늘에서의 교통수단을 분류해 내는 것이다.

서열화는 사물을 영역별로 차례대로 배열할 수 있는 능력을 획득하는 것이다. 예를 들어 남자 아동이 장난감 자동차를 손가락 크기만한 자동차부터 대형 트레일러 모양의 차를 줄줄이 세워놓은 것을 들 수 있다. 이러한 서열화의 개념은 수들 간의 관계를 이해하는데 결정적인 역할을 하므로 기초수학을 배우는데는 필수적이다.

전이적 추론은 서열화한 A와 B를 비교하고, B와 C를 비교한 후에 아동이 A와 C의 관계를 추론할 수 있는 것을 말한다. 예를 들어, 형이 “아빠 밥그릇이 나보다 커요”라고 하니까 동생이 “그러면 아빠 밥그릇은 나보다도 커요. 왜냐하면 내 밥그릇이 형보다 작거든요”라고 말하는 경우다.

2) 언어 및 정서발달

아동기 때는 보다 많은 단어를 학습하고 복잡한 문장도 이해하고 사용한다. 아동기의 어휘능력은 급속히 발달하여 초등학교 졸업할 때는 약 4만개의 단어를 습득하는데 이는 평균 하루에 20개 정도의 새로운 단어를 습득한 셈이 된다(Anglin, 1993).

의사소통 기술은 이 시기에 참조적 의사소통 기술(referential communication skills)이 발달하는데 사물에 대해 설명할 때 듣는 사라에 따라 다른 정보를 제공하였는데도 이를 듣는 사람에게 맞게 전달하는 내용을 조절할 수 있다.

특히 이 시기에는 읽기와 쓰기 능력이 빠르게 발달한다. 읽기 다음에 쓰기능력이 발달하는데 읽기를 통한 학습은 초등학교 4학년부터 급속히 발달하는데 이 시기에 읽기를 통한 정보획득이 이루어지지 못하면 학업수행에 심각한 문제가 발생한다.

정서발달은 유아기 때 기본적인 표현이 가능하지만 아동기가 되면 감정들이 좀 더 다양해지고 좀 더 섬세하게 표현될 수 있다.

아동기의 정서는 비교적 안정되어 있다. 이 시기에 주목할 만한 정서로는 아동의 공포와 불안 그리고 분노이다. 먼저 불안은 아동의 상상력 발달과 관련되어 있는데, 부모와 선생님의 기대를 충족시키지 못할 때 따르는 질책, 벌, 성적 하락이나 운동능력 미발달에 대한 친구들의 조롱 등에 대한 불안이 특히 많다. 그리고 가정생활과 학교생활 사이에 조화가 이루어지지 못할 경우에 불안정서가 강해져 공포증이라는 정서장애로 나타나게 된다. 이러한 아동기의 정서장애 중에서 대표적인 것이 등교거부증(school refusal) 또는 학교공포증(school phobia)이다.

아동기에 공포나 불안보다 더 빈번하게 발생하는 정서가 분노이다. 이는 아동기에 사회적 관계가 넓어지면서 욕구좌절, 행동방해, 놀림, 꾸중 등을 경험하고, 다른 아동들과 비교와 무시를 겪으면서 분노의 감정이 이전보다 더욱 빈번하게 발생하게 된다. 이와 같이 분노의 감정이 발생하는 빈도는 잦지만 분노감정을 잘 통제하고, 간접적인 방식으로 분노감정을 표현할 수 있게 된다(권중돈 · 김동배, 2007 : 134-135).

아동기에는 애정의 대상이 가족에서 학교친구로 옮아가고 이 시기에는 동성애적 경향이 강하지만, 청소년기로 넘어가면서 이성에 대한 관심으로 변화되어 간다.

3. 사회적 특성

1) 자아개념의 발달

자아개념(self-concept)은 신체적 특성, 개인적 기술, 가치관, 희망, 지위와 역할 등 개인이 자신의 것으로 동일시하는 개인적 특성에 대한 지각이나 느낌이다(권중돈 · 김동배, 2007 : 135).

아동기가 되면 자아개념에 큰 변화가 일어나는데, 자신이 가진 개인적 특성으로 자신을 묘사하기 시작한다. 일반적으로 아동은 자신의 신체적 특성, 소유물, 활동, 능력과 관련시켜 자신을 규정한다. 자아개념은 성숙해감에 따라 점차 안정적인 것으로 변하며, 추상적이고 분화된 개념으로 발달하게 된다. 아동 초기까지는 주로 자신의 신체적 특성이나 소유물, 좋아하는 놀이 활동 등을 통해 자신을 묘사하는 반면, 아동기 말이 되면 심리적 특성이 다른 사람과의 관계 등을 중심으로 자신을 묘사한다(Montemayor & Eisen, 1997; 정옥분, 2011 : 509 재인용).

자아개념은 아동의 능력과 관련되어 있으며, 성공적인 과제 수행은 아동의 자아개념을 상승시키고 새로운 과제에 도전할 가능성을 증가시킨다. 특히 학교성적은 아동의 자아개념을 형성하는 데 결정적인 영향을 미친다. 아동기는 에릭슨의 심리사회이론에 따르면 근면성이 발달하는 시기이다. 아동이 정상적으로 근면성을 발달시키지 못하면 열등감을 갖게 된다. 근면성은 아동이 자기에게 닥쳐오는 외부의 도전을 스스로 극복할 수 있다는 생각과 태도에서 출발하며, 성취동기, 경쟁심, 성공의 경험, 능력의식 등으로 강화된다. 즉, 아동이 열심히 기술을 쌓고 의미있는 일을 수행함으로써 근면성이 발달하게 되지만, 기술획득의 실패는 열등감을 경험하게 된다. 근면성의 발달에 영향을 주는 요인은 부모와 교사의 태도 및 아동 자신의 능력과 관련되어 있다. 아동이 어떤 일을 했을 때 부모와 교사에게서 칭찬, 수용 및 격려를 받거나, 형제자매와 친구들에게 강화되면 근면성의 발달을 이룬다(이근홍, 2009 : 85).

2) 학교의 영향

학교는 아동의 사회적 활동의 장(場)으로 규칙적이고 조직적인 학교생활은 아동의 사회성 발달에 많은 영향을 미친다. 아동의 사회화 과정에서 아동이 저학년일수록 교사의 영향을 많이 받으며, 고학년이 될수록 교사보다는 친구의 영향을 많이 받는다. 교사의 행동이나 지도방법에 의해서 아동은 사회적으로 바람직한 행동과 관련된 규범을 학습하게 되며, 자신의 사회적 지위에 따른 사회적 정체감을 형성하게 된다.

초등학교 고학년에 올라갈수록 급우관계는 강화되고, 교사의 인정보다는 또래의 인정을 받고 싶어하여 교사의 영향력은 점차 줄어들게 된다. 그리고 급우와의 상호작용을 통해 자아중심적 관점이 감소되고, 협동, 경쟁, 협상의 원리를 체득하게 되며, 사회적 규칙이나 압력에 반응하는 방법을 학습하게 된다(권중돈 · 김동배, 2007 : 137).

가족과 구별되는 학교의 구조적 특징(Dreeben, 1967)을 보면, 첫째, 학교는 통제와 교육에 대한 책임이 그들과 친족관계에 있지 않은 성인에게 주어진다. 둘째, 아동은 매일 아침 집을 떠나 학교에 가지만 하루가 끝나기 전에 집으로 돌아감으로써 가족의 한 구성원으로서의 기능과 능동적인 참여를 지속한다. 셋째, 아동은 1년을 단위로 한 학년씩 통과해 나가며, 매학년이 끝날 때마다 그 학년의 선생님과 관계를 끝내고, 새로운 학년의 선생님과 관계를 확립한다. 넷째, 구성원의 연령분포가 다양한 가족과는 달리 아동은 연령적으로 동일한 집단의 일원으로서 학교에 소속된다. 다섯째, 학교와 가족은 다 같이 성인과 아동으로 구성되지만, 구성비율이 달라서 학교의 아동 수가 훨씬 많다(이인정·최혜경, 2000 : 65; 손광훈, 2010 : 258, 재인용).

3) 또래집단의 영향

또래집단은 아동의 사회화 과정에 매우 중요한 역할을 한다. 그리고 사회적 유능성의 발달은 또래관계와도 밀접한 관계가 있다(David & Kay, 1984; 강문희 외, 2011 : 260 재인용).

또래란 사회적 위치, 인지능력, 행동의 복합도가 유사한 사람(Lewis et al., 1975)이다. 아동기의 또래집단은 이웃에 살고 연령이 비슷한 동성의 아동으로 주로 구성되며, 외모, 성숙 정도, 운동기술, 학업성적이나 지도력 등에 따라 서열이 정해지게 된다(손광훈, 2010 : 259).

아동기에 이루어지는 친구관계, 즉 우정발달의 특성을 살펴보면, 7~8세경에는 동성친구하고만 어울려 이성친구에 대해서는 배타적인 관계를 유지한다. 9세경이 되면 아동은 집단을 형성하여 함께 행동하기를 좋아한다. 즉, 강한 연대성과 소속감을 가진 또래 친구집단을 형성하여 조직적인 활동을 하기를 좋아한다. 이러한 집단을 짝패(clique) 또는 도당(gang)이라고 하는데, 짝패집단에서는 외모, 성숙도, 운동기술, 학업성취나 지도력 등에 따라 서열이 형성된다.

짝패 집단에 참여한 아동은 집단 내에서의 상호작용을 통하여 자기표현을 할 수 있는 기회를 갖게 되므로 성취감을 경험하게 되며, 상호의존적 감정을 공유함으로써 우정이 싹트고, 자아중심성을 극복하고 서로 협동관계를 맺게 된다. 그리고 또래로부터의 승인을 통해 자아존중감이 발달되며, 용기, 인내, 정의감, 지도력과 같은 좋은 사회적 태도가 발달하게 된다.

그러나 이와 반대로 짝패집단에 참여하지 못하면 집단따돌림의 피해를 입게 되어 높은 수준의 불안과 우울, 낮은 자아존중감과 부정적 자아개념을 형성하게 되어 부적응적 행동을 보이게 된다(권중돈 · 김동배, 2007 : 138).

우리나라 초등학생 대상의 집단 괴롭힘이나 따돌림 가해실태를 조사한 결과에 따르면, 열명 중 두명 꼴(23.3%)로 집단괴롭힘과 따돌림 가해 경험이 있는 것으로 나타났다. 집단괴롭힘과 따돌림이 가해 경험이 있는 학생을 대상으로 가해 유형은, 말을 걸지 않거나 상대를 해 주지 않는다든지(42.3%), 욕을 하거나(24.2%), 놀이에 끼워 주지 않는 형태(14.7%)의 괴롭힘을 가하는 것으로 나타났다. 특히 가정형편이 어려운 학생들의 경우에는 피해 사실을 알리기보다 등교하지 않거나 밖에 나가지 않는 상황 회피방법을 택하는 경향이 더 많아 집단괴롭힘과 따돌림의 피해를 입는 저소득층 계층의 학생에 대한 교사의 관찰과 관심이 필요하다(박효정 외, 2004 : 249).

4) 대중매체의 영향

아동의 사회성 발달에 영향을 미치는 양대산맥으로는 TV와 컴퓨터가 있다. TV는 일반적으로 아동에게 학습의욕을 저하시키고, 공격성을 증가시키며, 비만을 불러일으키고, 또래와의 상호작용이나 가족 간의 유대를 약화시킨다고 보고 있다(이근홍, 2009 : 87). 그러나 TV가 교육적으로 잘 활용되면 아동의 학습 및 인지기능의 향상에 도움이 되기도 한다.

컴퓨터는 아동의 학업성취와 학습흥미를 높이는 효과적인 기재이며, 인지능력을 향상시키고 많은 양의 정보를 쉽게 얻고 활용할 수 있다는 장점이 있다. 또한 또래 사이의 상호작용을 촉진하는 매개물로 작용하기도 한다(장수한 외, 2011 : 71).

그러나 아동이 컴퓨터에 지나치게 몰입하게 되면 TV 과다 시청에 따른 부작용과 유사한 부정적 영향을 받을 수 있다. 최근에 우리나라에서는 셧다운제(Shut Down System)가 도입되었다. 셧다운제란 2011년 11월 20일부터 시행된 청소년 보호법 개정안의 일부로 청소년의 인터넷 게임 중독을 예방하기 위한 법안이다. 계도 기간을 거쳐 2012년부터 단속을 실시하고 있다. 셧다운제는 크게 선택적 셧다운제와 강제적 셧다운제로 나뉘는데 강제적 셧다운제의 경우는 16세 미만의 청소년 전체를 대상으로 0시부터 오전 6시까지의 게임 이용을 전면 금지하는 조항이고, 선택적 셧다운제의 경우는 만 18세 미만의 청소년을 대상으로 본인이나 법정 대리인의 요청이 있을 경우 특정시간의 게임이용 시간을 제한하는 것이 주요 골자이다.

셧다운제의 실효성 문제와 더불어 개인의 기본권 침해, 세계 최강인 한국의 게임업계의 침체우려 등의 비판 속에서도 이러한 제도가 생길 수밖에 없는 컴퓨터 사용에 대한 자율적인 조절기능의 약화라는 우리사회의 현실을 되짚어 보게 하는 부분이다.

4. 아동기와 사회복지실천

아동기의 사회복지실천에 있어 주요 관심사는 학교적응, 행동장애, 아동학대와 우울증 등이다.

학교적응에는 학습장애, 교사 및 또래친구와의 관계를 대표적으로 들 수 있는데 첫째, 학습장애는 학업성취에 있어 동기 결여나 장애가 있을 경우에는 두려움, 무기력, 낮은 자존심 등을 갖게 되어 정상적인 학교조직에서 일탈되어 향후 정상적인 발달도모에 막대한 부정적 영향을 미칠 수 있다. 학습장애 아동의 문제는 여기서 끝나지 않는다. 사회적 기술의 부족으로 인해 다른 사람의 기분을 제대로 파악하지 못하고, 부적절하게 반응한다. 그리고 자신의 행동이 다른 사람에게 어떤 영향을 미치는지 제대로 이해하지 못하며 놀이에서도 규칙을 제대로 이해하지 못하고 자기보다 어린아이들과 어울려 논다(정옥분, 2011 : 566). 사회복지실천에서는 아동의 가정환경을 파악하고 부모와 자녀간의 갈등이나 학업성취 기반 부족일 경우에는 부모교육이나 방과 후 아동지도 프로그램을 제공하도록 해야 한다. 둘째, 교사 및 또래친구와의 관계에서는 특히 저학년의 아동은 교사의 예민한 관찰력과 학교에서 부모역할을 대리해 주는 등의 긍정적 영향력이 중요한 시점이므로 아동의 학습능력을 조기에 발견하여 학습장애를 치료하는 교육환경을 도모토록 지원하고 아동이 가정이나 다른 장소에서 관련된 전문가에 의해 개별화된 특수교육을 받을 수 있도록 지원해야 한다.

행동장애는 아동기에 특히 주의력결핍과잉행동장애(ADHD: Attention-deficit hyperactivity disorder)로 인한 과도한 부주의, 산만함, 충동성, 과대행동은 전체 아동의 3~5%가 있는 것으로 보고되고 있다. 아동에 대한 적절한 약물치료와 더불어 학업적 · 사회적 행동을 강화해 주는 중재 프로그램(Barkley, 1990)이 제공되고, 또한 부모의 심리정서적 고통 완화를 위한 서비스가 제공되어야 한다. 또한 품행장애(conduct disorder)는 보통 10세 이전과 청소년기에 나타나는데 타인의 기본적 권리를 침해하거나 사회적 규범이나 규칙을 위반하는 행동을 지속적이고 반복적으로 나타내는 경우다. 아동기에 발병한 경우가 청소년기에 발병한 경우보다 더 지속적이고 이후 반사회적 인격장애로 이어질 가능성이 높다. 따라서 예방적인 노력으로는 가정환경의 변화, 교육과 지원을 통한 부모-자녀 관계 형성 등이 필요하고, 이미 품행장애가 발생되었을 경우에는 사회적 문제해결 중심으로 사회적 능력을 향상시켜 주는 접근이 필요하다.

마지막으로 아동학대는 보호자를 포함한 성인에 의하여 아동의 건강 · 복지를 해치거나 정상적 발달을 저해할 수 있는 신체적 · 정신적 · 성적 폭력 또는 가혹 행위 및 아동의 보호자에 의해 이루어지는 유기와 방임을 말하는 것이다(아동복지법 제2조 제4항). 학대받은 아동은 신체적 발육저하, 영양결핍, 호흡곤란,

공격적이고 자해적인 행동, 공포증상을 보이며 불안과 자존감 저하 등이 나타난다. 2011년 아동학대보고서에 따르면, 아동학대가 이루어지는 장소는 가정 내(87%), 부모에 의해서(83.1%)로 보고되었다. 따라서 아동학대 가능성이 높은 부모의 교육과 상담이 필요하며, 학대받는 아동을 위한 아동일시보호소의 활성화와 아동학대예방센터 등의 전문적인 서비스 접근이 병행되어야 할 것이다.

최근 소아우울증을 호소하는 아동들이 늘고 있다. 우울증에 걸린 아동들은 부정적인 자아개념과 자기비하, 사회적 위축, 집중력 부족, 학업수행능력 결여와 더불어 심리적 장애(불안과 품행장애), 생리적 기능(수면, 섭식 등)의 변화가 생긴다. 아동이 우울증을 보이면 가장 먼저 심리적으로 안정을 갖도록 최선을 다하고, 아동이 우울해 보이면 조심스럽게 살펴보고 있다가 기분이 좋아 보이는 때를 이용해 아동과 숨김없이 대화를 나누는 것도 중요하다. 하지만 아동의 우울증세가 심해 보일 경우에는 적절한 약물치료, 가족치료, 인지치료를 받는 것이 좋다.

제 3 장

청소년기

1. 청소년 전기
2. 청소년 후기
3. 청소년기의 사회복지실천영역
4. 성장과정 중에 있는 청소년
5. 사회구성원으로서의 청소년의 복지권 인정
6. 올바른 청소년 문화의 정립

청소년기는 신체적, 인지적, 정서적, 사회적인 면 등에서 급격한 변화를 보인다. 청소년을 바르게 지도하고 적절한 개입을 위해서는 무엇보다도 청소년에 대한 이해가 선행되어야 한다. 청소년기는 아동기가 끝나는 13세 전후에 시작되며 성인으로서의 역할과 책임을 수행할 수 있는 24세까지로 연령적(생물학적) 구분을 하고 있다. 청소년 전기는 아동기가 끝나는 13세에서 18세까지로 주로 사춘기의 신체적 변화가 중심이다. 청소년 후기는 18세에서부터 24세까지로 주로 심리적 · 사회적 정체감 형성이 주된 특징이다. 청소년기는 급격한 사회적 변화와 발달과업의 변화로 인해 정체감과 문화에 많은 혼란을 겪게 되며 이에 대한 사회복지적 개입은 매우 중요하다.

특히 급격한 신체적 발달 및 성적 성숙과 변화는 자신의 신체에 많은 관심을 갖게 하고, 친구들과의 신체 변화 정도를 비교함으로써 자신의 신체발달에 대해 열등감을 갖기도 한다. 이러한 열등감은 청소년의 성격이나 자아존중감, 대인관계 형성에 중요한 영향을 미치게 된다.

1. 청소년 전기

1) 개념

청소년기는 인간의 발달단계에서 가장 격정적이고 불안정한 시기이며, 동시에 발달의 어느 단계보다 많은 가능성을 가지고 미래를 위해 수많은 결정을 해야 하는 시기이다. 또한 한 인간이 생물학적 · 심리적 · 사회적 모든 면을 통합하여 인격의 완성을 꾀하고 사회인으로서의 기능을 갖기 위한 마지막 준비단계라고 할 수 있다.

그 중 청소년 전기(13~18세)는 사춘기라고 이르는데, 이는 이 시기에 일어나는 신체 변화뿐만 아니라 개인의 성적인 면까지 포함하는 포괄적인 생리적 변화를 의미하는 것이다. 상위 개념인 청소년기는 인생발달을 뜻하는 일반적인 용어로서 문화적 개념이다. 즉, 신체적 변화를 바탕으로 행동적 그리고 문화적인 측면에서 성숙하는 시기이다. 따라서 '청소년'이라는 용어는 사춘기의 신체적 성숙뿐만 아니라 심리적 · 사회적으로 의존에서 벗어나 독립과 책임을 수용하는 것까지 포함된다. 대부분의 청소년 전기는 중 · 고등학생 시기로 주로 신체적 성숙과 인지적 발달을 경험하게 된다.

2) 청소년 전기의 특성

(1) 신체적 특성

① 신체변화

신체변화는 1차 성징이라고 일컫는 성이나 생식기능과 밀접한 관련이 있다. 여기에는 소년의 경우 음경과 전립선의 발달을 의미하고, 여자의 경우 자궁, 난소, 질의 발달을 의미한다. 변화 중에서 생식력과는 직접 관련이 없지만 남녀의 차이를 알 수 있도록 해주는 2차 성징이 있다. 2차 성징에는 턱수염, 생리, 가슴의 발달, 체모, 목소리의 변화, 몽정, 가슴의 발달이 포함된다. 여성의 경우 소년에 비해 대체로 2년 정도 먼저 급격한 성장을 한다. 여자들은 약 10세 반경부터 2년 정도 해마다 신장이 약 9cm 정도 증가하는 급격한 성장을 보인다. 반면에 소년들은 12세 반경부터 2년 정도 급격한 성장을 하며 이들은 매년 약 10cm 정도 키가 큰다. 또한 청소년들의 체중 역시 급격히 증가하는데 이는 사춘기의 시작에 해당된다. 청소년 초기에 소녀들은 소년들보다 체중이 더 많이 나가지만 나중에는 소년들의 체중이 소녀들의 체중을 능가하게 된다.

② 호르몬의 변화

사춘기의 발달에 중요한 두 개의 기본 호르몬이 있는데, 그것은 안드로겐(남성 호르몬)과 에스트로겐(여성 호르몬)이다. 남성 호르몬으로 소년들은 외부 생식기, 신장의 증가, 목소리의 변화와 같은 것에 영향을 받는다. 여성 호르몬은 소녀들의 가슴과 자궁의 발달, 뼈대 등에 변화를 일으킨다. 소년의 가슴에 털이 나고 소녀의 가슴 곡선을 만들어 주는 호르몬들은 청소년기의 심리 발달에 영향을 줄 수도 있다. 남성 호르몬의 수준이 높은 소년들은 자신감을 더 많이 가진다는 것이 발견됐고, 여성 호르몬의 수준이 높은 소녀들은 좀 더 화를 많이 내고 공격적인 경향을 보였다. 이것은 호르몬의 변화로 생기는 신체발달이 소년들에게는 긍정적인 감정을 갖도록 하지만 소녀들에게는 오히려 부정적일 수도 있음을 뜻한다.

③ 성적 성숙

청소년기에는 성적으로 충분히 성숙되기 때문에 성적 충동에서 성인과 비슷한 경향을 나타낸다. 여성 청소년에게 성적 표현은 주로 애정과 친밀감을 표현하는 수단이다. 따라서 여성 청소년들이 갖는 일시적으로 같은 성에 대한 동성애적 관심은 나중에 이성애로 발전해 가며 이는 전환기적 시도로 정상적이라 할 수 있다. 남성 청소년들은 성적 표현의 한 방법으로 자위행위를 경험하는데, 이것은 지극히 정상적이다. 청소년기의 성적 성숙에 비해 실제적으로 성과 관련된 정확한 지식이 부족하고 개방적인 사회 분위기에 많은 문제가 발생한다. 우선, 성과 관련한 문제로 청소년의 임신과 출산을 들 수 있다. 이는 그들의 정상적인 발달과업을 방해하고 사회화 과정에 심각한 문제를 초래한다. 인공유산의 경우 1/3을 청소년들이 차지하고 있다는 데서 심각성이 드러난다. 또한 원조교제는 돈과 선물을 대가로 여중 · 고생이 성인을 대상으로 성을 파는 행동으로서, 이들은 대부분 유흥비를 마련하기 위한 목적으로 성을 판다.

④ 신체 이미지와 외모의 관계

청소년 전기는 어느 발달단계보다 신체 이미지가 자아존중감에 중요한 영향을 미치는 시기이다. 청소년기 내내 여성은 남성에 견주어 볼 때 자신의 신체에 대해 비판적이고 불만족스러워하는 경향이 많은데, 특히 체중 면에서 더욱 그러하다. 따라서 섭식장애가 중요한 정신적 문제가 되기도 한다. 섭식장애란 최소한의 정상 체중을 측정하면서 절제된 식사를 하고 식사조절 말고도 스스로 구토를 유발하거나 설사제나 이뇨제를 사용하는 것을 의미한다. 이 밖에도 비만, 신경성, 식욕부진, 폭식증을 포함하는 섭식장애가 있다. 이를 해결하는 효과적인 방법으로는 의사의 감독 아래 이루어지는 운동, 제대로 된 영양분을 섭취하면서 인스턴트식품의 섭취를 줄이는 것, 그리고 친구들이나 가족의 심리적 위안을 받는 것이 있다. 그러나 비만은 치료보다는 예방이 훨씬 효과적이다.

(2) 심리적 특성

① 인지적 발달

Piaget는 발달을 유기체와 환경간의 상호작용으로 설명한다. 이것은 유기체가 다양한 환경적 요소들을 적극적이고 창의적인 방법으로 탐색해 가는 것을 의미한다. 즉, 생물학적인 유기체가 환경적 요소들과 접촉을 가지면서 이를 적극적 · 능동적으로 탐색하는 과정을 발달이라고 규정한다.

Piaget는 유기체가 동화와 조절을 통해 사회에 적응해 나가는 것은 그들에게 선천적인 평형 추구기제가 있기 때문이라고 하였다. 이 평형 기제에 따라 동화와 조절을 반복하면서 자신의 환경에 적응해 나가는 과정을 인지구조적인 면에서 쉐마(scema)의 재구성이라고 한다. 즉, 평형 상태 쉐마에 새로운 환경

자극이 주어짐에 따라 불평형이 이루어지게 되고, 동화와 조절의 과정을 통해 평형을 회복하게 되는데, 이는 곧 새로운 경험에 따라 쉐마가 재구성되거나 확장되고 있음을 나타내는 것이다.

청소년기의 특징인 Piaget의 형식적 조작 사고는 ① 가설을 설정하고 이를 전제로 결론을 추구하는 명제적 사고, ② 문제해결과정에서 관련 변인들을 추출하고 분석할 뿐만 아니라 이를 상호 관련짓고 통합시키는 결합적 분석 사고, 그리고 ③ 구체적 대상의 존재 여부와 관계없이 형식적 논리에 의해 사고를 전해가는 추상적 추론의 세 가지 특징을 갖는다. 이는 청소년들이 눈앞에 주어진 구체적인 사태를 넘어서서 보이지 않는 가능한 모든 것들에 대하여 생각하고, 원리를 찾으며, 이론을 형성함으로써 지적 기쁨을 얻는다. 그러나 여기서 유의해야 할 점은 형식적 조작기에 이르러 이런 사고가 가능하다는 것이지 모든 청소년이 이와 같은 사고를 할 수 있다는 것은 아니다.

Piaget의 이론에 기초하여 청소년기 사고의 질적 특징을 요약해 보면, 첫째 청소년기는 현실 지향적 사고에서 가능성 지향적 사고로의 변화가 일어난다. 즉, 청소년들은 여러 가능성을 생성할 수 있고, 이러한 가능성을 증명함으로써 실세계를 이해하는 것이다. 이런 사고가 발달된 청소년들은 그들에게 불가능이란 없으며, 그들 앞에 무한한 미래와 가능성만이 존재하는 것으로 생각한다. 따라서 지나치게 이상적이고 모험적인 특성을 갖게 만들며, 이는 Elkind가 말하는 청소년기의 자아 중심성을 낳게 만든다. 둘째, 경험 귀납적 문제해결에서 가설 연역적 문제해결로의 발달이 이루어진다. 즉, 직접 관찰하지 않은 간접적인 대상과 추상적인 사건에 대해서도 가설을 생성할 수 있게 되며, 이를 검증하는 데 있어서도 연역적인 추론을 사용할 수 있다. 셋째, 3차적 추상화 수준으로의 발달이 이루어진다. 즉, '3차 수준'에 이르면 응집성과 일관성의 일반화된 규칙체계가 출현하여 논리적으로 사고할 수 있고, 체계적으로 사고할 수 있다. 넷째, 형식적 조작기의 청소년들은 자신의 믿음, 즉 종교, 정치, 도덕, 교육 등에 대하여 논리의 일관성을 검토하게 된다.

청소년기의 사회인지적 사고를 알아보면 다음과 같다. 청소년들은 자신의 관념을 최고의 가치로 생각하며 자신의 관념 세계와 타인의 관념 세계를 정확하게 구분하지 못하는 경향이 있다 따라서 청소년들은 자신은 특별한 존재이고 하는 독특성에 대한 착각에 빠져들게 되며, 자신이 우주의 중심이 된다고 믿을 만큼 강한 자의식을 보이게 된다. Elkind는 이러한 청소년기 특유의 사회인지적 특성을 청소년기의 '자아 중심성'이라는 용어로 개념화하였다. 청소년기 자아 중심성은 형식적 조작 사고가 발달하는 11~12세경에 시작되며, 15~16세경에 정점을 이루다가 청소년들이 다양한 대인관계의 경험을 통해 자신과 타인에 대한 객관적인 이해를 증가시켜 나가면서 점차 사리지게 된다.

② 도덕과 이상의 발달

청소년은 인지적 성숙과 자아의 발달로 자기 자신의 도덕적 개념을 스스로 형성해 나간다. 그들은 높은 이상을 가지고 있고, 자신의 이상을 타인들로부터 인정받고 싶어하며, 스스로 설정해 놓은 자신의 표준에 따라서 행동하려고 한다. 따라서 청소년들은 자신이 설정한 도덕의 표준에 도달하고자 강박적으로 행동하며, 다른 사람과 사회 또한 자신의 표준에 도달해야만 만족하게 된다. 그러나 성인들의 도덕적 표준과 사회적 규준이 자신의 도덕적 표준 또는 이상에 비추어 모순된다거나 성인들이 이를 인정해 주지 않는다면, 그들은 성인사회에 강한 반항을 갖고 도덕의식을 띠며, 자신들이 사회를 재건해야 한다는 강박적인 생각을 가지게 될 수도 있다.

특히, 콜버그의 후 인습적 단계인 5, 6단계로 들어가면서 사회적 지약과 도덕과의 갈등을 경험하게 되고, 이를 해결하기 위한 좀 더 복잡한 단계의 사고과정이 필요하게 된다. 이러한 도덕과 인지의 발달은 부모세대의 모순과 사회적 제도에 대한 의문을 증폭시키고 권위에 반항하는 청소년기의 특성을 표현한다. 이러한 특성이 부모로부터 독립하고자 하는 욕구와 결합하면서 부모의 이상을 지나치게 반박하고 여러 가지 갈등을 야기하게 된다.

③ 가치관의 발달

가치란 "자연 속의 인간의 위치와 인간관계에 여향을 미칠 뿐만 아니라 인간 대 자연, 인간관계 등에서 바람직한 것과 바람직하지 못한 것에 대한 일반화되고 조직화된 개념"이라고 할 수 있다.

가치관 발달을 설명하고 있는 가장 대표적인 이론은 Mckinney 등이 제안하고 있는 지각적 해석이다. 그는 능동적인 주체자로서의 인간은 주위 환경에 있는 자극을 수동적으로가 아니라 능동적인 행동을 통해 받아들이며, 이에 대하여 환경은 다시 그 행동의 결과를 당사자에게 피드백하게 된다. 이때 환경의 피드백에 따라 개인의 가치관이 형성된다. 그러므로 가치는 자기의 행동과 주위 환경을 내적으로 통제할 때 비로소 형성된다고 할 수 있다.

가치관은 시대와 사회에 따라 변화하며, 개인에 따라 상대적인 특징을 지니고 있는 만큼 청소년들의 고정된 가치관을 제시하기란 매우 어렵다. 여기서 국내에서 조사한 청소년의 가치관 실태를 몇 가지 알아보면, 첫째, 청소년들의 인생목표와 관련하여 '열심히 일하여 부자가 된다'든가 '국가와 사회를 위해 봉사하겠다'는 가치관보다 '인생을 즐겁게 산다', '공부하여 이름을 날린다'는 방향으로 목표의 변화가 나타나고 있다. 둘째, 삶의 가치 선택과 관련하여 '의리 있는 친구'가 줄어들고 있는 반면에 '건강과 돈', '애인, 권력, 학벌'에 대한 가치 선택은 증가하고 있다. 그러나 '화목한 가정'의 선택은 크게 변함이 없으며, '결혼 상대자의 자유 결정'은 조금씩 늘어나는 추세를 보이고 있다. 셋째, 일반적으로 청소년들은 물질보다 인간을, 실리보다 명분을, 편법보다 정당성을, 안정보다 변화를, 귀속보다 업적을 각각 더 가치 있는 것으로 지각하고 있지만, 현실적으로 자기 자신의 태도는 물질 지향적이고, 실리와 편법 지향적이며, 안정과 귀속주의를 더 크게 지향하는 것으로 나타나고 있다. 넷째, 청소년들은 자기 자신을 개방적, 자유주의적, 이성적, 개성적, 저항적, 진취적인 성향이 강하다고 지각하고 있으며, 기성세대를 폐쇄적, 권위적, 감각적, 획일적, 순종적, 보수적이라고 평가하고 있어, 세대 간 갈등을 시사해 주고 있다.

(3) 사회적 특성

① 가족과의 갈등

전기는 가족으로부터 지지와 보호, 그리고 지도가 필요한 동시에 자기 충족과 독립을 준비하는 단계이다. 이처럼 의존과 함께 독립을 준비하는 것은 불가피하게 가족과의 갈등을 불러온다. 청소년 스스로는 성인이라 생각하지만 부모의 입장에서는 자립을 하지 못한 아동으로 간주하기 때문에 갈등 상황에 놓이게 된다. 또한 애정과 의존의 대상인 부모에게 애착을 나타내면서도 다른 한편으로는 부모로부터 멀어짐으로써 느끼는 편안함을 동시에 갖는다. 이는 청소년기에 다시 일어나는 오이디푸스 갈등으로 생겨나는 두려움과 불안을 해소하게 되기 때문이다.

또한 인지의 발달로 부모가 제시한 규칙이나 가치관을 그대로 따르기 보다는 논리적 모순을 들어 그에 대한 해명을 요구하기 때문에 부모와 자녀 사이 갈등은 불가피해진다. 이런 갈등은 청소년기의 본질이므로 청소년뿐 아니라 청소년 자녀를 둔 부모의 재적응도 필요하다. 더구나 우리나라의 경우 부모와 자녀가 각각 사회생활과 입시 제도로 인해 바쁘기 때문에 부모-자녀 간의 자연스럽고 일상적인 대화가 거의 없고 가끔씩 이루어지는 대화도 '학업성적'이나 '진학'에 관한 것이어서 청소년의 욕구가 반영되지 못하고 있는 실정이다.

② 교우관계

청소년기가 되면서 부모와 성인보다는 또래들의 지지와 이해가 더 필요하며, 이런 또래로부터의 지지와 이해를 통하여 사회성이 발달한다. 또래집단은 청소년에게 소속감과 연대감, 지지와 수용 등의 긍정적 요인이 되고, 규범과 행동기준을 제공하며, 또한 이를 준수했을 때 청소년들은 집단으로부터 인정과 지지를 받는다. 청소년들은 이 시기의 우정을 통하여 타인을 이해하고 배려하는 사회적 기술을 획득하게 된다.

청소년 전기의 신체적 성숙은 이성에 대한 관심을 갖게 한다. 그러나 이성교제 역시 주로 집단적인 데이트를 하다가 청소년 후기에 접어들면서 개별적인 이성교제가 본격적으로 시작된다. 이 시기의 이성에 대한 관심은 주로 자기에게 관심을 보이는 사람에 대해 관심을 보이는 등 다소 소극적이고 제한적인 면이 있다. 즉, 청소년들은 이성으로부터 주의와 관심을 끌기 위해 노력하지만 막상 이성을 만나면 자신의 감정을 숨기기 위해 웃고 떠들거나 무관심한척 행동한다.

2. 청소년 후기

1) 개념

청소년 후기는 청소년 전기부터 성인기 이전까지 사이를 의미하는데, 이는 대략 18세에서 22~23세까지를 말한다. 이 시기의 특징은 부모로부터 심리적으로 독립하기 시작하며 대학에 진학하거나, 군에 입대하거나, 직업을 갖는다. 이 때는 심리적 독립으로 일상의 문제를 스스로 처리하고 결정하게 되고, 청소년 전기의 부모와의 갈등은 점차 긍정적으로 회복된다. 설리반은 부모와 청소년 후기 자녀 사이의 물리적 거리가 멀수록 심리적 거리는 더 가까워지며 자녀 스스로 의사결정을 할 수 있는 기회가 많아지기 때문에 더 유익하다고 하였다. 그러므로 집을 떠나 있는 경험은 자율성 획득과정에서 중요한 촉매기능을 하기 때문에 후기 청소년들에게는 한 번 시도해 볼 만한 가치 있는 경험이다.

2) 정체감

(1) 자아정체감

자아정체감이란 용어를 가장 먼저 썼을 뿐 아니라 이론적 발전과 실제 적용에 가장 두드러지게 이바지한 사람은 Erikson이다. 그에 의하면, 자아정체감은 전 생애에 걸쳐 인간이 획득해야 할 발달과업임과 동시에 청소년기의 중심적인 과업이다.

먼저 자아정체감의 의미를 알아보면, 첫째 '~로서의 나' 간의 통합감을 의미한다. 한 개인은 다양한 지위와 역할을 부여받고 있는데, 이러한 다양한 지위에 따른 역할들이 통합되는 것을 의미한다. 다시 말하면 정체감은 다양한 역할에 따른 자아의 진실되고 일관된 모습이라고 할 수 있다.

둘째, 자아정체감은 과거의 나와 현재의 나 그리고 미래의 나 사이의 연속성 또는 일관성을 의미한다. 이것은 자신과 타인에게 믿음을 주고, 정신적 안정감을 주며, 삶의 가치를 명료하게 할 수 있는 요인이라고 할 수 있다.

셋째, 자아정체감은 주체적 자아와 객체적 자아간의 조화를 뜻한다. 자아는 내가 내 자신을 볼 때의 나(주체적 자아)와 내가 다른 사람의 눈에 비쳐지고 있는 것을 내가 지각할 때의 나(객관적 자아)로 구분된다. 자아정체감은 주체적 자아와 객체적 자아의 완전한 조화로서 자신의 존재감을 인식함과 동시에 타인과의 원만한 관계를 발전시킬 수 있는 상태를 말한다.

넷째, 자아정체감은 '나는 나다'는 실존의식을 의미한다. '나'라는 존재는 생물학적으로는 부모의 자식이지만, 실존적 의미로는 '누구로부터의 존재가 아닌 오직 나'인 것이다. 다시 말하면 절대적 자유, 자기 선택, 자기책임, 참 만남의 관계를 통해 '나는 나다'라는 완전한 실존의식을 갖는 것을 자아정체감이라고 표현할 수 있다.

Erikson에 의하면 일관성이 있고 동질적인 사회(가족)에서 자란 사람들은 정상적인 정체감, 즉 문화의 기대와 가치에 적합한 정체감을 형성하기 쉽다고 한다. 따라서 안정적이고 일관성 있는 환경이 정체감 형성에 매우 중요한 요소이다.

Marcia는 정체감 위기가 있을 때 사람들이 대응하는 네 가지 방식을 다음과 같이 제시하였다.

① 자아정체감 달성

자기 삶의 주체성과 생활의 안정감, 개인 내적 신념체계에 대한 믿음과 일관성 등을 갖는 것을 말한다. 자아정체감이 성취된 개인은 자신의 성 역할에 대한 분명한 인식, 태도와 소속 집단에 대한 내적 일치성(집단 정체감)을 갖는다. 이와 같은 과정을 거쳐서 자아정체감을 확립했을 때 개인에게 나타나는 가장 대표적인 특징은 성실성이다. 자아정체감이 확립된 청소년은 목적의식이 뚜렷하고, 성취 욕구가 뛰어나고, 반(反)권위주의적이고, 보다 현실적이며, 원만한 대인관계를 갖는다.

② 정체감 유실

가치와 직업, 개인 이념 등에 관여는 하고 있지만, 위기의식은 없는 상태이다. 이들은 어떤 어려움과 불안 없이 성인기로 들어서고 직업과 가치에 대한 결정을 스스로 하는 대신에 부모가 이미 오래 전에 결정해 놓은 상태다. 이를테면 부모가 살기를 원하는 방식대로 사는데 대해 갈등을 하지 않는 유형이다. 따라서 외형상으로는 안정된 상태처럼 보이지만, 내적으로는 미성숙 상태에 있다고 할 수 있다. 이들은 자신을 타인과의 관계에 따라서만 정의하고자 하는 것으로, 주로 여성들에게 나타나는데, 이는 남녀의 문화적 차이에서 비롯된다고 볼 수 있다. 여기서 유실이라는 것은 변화와 성장의 가능성을 차단하였다는 의미이다.

③ 정체감 혼란

정체감 혼란을 경험하는 사람들은 인생의 방향을 결정하는 데 심각한 어려움을 보이며 이러한 위기를 해결하지 못한 사람들이다. 사춘기의 청소년들은 신체 생리적인 변화와 사회적 요구의 변화, 동일시 대상의 변화 등을 겪으면서 소위 '나는 누구인가', '나는 어디서 와서 어디로 가는 존재인가' 등과 같이 자기 존재와 삶에 대해 궁극적인 질문을 던지고 그 해답을 찾기 위해 방황하게 되는데 이것이 정체감 혼란의 대표적인 특징이다.

④ 정체감 유예

지불유예 시기로서 관여는 거의 이루어지지 않지만 위기 상황을 경험하고 있는 상태이다. 자기 삶의 주체성과 독립성을 주장하기에는 무언가 불안하고, 또 자신감도 없는 까닭에 아동도 아니고 성인도 아닌 어중간한 청소년으로서의 특권을 계속 유지시켜 나가고자 하는 일종의 정체시기라고 할 수 있다.

(2) 직업 선택

Freud는 건강한 성인의 척도를 일과 사랑으로 보았다. 이처럼 청소년 후기에 달성해야 할 중대한 과업 가운데 하나가 직업 선택이다. 직업이나 전공을 선택하려면 그에 대한 정보도 중요하지만 무엇보다도 자신에 대한 올바른 이해가 먼저 앞서야 한다. 자신의 성격, 적성, 능력에 대한 이해를 바탕으로 직업을 선택해야 하고 이런 이해가 있어야만 그 직업을 얻기 위한 노력을 기울임과 동시에 좀 더 많은 희생과 고통을 감내하게 된다.

그러나 자신에 대한 분명한 이해는 무엇보다 자아정체감이 형성돼야 가능하다. 특히, 직업 선택은 개인이 은퇴할 때까지, 그리고 은퇴 후에도 그 개인을 특징짓는 사회적 정체감 혹은 사회적 역할을 대표하므로 인생에서 매우 중요한 과업이라 할 수 있다. 직업 선택은 개인이 자신에 대한 개념을 규정하는 과정이며 직업에 의해 타인이 그 사람을 확인하고 판단하기 때문에 이를 직업-

정체성이라고도 한다.

Ginzberg는 개인이 직업을 선택하는 세 가지 단계를 설명했다. 개인적 소망을 근거로 직업 선택을 고려하는 시기로, 아동기의 직업관에 해당하는 환상기가 있다. 시험기는 청소년 초기의 직업 선택으로 자신 스스로 현실적인 문제를 고려하기 시작하며 다양한 직업에 대해 심사숙고하고 직업 선택을 위해 진학 문제를 심각하게 고려한다. 청소년 후기에 해당하는 시기로, 실제적인 경험이나 교육과 훈련을 통하여 특정한 직업을 선택하는 현실기이다.

(3) 성 역할 정체감

성 역할 정체감은 개인 정체감의 한 부분으로서 사회가 그 성에 적절하다고 인정하는 특성이나 태도를 동일시하는 것을 의미한다. 따라서 남성은 그 사회가 여성적 특성이라고 보는 감정표현을 수치스러워하고, 여성에게 성적 매력을 느끼거나 이를 표현하는 데에 거침이 없고 공격적이며, 경쟁적인 작업을 수행하는 것에 익숙하도록 사회화된다. 반대로 여자는 정서적이고 관계 지향적이며 타인에 대한 배려를 우선시하고 일보다 가사에 더 많은 관심을 갖도록 사회화된다. 이처럼 사회적으로 규정하고 있는 성 역할을 정형화된 성 역할이라 한다.

McCammon은 정형화된 성 역할을 여성과 남성 모두에게 몇 가지 점에서 불리하다고 한다. 우선 여성에게 불리한 점은 ① 전통적인 성 역할과 다른 불리한 교육체계와 직장에서 남성과 다른 불리한 대우를 받는다. ② 여성에게 전통적인 성 역할은 부정적인 자기개념을 갖게 하여 직업에서의 성취를 방해받게 한다. ③ 사회적 계층과는 상관없이 직장을 다니는 여성들은 남성들보다 상대적으로 더 많은 시간과 에너지를 가사와 자녀양육에 보내기 때문에 직장일에 덜 공헌하고, 결혼만족도도 여성이 더 낮다. ④ 전통적인 성 역할은 여성으로 하여금 스스로를 남성들의 관점에서 평가, 즉 외모와 신체에 중점을 두어 자신의 가치를 평가하게 한다.

또한 남성에게도 다음과 같은 점에서 불리하다. ① 일을 통해 정체감을 확립하여야 한다는 사회적 압박은 직업에서의 낮은 위치가 인간으로서의 낮은 위치를 의미하는 것으로 받아들이는 압박감을 받게 된다. ② 정형화된 전통적인 남성의 역할은 감정을 표현하지 않는 것을 남성다움으로 보기 때문에 여성에 비해 상대적으로 사람에 대한 친밀감을 갖기 어렵다. ③ 전통적인 남성의 역할이 성취, 경쟁, 감정의 억압을 강조하므로 이런 스트레스가 신체적 건강을 해칠 뿐만 아니라 흡연이나 음주를 하게 됨으로써 수명이 짧아진다.

무엇보다도 정형화된 성 역할은 인간이 근본적으로 양성(兩性)성임을 부정하여 다른 성 역할을 통한 창조성과 개성을 방해한다. 따라서 정형화된 성 역할보다 자신의 개성과 능력에 가까운 역할을 융통성 있게 사용하여 보다 창조적인 역할을 수행하도록 할 필요가 있다. 청소년들에게도 건전하고 융통성 있는 사회적 성 역할의 수용이 청소년 발달에 필수적인 요소라 할 수 있겠다.

(4) 청소년기의 사회복지실천

청소년을 제대로 이해하고 돕기 위해서는 무엇보다도 성인들이 청소년을 어떻게 볼 것인가 하는 점에 대해 제대로 관점을 정립하는 것이 필요하다.

3. 청소년기의 사회복지실천 영역

1) 청소년 비행

청소년 비행은 청소년이 형벌 법령에 위배되는 행위를 하거나, 보호자의 정당한 감독에 복종하지 않거나, 가출 · 음주 · 흡연 · 폭력 · 흉기소지 · 원조교제 · 성폭력 · 청소년 유해업소 출입 · 약물남용 등의 행위를 하는 것을 말한다. 청소년 비행의 원인은 크게 4가지로 나뉜다. 성격적 요인으로는 청소년 개인의 성격결함이나 욕구불만이 있으며, 사회구조적 요인으로는 가족배경, 교우관계, 학교생활, 대중매체의 영향 등이 있다. 지역사회 요인으로는 지역사회의 규범이 확립되어 있지 않고 각종 다양한 모순이 존재하는 것과 관련되어 있으며, 사회변동 요인으로는 급격한 산업화, 도시화가 등이 있다.

청소년 비행을 예방하기 위해서는 청소년이 바람직한 자아와 가치관을 정립할 수 있도록 해야 한다. 또한 건전한 여가 및 청소년문화와 접할 수 있는 기회를 촉진하며, 청소년 유해환경을 정비하고 비행에 노출된 청소년을 적극적으로 발견하여 지도해야 한다(청소년학회 편, 1999 : 328~329). 이와 같이 청소년 비행의 예방은 청소년 본인은 물론 가정, 학교, 지역사회 및 국가의 총체적인 노력이 있어야 한다(이근홍, 2012 : 115).

2) 우울증

우울증은 일반적인 우울한 느낌이나 불행한 감정을 느끼는 것만으로는 진단될 수 없으며, 경험한 스트레스에 비하여 우울한 감정이 지나칠 정도로 심하게 나타나거나, 우울증이 일으키는 선행사건이 불분명할 때 진단될 수 있다. 또한 우울증은 우울 증상이 너무 심해 일상생활에 지장이 있거나, 우울 증상이 너무 심한 상태에서 만성화되어 장기간 지속될 경우에 적용될 수 있다.

청소년들은 극심한 피로감, 주의집중장애, 두통, 복통 등의 증상으로 표출되기도 하며, 반사회적 행동이나 문제행동으로 나타나기도 한다(이근홍, 2012 : 116).

3) 자살

청소년이 자살하는 원인으로는 학업부진, 진학실패, 실연, 원하지 않는 임신,

부모의 사망이나 이혼 등이 있다. 특히 과중한 스트레스에 대처할 수 있는 능력을 지니지 못하여 자살만이 유일한 해결책이라 생각하기 때문에 자살을 하는 것이다. 또한 부모를 비롯한 중요한 타자들과의 대화의 단절로 정신적으로 의지할 곳이 없다고 생각할 경우에 극단적인 행동을 취할 수 있다(이옥형, 2002 : 453).

특히 청소년들은 자살하기 이전에 우울한 경향이 증가하고, 대인관계가 멀어지고 고립되며, 자살기도에 대한 암시를 하고, 학업성적이 떨어지며, 지나치게 외모에 무관심하다는 것이다. 따라서 청소년들을 자살의 위험으로부터 보호하기 위해서는 부모를 포함한 중요한 타자들이 자살의 경고나 의사 및 특유의 행동유형을 빨리 파악하여 적절히 개입을 취하는 것이 중요하다.

4) 섭식장애

섭식장애(eating disorders)는 성장기 청소년의 신체발달을 저해할 수 있으며, 죄책감, 수치심, 우울증, 스트레스 등의 원인이 되기도 한다. 섭식장애는 주로 여성 청소년에게 많으며, 거식증과 폭식증이 여기에 속한다. 거식증은 비만에 대한 공포가 원인이 되며, 자신의 체중에 대해 실제 체중보다 높게 지각하는 왜곡된 신체상을 갖고 있는 것이 특징이다. 거식증은 적절한 영양을 섭취하지 못해 신체기능이 약화되어 빈혈, 저혈압, 월경불순, 심장기능 약화, 근육약화, 골다공증 등을 일으킬 수 있으며, 심하면 생명을 잃기도 한다(Santrock, 1997 : 376).

폭식증(bulimia)은 많은 양의 음식을 한꺼번에 섭취하고 체중의 증가를 막기 위해서 인위적으로 토하거나 설사약을 복용하는 등의 왜곡된 행동을 반복하는 심리적 장애이다. 거식증은 대개 마른상태를 보이지만, 폭식증은 전형적으로 정상적인 체중을 유지하고 건강하며 사교적인 모습을 보인다(Zanden, 1997 : 335).

폭식증을 가진 사람은 거식증처럼 자신의 체형이나 체중에 대해 지나친 우려를 갖게 되며, 엄청난 양의 음식의 섭취로 인하여 죄책감, 수치심, 우울증 등에 빠지게 된다.

5) 집단따돌림

집단따돌림은 두 명 이상이 집단을 이루어 지속적이면서도 집요하게 특정인을 그가 소속한 집단 속에서 소외시켜 구성원으로의 역할수행을 제약하거나 인격적으로 무시하고 괴롭히는 일체의 심리적 · 신체적 행위를 말한다. 집단따돌림의 원인은 집단 내에서 유사성이 결여된 한 개인에 대한 집단의 거부반응, 자신과 타인의 차이를 인정하지 않으려는 집단이기주의, 불안심리를 완화하려는 무의식적인 자기방어, 갈등 해소를 위한 표출 등이라 할 수 있다(허혜경 · 김혜수, 2002 : 281). 집단따돌림의 피해는 학업부진, 등교 거부, 심리적 장애, 소외감, 무기력, 자신감의 결여, 우울증, 자살 등으로 나타날 수 있다(이근홍, 2012 : 118).

청소년은 성인과 동등한 자주적이고 독립적인 인격체인 동시에 오늘의 사회를 이끌어 가는 중요한 사회구성원이다. 청소년은 성인과 동등한 인간으로서의 권리를 가진 평등한 사회적 존재이며 나름대로의 자의식과 창의성, 개발성, 호기심과 도전의식, 무한한 잠재능력, 순수한 비판의식 등 성인에게는 찾아볼 수 없는 우수한 역량을 가진 개체이다. 따라서 청소년들의 개별적이고 다양한 요구를 인정하여야 하며 성적이나 장애 여부, 빈곤 등과 관계없이 인간의 존엄성이 유지되어야 한다. 또한 청소년을 어떤 단면이나 부분만으로 이해해서는 안 되며 다면적, 전체적인 존재로서 인식해야 할 것이다.

4. 성장과정 중에 있는 청소년

청소년은 신체적, 인지적, 정서적, 사회적으로 변화하며 성장하는 과정 속에 있다. 성장의 각 측면들이 균형과 조화를 이루어 서로 다른 측면의 성장을 촉진할 수 있도록 통합될 때, 또 청소년을 둘러싼 환경이 청소년의 성장을 촉진하는 방향으로 조성되고 제공될 때 청소년의 성장과 변화는 바른 방향으로 이루어질 것이며 성장이 극대화될 수 있을 것이다. 청소년의 성장을 전체적, 통합적으로 보지 않으면 어느 한 측면의 지나친 강조가 다른 측면의 성장을 저해하거나 환경적 요소들이 성장의 속도를 늦추거나 변화의 방향을 왜곡하는 등 바람직하지 못한 결과를 초래하기 쉽다.

5. 사회구성원으로서의 청소년의 복지권 인정

청소년기는 단지 과도기로서의 의미만 갖는 것이 아니라 가족으로부터 독립하고 동성과 이성의 친구를 선택하고 진로를 정하는 등의 다양한 발달과업을 수행하는 독특한 발달단계이다. 이러한 발달과업의 성공적인 이행여부는 청소년을 둘러싼 환경에 의해 크게 좌우되기 때문에 청소년기는 타 세대에 비해 외적 자원이 더 절실하게 필요하다고 하겠다. 청소년은 한 사람의 인간으로서 인권을 가질 뿐 아니라 그 연령 때문에 가정과 사회의 특별한 보호를 필요로 하는 존재이며 우리나라 법에서도 모든 청소년이 청소년복지의 대상임을 분명히 하고 있다. 그러나 지금까지 청소년정책은 청소년을 미성숙한 보호대상으로 규정하여 비행이나 범죄를 예방하는 선도, 보호정책으로 일관하거나 청소년들을 현 사회의 구성원으로서 인정하지 않고 기본적인 인권이나 사회적 권리를 유보한 채 전반적인 청소년의 삶의 질을 향상하는 노력은 소홀히 해왔다. 이는 청소년을 미래의 주역으로만 간주하여 현재의 생활과 활동은 미래를 위해 준비하는 것으로 이해, 유보함으로써 오늘을 살아가는 사회구성원으로서 독립된 인격체임을 간과하게 되었고 이로 인해 청소년은 정책의 대상으로만 간주함으로써 청소년의 자발적인 참여와 스스로의 활동을 제약하는 결과를 낳게 되었다.

〈우리나라 현행 입시제도의 개선과 학교사회복지의 시행〉

우리나라의 입시제도는 많은 부적응 현상을 낳은 요인이 되고 있다. 이러한 부적응 행동들은 최근에 인터넷 중독 등 수많은 이차적인 문제를 양산하고 있다. 따라서 이들의 정체성은 왜곡될 가능성이 높다. 또한 주관적으로 또래경험에서 위축되고 소외감을 더 많이 경험하는 것으로 나타났다.

6. 올바른 청소년 문화의 정립

우리나라 청소년 문화의 특징은 다음과 같다.

① 권위적이고 경쟁적인 학교문화를 들 수 있는데, 이는 심하게 표현하면 오늘날 청소년의 문제와 비행을 조장하는 장본인 중 하나가 학교라는 지적이 자주 제기된다. 오로지 공부라는 학습활동만 있을 뿐 실제 생활은 없고, 공부에 직업적으로 전념하는 학생신분이 있을 뿐 청소년이라는

삶의 인간, 정체를 찾기가 어렵다.

② 도피성 성문화와 지나치게 탐닉적인 성문화를 들 수 있다. 청소년들의 성문화에서도 한편에서는 성을 혐오하거나 성에 관심을 갖지 않는 채 성에 대해 무지한 도피 그룹이 있는가 하면 다른 한편에서는 지나치게 성에 대해 관심이 많고 음성적으로 성적 쾌락과 자극을 추구하고 밝히는 것에 탐닉하고 있다.

③ 획일적이고 모방 일색의 대중문화와 상업주의적 소비문화를 들 수 있다. 이런 청소년 대중문화 속에 보이는 문제점은 그것이 창의성이 부족한 채 모방일색이라는 점과 청소년들의 취향, 기호, 감각이 다양하지 못하고 획일적인 특성을 보여주고 있다는 점이다. 이것은 청소년들이 다양한 문화 경험이나 양질의 문화적 감수성과 선별 능력을 키울 수 있는 여러 가지 놀이문화나 여가문화의 기회가 사라진 채 획일적인 주입식 교육 현실 속에서 성장해 왔다는 데에서 주요 원인을 찾을 수 있을 것이다.

④ 마지막으로 빈곤한 여가문화와 부족한 문화공간을 들 수 있다. 한국 청소년들은 여가시간이 매우 적을 뿐만 아니라 그나마 여가시간을 주로 TV 시청에 보내는 경우가 많기 때문에 '한국 청소년들에게는 여가시간은 없고 TV보는 시간만 있다'고 표현되기도 한다.

청소년들은 성인보다 미숙하고 성인이 되기 위해서 준비하는 집단으로만 파악하지 말고 성인 대신 새로운 삶을 시도해 보는 시험 집단으로 바라보고 성인과 주종관계가 아닌 동반자적 관계를 정립할 필요가 있다.

청소년에 대한 접근은 당면한 문제나 어려움을 극복할 수 있도록 돕는 것에서부터 청소년의 성장 가능성을 최대한 발현할 수 있도록 돕는 것까지를 포함한다. 따라서 원조대상도 단지 스스로 문제가 있다고 상담을 요청한 청소년에서부터 간접적으로는 청소년의 성장을 촉진할 수 있는 가족, 또래, 학교, 지역사회 등 주위 환경들도 그 대상이 된다.

제 4 장

성인기

1. 초기 성인기
2. 중년기
3. 중년기의 사회복지실천

성인기는 대체로 청소년기가 끝나는 20대 중반에서 노년기가 시작되는 만 65세 이전까지이다. 성인기에는 무엇보다 심리적 · 신체적으로 부모로부터 독립하여 자신의 가정을 이루거나 직업을 갖게 되고, 사회적 관계에서 가장 활발한 활동을 펼치는 시기이다. 성인기는 이제까지 준비해 온 것을 실현하고 구체화시키는 시기로서 사회적 측면에서 다른 사람을 사랑하고 보살피는 능력이 심화되는 시기이며 신체적 지능이나 인지적 능력의 획득에 의해 일어나기보다는 주로 사회적 · 문화적 요소에 의해 주도된다(Specht & Criag, 1987). 또한 자신의 신체적 변화에 적응하며 자녀 및 노부모와의 새로운 관계를 형성하고 자신에게 맞는 여가활동을 통해 새로운 변화에 적응해 나가야 하는 시기이기도 하다.

이 장에서는 성인기를 초기 성인기(20대 초반에서 40대 이전)와 중년기(40세에서 65세 이전)로 나누어 각각의 발달적 특성을 살펴보고 이 시기의 사회복지실천에 대해서 알아보고자 한다.

1. 초기 성인기

1) 개념

초기 성인기에 해당하는 나이를 어떻게 규정할 것인지는 여러 견해가 있다. 23세에서부터 45세나 50세까지에 해당하는 시기를 초기 및 중기 성인기로 규정하기도 하며, 레빈슨 등(Levinson et al., 1974)은 초기 성인기를 세부적으로 구분하였는데, 17세부터 24세는 집을 떠나 독립적으로 되어가는 시기, 22세에서 28세까지는 성인의 세계로 들어가는 시기이며, 30세에는 자신의 나머지 인생을 어떻게 살 것인지 결정하는 시기, 32세에서 40세 사이의 나이는 정착의 시기라고 하였다.

이 책에서는 초기 성인기를 25세 부터 40세 이전의 시기로 규정하고자 한다. 이 시기는 신체적 · 심리적 · 사회적으로 성숙해지며 일생에서 가장 활력이 넘치고 활동적인 시기이다. 이 시기에는 사회가 기다하는 바를 어떻게 수행하느냐 하는 것이 중요한 과업으로, 직업을 선택하고 배우자를 선택하여 가정을 이루고, 자녀를 양육하고 부모로서의 역할을 수행하면서 직장과 가정생활을 조화롭게 수행해야 하는 시기이다. 이 시기의 과업을 성공적으로 성취하면 성인 중기나 그 이후의 삶이 더욱 만족스러워진다.

2) 초기 성인기의 특성

(1) 신체적 특성

성인 초기에는 신체발달이 완성된다. 신체적 능력은 25세에서 30세가 가장 건강한 시기이다. 30세가 지나면 신체적 기능이 감퇴하기 시작하며, 시각, 촉각, 후각, 미각 등은 20세경에 최고조에 달했다가 40세 정도가 지나면 점점 나빠지기 시작한다. 근육의 발달은 성인기에 완전히 이루어지며 근력의 절정이 25세에서 30세 사이에 나타난다. 이후 근육의 약화가 시작되며 주로 등과 다리의 근육이 약해지기 시작한다. 그렇지만 팔 근육의 약화 정도는 덜하다.

초기 성인기에는 체력, 지구력 등이 최고조에 달하며, 심폐기능과 생식능력이 왕성한 시기이지만, 면역기능은 다소 떨어진다. 피부는 청소년기 이후 수분을 잃기 시작하여 점점 건조해지면서 이 시기부터 주름이 생기기 시작한다.

초기 성인기의 외모는 자아개념에 매우 중요한 역할을 하는데, 특히 외모에 많은 가치를 부여하는 여성의 경우 더욱 중요하며, 연령과 관계된 외모의 변화는 개인에 따라 차이가 크며, 성별로도 차이가 있다. 머리카락은 여성보다 남성이 더 빨리 감소하며, 얼굴의 주름은 남성보다 여성이 많다. 초기 성인기의 건강에 영향을 미치는 요소로는 음주, 흡연, 약물남용 스트레스, 음식물, 운동 등이 있다.

(2) 심리적 특성

① 인지발달

인간의 인지발달은 대략 25세경부터 하강곡선을 그리는 것으로 알려지고 있으며, Piaget는 청소년기에 형식적 조작사고가 발달한 이후에는 인지발달이 거의 이루어지지 않는 것으로 보았다. 그러나 Arlin(1975)이나 Riegel(1973)은 그 이후에 인지발달은 지속적으로 이루어진다고 하며(권중돈 · 김중배, 2006 : 130) Piaget의 인지발달이론에 대한 비판이 제기되었다. 현재는 기계적 암기나 지적 과제의 수행속도는 10대 후반이 가장 뛰어나지만, 판단, 추론, 창의적 사고 등은 전 생애에 걸쳐 발달하는 것으로 보는 견해가 우세하다.

초기 성인의 인지발달은 자신이 속한 직장이나 사회, 더 나아가 생태적 맥락에서 발생하는 여러 복잡한 문제를 해결하고 적응해야 하는 시기이며 이 시기의 사고는 실용적 필요성과 압박감이 강하다. 이로 인해 현실에 대한 실용적 적응 방안을 탐색하는 실제적 문제해결 사고로 변화하게 된다(Labouvie-Vief, 1986 : 신종우 외 재인용).

따라서 초기 성인기의 인지변화를 정확히 판단하기 위해서는 개인의 교육수준, 사회경제적 지위, 건강상태 등을 동시에 고려해야만 하며, 최근의 연구들을 종합해 보면 초기 성인기에는 새로운 지능발달도 거의 일어나지 않으나, 인지기술의 상실도 뚜렷하게 나타나지 않는다.

② 친밀감의 발달

초기 성인기의 중요한 발달과업은 가족 이외의 다른 사람들과 친밀감을 형성하는 것이다. 친밀감이란 상대방과 가깝게 되는 과정에서 자신의 정체감을 잃지 않고 상대와 개방적이고 우호적이며 조화로운 관계를 맺는 것을 의미한다. 타인과 친밀한 관계를 형성한 사람은 자신의 견해나 계획을 다른 사람들과 의논할 수 있으며, 감정이입능력, 욕구조절능력, 자기통제능력 등을 갖추고 있다. 친밀감의 형성은 자아정체감을 확립한 후에 이루어지는 것으로 자신을 가치 있고 유능하며 신뢰할 수 있는 사람으로 지각할 수 있을 때 가능하다(김태련 · 장휘숙, 1996 : 315).

초기 성인기의 친밀감은 결혼상대와의 애정, 사회생활에서 우정 등을 포함한다. 결혼 관계에서의 친밀감의 경우, 수년 동안에는 발달하기 어렵지만 초기의 적응관계를 거치면서 친밀감이 형성되고 인간관계가 점차 성숙한다.

이러한 친밀감 형성은 남성과 여성의 사회화과정의 차이로 인하여 다르게 나타나는데, 남성의 경우에는 사회화과정에서 독립성, 정서표현 억제를 남성다운 행동으로 수용하여 상호의존적 관계형성이나 정서적 표현력에서 제한을 받게 된다. 그러나 여성은 사회화과정에서 표현적, 감성적 역할을 여성적인 역할로 수용함으로써 초기 성인기의 친밀감 형성에 보다 유리하다.

친밀감을 획득하지 못한 성인은 지나치게 자기 의식적이고 자신의 사회적 행동과 적응에 대해 걱정하고 불안하기 때문에 원만한 사회적 상호작용을 하지 못하여 고립감에 빠져들게 된다. 그들은 친근감의 형성이 자신의 정체감 확립을 손상시킨다고 생각하여 자신과 타인의 관계형성을 제한한다.

(3) 사회적 특성

① 결혼

결혼은 친밀감이 형성되고 성숙한 사회적 관계가 확립되면서 배우자를 선택하여 새로운 가족을 형성하는 것이다. 확고한 자아정체감을 형성하여 이성과 친밀한 관계를 형성할 능력이 있거나 부모나 친지들이 결혼적령기내에 결혼하기를 기대할 경우 결혼상대자를 선택하게 된다.

배우자 선택에 있어서는 근접성, 이상적 이성상, 부족한 부분에 대한 보상적 욕구, 환경의 동질성, 성향의 동질성 등이 선택의 동기로 작용할 수 있다. 배우자의 선택에서 고려해야 할 주요 사항으로는 신체적 · 정신적 건강, 성숙한 성격, 사회적 · 경제적 · 문화적 배경을 포함한 성장배경, 건전한 이념과 가치관, 연령, 경제적 능력 등이 있다. 결혼 후 첫 몇 년간은 상호적응의 과정을 겪게 된다. 서로 다른 가족문화에서 성장한 배우자는 서로 간에 타협을 요구하게 되는데, 기본적인 일상생활 관련사항, 금전지출, 성생활 및 여가활용, 원가족(family of origin)과의 관계 등에 대해서 서로 의논하고 협의해야 한다.

그 외에도 결혼만족도에 영향을 미치는 변인으로는 소득이나 직업지위, 남편의 가사참여 정도, 부부간의 대화와 공동의 여가활동 등이 있다(이정덕 외, 2003 : 237). 소득의 경우 소득 자체보다는 소득에 대한 주관적 평가가 영향을 미치고 있으며 부부간의 대화의 경우 빈도와 효율성, 자기 개방성 측면 등이 결혼만족도에 영향을 미친다.

② 자녀양육

자녀의 출생은 부부의 인생에 있어서 중요한 전환점이 된다. 부부만의 관계로부터 전적으로 의존적인 인물을 포함하는 가족관계로의 전환은 혼인생활을 변화시킨다. 자녀의 출생은 부모가 되는 기쁨과 함께 혼인생활의 만족감과 행복감을 저해할 수 있다. 자녀 출생 후 몇 개월 동안 부모들은 수면부족을 겪고 새로운 의무감과 가사의 분담문제에 직면한다. 자녀 돌보기에 대한 자신감 부족과 양육방식의 차이도 갈등의 원인이 된다. 자녀의 출생은 부모의 애정표현과 함께하는 여가활동도 줄어들게 만든다. 이처럼 많은 어려움을 가지게 되지만, 자녀는 혼인관계를 안정시키며 가족생활의 만족과 행복의 원천이 된다. 출생 후 어려운 시기를 겪고 나면 가족 간의 강력한 유대관계가 형성된다.

장년기의 중요한 발달과업 중 하나는 자녀의 양육이다. 자녀의 양육은 정서적 · 인지적 학습이 요구되는 어려운 과정이다. 그러나 시간이 지나면서 자녀의 특성과 요구에 효과적으로 대처할 수 있는 능력을 획득하게 된다.

자녀의 발달단계에 따라 요구되는 부모의 양육방법이 변화되어야 한다. 영아기에는 계속적인 부모의 보호와 관심이 필요하며, 유아기에는 자율성을 획득할 수 있도록 부모가 훈육하고 인내하여야 한다. 아동기에는 또래집단과의 관계형성 및 기술획득과 재능발휘를 위해 부모의 도움이 필요하며, 자신의 능력을 확장시키고 가정 밖의 새로운 세계에 대한 탐색을 위하여 새로운 경험이 요구된다(이근홍, 2006 : 123).

따라서 자녀출산 이후에도 부부간의 적응상태를 적절히 유지하기 위해서는 부모로서의 역할전환에 대한 준비가 되어 있어야 하며, 육아에 대한 지식을 가지고 있어야 한다. 또한 부부간의 역할과 책임에 대한 재조정을 포함한 전체 가족생활의 재조정이 이루어져야 한다.

③ 직업생활

초기 성인기 중요한 발달과업 중의 하나는 직업을 선택하고 그에 따르는 준비를 하는 것이다. 이 시기에는 직업을 통해서 경제적으로 자립하고 자신의 인생을 개척해 나가면서 자아실현을 하는 시기이다. 직업은 초기 성인기 삶의 형태를 결정하는 요인이라 할 수 있으며, 직업을 선택하고 준비하는 과정을 직업발달이라고 하며 이런 과정에서는 개인의 인성 특성과 사회적 · 경제적 · 직업적 현실과의 조화를 맞추는 것이 필요하다.

직업생활은 초기 성인기의 생활에 중요한 의미를 가진다. 자기가 선택한 직업에서 만족을 느끼지 못하는 사람은 일생을 통해서 행복을 느끼지 못할 정도로 직업생활은 인생에서 매우 중요한 의미를 가진다.

직업성공은 직업 선택과 관계가 있었던 흥미, 능력, 적성의 요인 이외에도 특정 직업에 대한 준비와 사회화, 새롭고 어려운 도전들을 얼마나 잘 처리할 수 있는가 등에 달려 있다. 성인기는 또한 기본적 가족생활 시간을 결정하는 시기이므로 가장이 직업적 요구에 어떻게 반응하느냐에 따라 가족생활 시간이 달라질 수 있다.

직업역할을 성공적으로 수행하기 위해서는 자신이 수행해야 할 특정 직무와 관련된 전문지식과 기술을 학습하여야 하며 직무에 따르는 지위와 의사결정과정 등의 권위관계에 대해서도 학습해야 한다. 또한 직업적 요구사항과 위험요인을 정확히 인식하여 대처 능력을 기르고 직장동료와의 관계 또한 중요한 요소이므로 그들과 조화로운 상호작용 및 협력관계를 유지해야 한다(이소희 외 공저, 2005 : 275).

2. 중년기

1) 개념

이 시기는 40세에서 노년기가 시작되는 65세 이전까지를 의미하며 인생의 목표를 성취해 가는 절정기이다. 이 시기에 속한 사람들은 자녀양육과 노부모 부양에 대한 책임감을 수행해야 하기 때문에 소위 '샌드위치 세대'라 불리기도 한다. 그러나 노화가 시작되는 자신의 신체적 · 생리적 변화를 인정하고 적응하며 사회에 공헌하고 생산성을 획득해 나가면서 위기를 대처한다. 성숙한 부모의 태도를 소유하고 자녀를 지도하며, 부부간의 동반자 의식을 신장시키고, 노부모를 부양한다. 또한 직업안정을 통해 경제적 안정을 누리고, 여가를 활용하여 은퇴에 대비해 나간다.

2) 중년기의 특성

(1) 신체적 특성

① 신체적 변화

중년기의 성인들은 대부분 양호한 건강과 삶의 에너지를 지니고 있다. 그러나 신체적인 노화가 점차 시작되기도 한다. 피부는 탄력을 잃게 되어 늘어지며, 더욱 얇아지게 되고 혈액순환이 잘 되지 않아 안색이 나빠진다. 모발이 많이 빠지며, 머리카락이 은백색으로 변하고 가늘어지면서 성장속도도 느려진다. 얼굴의 전체적인 모습에 변화가 생기며, 치아도 차츰 마모되어 간다.

또한 이 시기에는 신체적인 힘도 활력을 잃어 가며 질병에 대한 저항력이 떨어지면서 병에 잘 걸리고 회복에 걸리는 시간도 더 많이 소요된다. 맛, 냄새, 통증 등에 대한 민감성이 감소하며, 반응시간이나 감각운동기술과 같은 생리적인 기능도 감소하기 시작한다. 감각기관도 노화도 눈에 띄는 변화 중 하나로써 그 중 시력의 약화가 가장 현저한 변화이다.

이와 같은 신체구조 및 기능상의 변화로 중년기는 고혈압, 심장병, 당뇨, 관절염 등과 같은 만성적인 성인질환에 걸릴 가능성이 높아진다. 중년기의 사람들은 이러한 신체적 변화에 스스로 적응해야 하고 특별한 경우를 대비하여 자신의 에너지를 잘 비축해 두어야 한다. 자신의 신체적 능력과 에너지 수준에 맞는 활동과 운동을 통해 건강 유지에 신경을 써야 한다.

② 성적 변화

중년기에는 남녀 및 개인차가 있기는 하지만 성적 능력의 저하가 이루어지며, 이러한 성적 능력의 저하로 인해 나타나는 현상을 갱년기 장애라고 부른다. 남성들의 경우에는 전립선이 비대해져 비뇨기 계통의 문제나 성적인 문제가 발생하고 여성들의 경우에는 중년기 후반에 폐경을 경험한다. 폐경의 시기는 사람마다 차이가 있으나 대부분 40대 후반에서 50대 초반에 경험하며 이로 인해 생식능력이 상실되고 에스트로겐(estrogen)이라는 여성 호르몬이 1/6 정도로 줄어들며 다양한 신체적 · 심리적 증상을 겪게 된다.

폐경기의 주요 증상으로는 얼굴이 붉게 달아오르는 홍조현상, 질 분비물의 감소, 두통, 구토, 현기증, 골반통, 유방통증, 호흡장애를 경험하게 되며, 골다공증이 올 가능성이 높아진다. 그러나 모든 여성이 폐경증상을 경험하는 것이 아니며 폐경 이후에도 정상적인 성관계를 유지할 수 있기 때문에 폐경으로 인한 증상 자체보다는 이에 따른 불안, 우울, 자신감 저하와 같은 심리적 변화와 사회적 역할변화가 더욱 중요성을 지닌다.

남성의 경우 여성에 비해 심한 생리적 변화는 없으나 갱년기를 겪게 된다. 갱년기에 남성은 테스토스테론의 생산이 감소되어 정자 수와 활동성이 저하된다. 이러한 성적 변화는 때때로 남성의 우울증, 피로, 성적 무력감 등을 유발하기도 한다. 그러나 남성의 성적 무능력은 남성 호르몬의 분비 감소보다는 성공에 대한 과도한 욕심, 정신적 피로, 과음과 과식, 만성질환, 성적 수행에 대한 실패공포 등 심리적 · 환경적 요인에 의해 유발되는 경우가 많다.

(2) 심리적 특성

① 인지능력의 변화

일반적으로 중년기의 인지적 반응속도가 늦어진다. 인간의 지적인 능력은 18세에서 25세 사이에 최고조에 달하며, 이후에 나이가 들어감에 따라서 지적 기능이 변화한다. 중년기에는 행동이 전반적으로 완만해지는데, 이러한 느림은 감각의 예민함이나 말초신경 작용의 속도, 반응 동작의 속도 등과 같은 말초신경 요소들의 기능에서 먼저 일어난다기보다는 중추신경체계가 정보를 전달하는 과정에서 기본적인 변화가 일어난다.

그러나 정신적 기능은 중년기에 최고조에 달한다. 중년기에도 새로운 기술을 지속적으로 학습할 수가 있고, 이미 알고 있는 것을 기억할 수 있다. 또한 언어능력에 있어서도 어휘력을 발전시킬 수 있다. 그러나 대부분의 중년기 사람들은 자신의 지적인 능력을 충분히 활용하지 않고 과거의 다양한 경험으로부터 얻은 지혜를 가지고 대처하고 보상하려는 경향이 있다(Papalia et al., 1998).

일반적으로 지능은 유동성 지능(fluid intelligence)과 결정성 지능(crystallized intelligence)으로 나뉜다. 유동성 지능은 광범위한 기능 영역을 차지하며 운동속도, 새로운 정보를 인지적으로 다루는 것, 기억 등과 같은 지적 능력을 포함하고 있는데 유동성 지능은 일반적으로 청소년기 이후에 감퇴하게 된다. 결정성 지능은 정보를 처리하고 기록하는 능력이라고 말할 수 있는데, 이 기능은 공식적이고 비공식적인 교육을 통해 획득될 수 있으며, 유동성 지능과 달리 결정성 지능은 전 생애를 통해 증가하기 때문에 중년기에도 계속 증가한다. 예외적인 것은 다양한 정신 운동 과정을 통하여 획득한 기술은 인생 후반기에 점점 쇠퇴한다는 것이다.

그리고 기억능력의 감퇴가 이루어지는 것처럼 보이는데 실제로는 단기기억능력은 약화되지만 장기기억능력은 큰 변화가 없다. 즉, 중년기에는 새로운 것을 학습하는 능력은 저하되지만 오랜 경험을 통해 획득된 지혜가 있기 때문에 문제해결능력은 오히려 높아진다.

② 중년의 위기

중년기가 되면 이전에 가치를 두었던 삶의 목표와 과정에 의문을 제기하게 되며, 다양한 신체적 · 심리적 · 사회적 변화로 인하여 중년의 위기(midlife crisis)가 시작된다고 한다. 중년의 위기는 침체성, 무력감, 불행, 지루함 등의 정서적 위기를 느끼게 하는 것으로 나타나고 있다.

Erikson은 이 시기를 생산성 대 정체(generativity vs. stagnation)로 규정하고 있는다. 생산성이란 한 세대가 다음 세대에 물려줄 문화와 사회질서를 발전시키며 살아갈 기초를 구축하는 것을 의미한다. 중년기의 사람들은 자녀양육뿐 아니라 부모 부양의 책임을 동시에 지며 다양한 사회적 책임 또한 담당한다. 정체란 심리적 성장이 결핍되고 자신의 에너지와 능력을 자기만족만을 위해 사용한다는 의미이다. 사람들은 자신의 무능력이나 열악한 환경조건으로 인생의 목표 달성에 실패하고 사회에도 의미 있는 기여를 하지 못했다고 느낄 때 정체를 경험한다.

중년기에는 신체적 노화, 직업생활 및 가족생활에서의 변화에 성공적으로 적응해야 하는 과업을 지니고 있기 때문에 중년의 위기를 경험할 가능성이 높으나 중년의 위기가 존재하느냐 하지 않느냐 하는 것은 사회경제적 수준과 문화적 배경에 따라 차이가 있다는 것이다. 중년기에 직업을 가지고 사회활동을 활발히 하는 경우에는 중년의 위기를 경험하지 못할 수 있으나 직업이 없으며 사회경제적 지위가 낮은 경우에는 위기를 경험할 수 있다는 것이다. 특히 여성의 경우에 직업 없이 가정주부의 역할만을 수행하는 문화에서는 중년의 위기를 경험할 가능성이 많다.

(3) 사회적 특성

① 부부관계

중년기는 부부간의 적응과정에 어려움을 극복하고 진정한 동반자로서 의식을 강화시켜 나가는 시기이다. 중년기가 되어 자녀들이 어느 정도 자율적으로 생활하게 되면서 부부가 전보다 더욱 밀착된 관계로 발전해 간다. 이 시기에 부부간에 서로 노력하게 되면 참다운 동반자로서 인생의 새로운 만족을 경험할 수 있게 된다.

결혼생활의 만족도는 결혼초기에 높게 나타나다가 자녀를 양육하는 시기에 낮아지며, 자녀가 독립하는 시기에 다시 높아지게 된다. 특히 청소년기의 자녀를 둔 부부가 만족도가 낮으며, 이 시기의 결혼생활의 만족도는 부모가 동성의 청소년 자녀와 얼마나 친밀한 관계를 유지하는가와 관련되어 있다.

부부관계를 건강하게 유지하기 위해서는 개인 각자의 정서적 안정감, 서로에 대한 신뢰감, 지속적인 관심과 이해가 동반되어야 가능하다. 이 시기에 부부 간에 서로에 대해 더욱 잘 알게 되고 즐거움과 슬픔을 함께 나누면서 동반자 의식이 더욱 강화된다. 중년기 부부에게 이러한 동반자 의식이 형성되지 못하면 별거나 이혼과 같은 부부간의 문제가 발생할 수 있다. 따라서 중년기에 부부간에 동반자 의식을 가지고 결혼생활에 만족을 느끼면서 살아가기 위해서는 서로 간에 충분한 의사소통을 하며, 서로의 인격을 존중하고, 친구나 동료와 같은 친밀감은 물론 성적 친밀감을 느낄 수 있도록 해야 한다(이근홍, 2006 : 132).

② 자녀와의 관계

중년기의 부모는 대부분 청소년기나 장년기의 자녀를 두게 되는데, 청소년 자녀에 대해서는 그들이 신체적 성장과 성적 성숙에 적응할 수 있도록 적절한 지원을 해 주어야 하며, 그들과 효율적으로 의사소통할 수 있도록 해야 할 것이다. 지나친 간섭이나 통제보다는 자율적인 판단을 격려하고 적절한 한계규정을 통해 부모의 권위를 유지할 수 있어야 할 것이다.

중년기 부모에게 자녀의 학업과 진로선택은 매우 힘든 문제이며, 부모는 자녀와 함께 그의 적성, 능력, 소질 등을 고려하여 적절한 선택을 할 수 있도록 원조해야 할 것이다. 학업성적에 대한 부모의 기대가 지나치면 자녀에게 심각한 부담과 좌절감을 안겨줄 수 있으며, 부모가 무관심하거나 지원을 하지 않으면 자녀에게 상처가 될 수 있다.

중년기 후반이 되면 자녀가 취업과 결혼을 해야 하는 시기가 되므로 부모는 새로운 역할을 수행해야 한다. 이 시기에 자녀들이 결혼을 하고 새로운 가정을 형성하여 분리되어 나감으로 부모는 물리적인 분리뿐 아니라 심리적인 분리를 적절히 하여 자녀부부와 독립적인 관계를 형성함과 동시에 부부만의 새로운 가족관계에 적극적으로 적응해 나가야 할 것이다.

③ 노부모와의 관계

중년기에 접어들게 되면 부모세대가 신체적으로 노화와 질병 등으로 어려움을 겪게 되고, 경제적으로나 심리적으로 의존적인 시기이므로 이들에 대한 부양자로서의 역할을 수행해야 한다. 중년기 자녀들은 자신의 신체적 · 심리적 노화를 경험하면서 노부모를 부양하는 것이 결코 쉬운 일이 아니며, 경제적으로 빈곤하거나 거동이 불편한 노부모를 부양해야 하는 경우 어려움은 더욱 크다.

최근 핵가족화, 노부모 부양의식의 약화, 노인세대의 증가, 여성의 사회참여의 증가 등으로 인해 노부모 부양은 더욱 어려워지고 있으므로 앞으로 이 문제는 가족 내의 문제가 아닌 사회적 문제로서 사회복지정책의 수립을 통해 해결해 나가야 할 것이다.

④ 직장생활

일반적으로 중년기는 직업에 있어서 안정된 시기이다. 대부분의 사람들은 직업 생활에서 지위를 얻고 그에 상응하는 수입을 얻는다. 중년기의 직업생활은 가족의 생계유지, 사회적 관계의 유지뿐만 아니라 전체 생활에 영향을 미칠 정도로 매우 중요한 요인이다. 중년기의 직업만족도에 영향을 미치는 요인으로는 급여수준, 근무환경, 미래 보장성, 동료관계 등이다. 그러므로 만족스러운 직업생활과 효과적인 과업수행을 위하여 중년기 성인들은 업무수행 능력을 향상시키고 직장 내 상사와 동료로부터 신뢰를 획득할 수 있는 대인관계기술을 습득해야 한다.

그러나 최근에는 급격한 사회변화로 인하여 중년기에 전혀 다른 직업을 가져야 되는 경우가 증가하고 있다. 이러한 경우 개인이 느끼게 되는 스트레스는 매우 심각한 수준이다. 즉, 본인이 직업을 유지하려는 의지가 있고 신체적으로 매우 건강함에도 불구하고 본인의 의지와 상관없이 조기퇴직이나 명예퇴직을 하게 될 경우는 개인적인 문제뿐만 아니라 심각한 가정적 · 사회적 문제를 야기할 수 있다. 그러므로 50대에서 65세 이전의 나이군에 속해 있는 중년기 사람들을 대상으로 한 재취업 훈련이나 프로그램의 개발이 중요하다.

⑤ 여가생활

현대 사회에서는 이전에 비하여 자녀양육 기간의 축소, 평균수명의 연장 및 조기정년제도의 시행 등으로 인하여 여가시간이 큰 폭으로 증가하며 그 활용이 중요한 문제로 떠오르고 있다. 여가는 직업활동, 생리적 욕구 충족 등과 같은 생활시간을 제외한 잔여시간에 휴식, 기분전환, 사회적 성취 및 개인적 발전을 도모하는 활동이다.

여가활동을 통해서 일상의 긴장과 스트레스를 해소하고, 개인적인 관심을 표현하며, 인간관계의 폭을 넓히고, 신체적 · 정신적 기능을 향상시킬 수 있다. 중년기는 경제적 · 시간적인 여유를 가질 수 있어서 여가활동을 즐길 수 있으며, 이러한 활동을 통해 이 시기의 위기를 극복하고 적응하는데 도움을 받을 수 있다. 또한 성공적인 노년생활을 위해서도 자신에게 적합한 여가활동을 준비하는 것이 꼭 필요하다.

3. 중년기의 사회복지실천

1) 초기 성인기의 사회복지실천

초기 성인기의 발달에 있어 사회복지실천에서 관심을 기울여야 할 영역으로는 신체적 건강의 유지, 부부관계 강화, 자녀양육기술 습득, 여가프로그램 개발 등이 있다. 우선 신체적 건강의 유지에 있어서는 성인 초기에 최고조에 달한 신체적 기능 상태를 지속적으로 유지하기 위해서는 규칙적인 운동과 균형 잡힌 영양섭취가 필수적이다. 따라서 사회복지기관에서는 지역주민들을 위한 운동시설과 프로그램을 실시하고 지역보건소 등과 연계하여 신체적 건강유지를 위한 식단배포 프로그램이나 식이요법 등의 프로그램을 실시하는 것이 필요하다.

두 번째, 성인 초기에는 대부분 결혼을 통해 새로운 가족을 형성하게 된다. 이 시기의 가장 중요한 발달과업인 친밀감의 성취는 주로 결혼생활과 밀접한 관련성을 지니고 있으므로 사회복지기관에서는 의사소통 훈련, 부부 이해하기 등의 프로그램을 시시하여 부부간의 친밀감을 증진시켜 신혼기의 부부생활 적응을 지원해야 할 것이다. 또한 부부상담, 부부캠프 프로그램을 실시하여 최근 증가하고 있는 이혼을 사전에 예방할 수 있도록 해야 할 것이다. 그리고 연령대가 비슷한 지역 주민 모임을 활성화하여 지역주민들 간의 친밀감을 증진시켜 지역사회에의 적응을 강화하고 가족 내 어려움 발생 시 지원해 줄 수 있는 사회적 지원망으로 활용할 수 있도록 해야 할 것이다.

세 번째, 자녀양육기술의 습득으로 자녀를 출산한 부모의 대부분은 자녀양육기술이 부족하며, 자녀양육과 관련된 역할분담 문제 등으로 인하여 갈등을 경험할 가능성이 높다. 따라서 사회복지기관에서는 자녀 출산과 양육에 대한 예비지식을 교육하는 예비부모교육 프로그램을 시행하는 것이 필요하고 출산 후에는 산모 · 신생아도우미 사업 등을 활용하여 산후조리와 자녀양육을 지원해 줄 수 있는 다양한 프로그램을 실시하는 것이 필요하다.

마지막으로 여가프로그램의 개발 및 실시이다. 여가프로그램을 통해 직장인들에게는 직장에서 받은 스트레스를 해소할 수 있도록 지원함과 동시에 부부공동참여를 활성화하여 부부가 함께 하는 여가문화를 가짐으로써 중년기 및 노년기의 부부관계에도 긍정적인 영향을 미칠 수 있도록 해야 할 것이다. 이를 위해서는 탁아프로그램의 병행 실시, 프로그램 실시 시간의 탄력적 운영을 통해 보다 많은 사람들이 참여할 수 있도록 해야 할 것이다.

2) 중년기의 사회복지실천

중년기의 발달에 있어서 사회복지실천에서 관심을 기울여야 할 영역은 질병, 갱년기 장애, 실직, 이혼, 배우자 학대 등의 문제를 들 수 있다. 우선 중년기에는 신체구조의 변화와 신체기능의 저하로 인해 성인병에 걸릴 위험성이 증가한다. 현재 지역사회의 보건소에서는 중년기 성인을 대상으로 성인병 예방 교육과 성인병 진단을 실시하고 있지만 실제 이용하는 대상은 매우 적다. 따라서 사회복지기관에서는 성인병 예방을 위한 건강 교육이나 건강상담 프로그램을 전문 병원과 연계하여 실시하고, 건강관리를 위한 건강지원센터를 운영 · 지원할 필요가 있다. 또한 교통사고나 뇌출혈 등 갑작스런 위기로 인해 중도 장애인이 된 중년기 성인에게는 재활을 지원하기 위한 각종 재활 및 치료 프로그램을 소개하고 가족들을 위한 정서적 지원을 해야 한다(이소희 외 공저, 2005).

두 번째, 갱년기 장애의 문제이다. 갱년기 장애란 갱년기에 접어들면서 발한,

두통, 불면증, 소적냉증, 우울증 등이 나타나는 신체적 · 생리적 · 정서적 장애를 말한다. 갱년기 장애를 극복하기 위해서는 운동, 여가활동 등을 통하여 능동적이면서도 활동적으로 건강을 유지하고 갱년기의 여러 증상들을 인생주기에서 겪게 되는 필연적인 과정으로 받아들이며, 긍정적인 태도를 가지고 극복하기 위한 노력을 해야 한다. 이를 위해서 사회복지기관에서는 중년기 성인을 대상으로 한 개인상담과 집단상담 등의 프로그램을 강화함과 동시에 다양한 여가프로그램을 제공해야 할 것이다.

세 번째 , 배우자 학대의 문제이다. 배우자 학대는 배우자가 다른 한편의 배우자에게 신체를 주먹, 발, 물건 등으로 구타하거나, 흉기로 위협하거나, 폭언, 협박, 멸시, 차별 등을 행하거나, 또는 모욕적인 성행위를 강요하는 등 다양하게 이루어지고 있다. 최근에는 대인관계나 출입을 통제하거나, 직장생활을 하지 못하도록 하거나, 또한 자녀를 이용하여 무시하는 경우도 있다(조흥식 외, 2002 : 241).

배우자학대의 원인은 개인적 요인, 가정적 요인, 사회적 요인 및 문화적 요인으로 나누어 볼 수 있다. 배우자 학대가 우리 사회에서는 부부싸움으로 여겨지거나, 가정 내에서 부부간에 있을 수 있는 일로 생각하는 태도 때문에 빈번히 발생하고 있다. 이것은 사랑과 친밀감을 나누는 가정이 학대가 일어나는 장소가 됨으로써 가족구성원 모두에게 심각한 부정적인 영향을 미칠 수 있다. 배우자 학대는 학대를 당하는 배우자에게 신체적 · 심리적 · 사회적 · 정신적으로 심한 손상을 입힐 수 있으며, 자녀 또한 폭력을 은연 중 받아들일 수 있는 장을 제공할 수 있다는 점에서 다욱 심각한 문제가 아닐 수 없다(최선화 외, 1999 : 271).

배우자 학대를 예방하기 위해서는 가정이나 사회에서 학대를 묵인하는 태도, 관습, 가치 등을 제거하고, 빈곤, 실업 등과 같은 학대를 유발할 수 있는 사회적 요인을 감소시켜야 한다(이근홍, 2012 : 130).

네 번째, 이혼의 문제이다, 이혼(divorce)은 부부와 자녀의 삶에 심각한 영향을 초래하는 중대한 사건이다. 이혼은 부부 모두에게 스트레스, 우울증, 죄의식, 외로움, 실패감, 낮은 자존심, 자아의 상실, 자기비난 등을 가져오게 하며, 자녀에게 비행, 범죄, 정신장애의 간접적인 요인으로 작용하고 있다(김경희, 2001 : 281). 또한 이혼은 자녀양육 문제, 경제적 곤란, 역할상실, 사회적 고립, 부모자녀 간의 갈등, 대인관계 문제, 이혼한 전 배우자와의 관계, 일상생활의 가사문제 등의 어려움을 겪게 한다.

최근 이혼율이 과거에 비해 현저히 증가하고 있다. 그 이유는 남성과 여성의 경제적 지위가 동등해지고 있으며, 배우자가 자신의 삶을 풍요롭게 해주고, 자신의 잠재능력을 향상시켜 주며, 사랑하는 동료이자 원만한 성적 상대자이길 바라지만, 이러한 기대에 미치지 못하면 이혼을 고려하게 된다. 혼인생활에서의 이와 같은 변화들이 이혼율을 증가시키는 요인이 되고 있다. 이혼에 적응하기 위해서 심리적으로는 상담과 다양한 사회활동을, 사회적으로는 자녀교육에 대한 관심과 재혼을, 그리고 경제적으로는 직업훈련과 취업 등을 필요로 한다(이근홍, 2012 : 259).

마지막으로 실직의 문제이다. 실직은 모든 연령층에서 스트레스의 주요 원인이지만 특히 중년기의 실직은 다른 연령대에 비해 훨씬 심각한 위기를 가져온다. 중년기의 실직은 자녀교육을 포함한 많은 금전적 지출에 대비하기 어렵기 때문에 본인뿐 아니라 가족 전체에게 커다란 위기를 가져올 수 있으며, 또한 재취직의 어려움으로 인해 본인이 느끼게 되는 스트레스는 더욱 크다. 따라서 사회복지기관에서는 중년기의 실직을 당한 성인에게 실직 기간 동안 고용보험서비스 제공, 재정지원 및 재취업에 관련된 정보 등의 고용관련 서비스를 제공해야 할 것이다. 또한 중년기 성인의 재취업을 위한 직업훈련과 고용알선사업을 실시해야 할 것이다.

제 5 장

노년기

1. 노년기
2. 노년기의 사회복지실천

인간의 발달단계의 마지막은 노년기이다. 노년기는 생애주기의 구분에 있어서 성인기 이후부터 죽음까지를 칭한다. 노년기에는 신체적 노화현상이 급격히 일어난다. 이와 함께 사회적 지위에 있어서도 급격한 변화가 온다. 아울러 노년기 끝의 임종과 죽음은 당사자 뿐 아니라 주변인들에게도 큰 영향을 미친다.

오늘날 현대사회는 경제적 풍요와 의료, 보건 기술이 발달하면서 인간의 평균수명이 점차 증가하고 있다. 우리나라의 경우, 1960년대에 65세 이상 노인인구가 전체 인구의 2.9%에 불과했으나 2000년에는 7.1%가 되어 고령화사회에 진입하게 되었다. 또한 2022년에는 14.3%로 고령사회에 진입할 예정이다(박광준 외, 1999).

이처럼 평균수명이 늘어나고 노인인구가 증가함에 따라 노년기에 대한 다양한 이해와 노년기에 노인들이 겪게 되는 생활상의 변화와 신체 · 사회적 변화 그리고 가족 내에서의 노인의 지위와 역할 그리고 임종과 죽음에 대한 종합적인 이해가 필요하다. 따라서 이 장에서는 노년기 전체와 임종과 죽음에 관해 자세히 살펴보고자 한다.

1. 노년기

1) 개념

노년기는 인생주기의 마지막 단계로 은퇴 등의 이유로 사회활동이 제한되고 신체적 기능이 급격하게 쇠퇴하게 되면서 죽음에 대한 준비를 해야 하는 시기로서 인생의 황혼기라고 말할 수 있다. 노년기의 구분에 있어서 학자들마다 다양한 정의를 제시하였다. Bromley(1996)는 '70세 이상'(박신자, 2006), 오세진 등(1999 : 241)은 '60세 혹은 65세 이후의 사망할 때까지의 시기', 김경희(2001 : 300)는 '60세 이상을 노년기'로 규정하였다. 이처럼 노년기에 대한 학자별 정의가 다양한 이유는 사회의 변화와 함께 노인들의 건강과 사회적 지위와 역할이 달라지기 때문이다. 그러나 근본적으로 인생주기의 마지막 단계로 사회활동의 제한이나 중단과 급격한 건강 쇠퇴에 초점을 맞추고 있다는 공통점이 있다.

국제노년학회에서는 노인이란 인간의 노화과정에서 나타나는 생리적, 심리적, 환경적 변화 및 행동의 변화가 상호작용을 하는 복합형태의 과정에 있는 사람이라고 규정하고, ① 환경변화에 적절히 반응할 수 있는 생리적 조직기능이 감퇴되고 있는 사람, ② 생체의 자체통합능력이 감퇴되고 있는 사람, ③ 인체의 기관, 조직, 기능에 감퇴 현상이 일어나는 시기에 있는 사람, ④ 조직의 대비능력이 감퇴하여 적응이 제대로 되지 않는 사람이라고 구체적으로 지적하고 있다(박신지, 2006). 이 정의에 따르면, 노년기란 인간이 생애 마지막 단계로써 신체적인 기능이 감퇴되는 시기라고 일반적으로 정의할 수 있다.

노년기의 시점을 규정하는 일은 어려운 일이지만 노년기의 시점은 '노년복지법'으로 규정할 필요성을 가진다. 이를 통해 어르신을 위한 제반 서비스의 대상자의 자격을 부여하게 되고 사회적 인식을 조성하고 있기 때문이다. 우리나라에서는 노년기의 시작을 65세라고 규정하고 있고 이를 따르는 것이 타당할 것이다. 한편 의료기술의 발달과 함께 외국에서는 어르신들의 공공부조 나이 기준을 65세에서 70세나 75세로 연장하는 추세이다(최옥채, 1996).

2) 노년기의 특성

(1) 신체적 특성

현대사회는 의학의 발달, 국민 소득수준의 향상, 사회 · 문화적인 향상으로 인해 인간의 수명이 점차 연장되고 있다. 그러나 이러한 질적 향상에도 불구하고 인간의 신체는 중년기부터 그 퇴화의 속도가 급격하여 노년기에는 급격히 퇴화하는 것이 일반적이다. 이러한 신체적 퇴화와 함께 식사량과 수면량이 줄고 생활의 즐거움도 감소된다. 또한 신체 기능의 퇴화로 인해 피로가 쉽게 올 뿐만 아니라 그 회복기간이 길다. 그 이유는 태아의 세포는 50배로 증가하는 반면에 노인의 세포는 20배밖에 증가하지 않아 신진대사율이 상대적으로 감소하기 때문이다(최순남, 2002 : 144). 또한 노년기의 호흡기관의 감퇴는 노인들로 하여금 많은 호흡기 질환을 낳게 한다. 혈액순환은 55세경부터 현저히 둔화되어 심장박동이 60 이하로 느려진다. 소화기능은 소화에 필요한 소화효소와 위액 등의 분비가 감소되기 때문에 소화 기능이 약해진다. 따라서 소화에 용이한 유연한 음식물의 영양 섭취가 바람직하다. 수면감소 역시 연령증가와 함께 나타나는데 노년기가 되면 깊은 잠을 잘 수가 없는 것으로 알려져 있다.

감각 기능의 쇠퇴는 외모의 변화 이후에 나타난다. 촉감은 나이가 들면서 떨어지는데 이는 피부가 건조해지고 주름이 생기기 때문이다. 이와 함께 피부는 체온의 변화에 민감해진다. 신체기능의 조절이 원활하지 않아 추위를 더욱 심하게 느낄 수 있다. 이 외에도 시력, 청각, 미각, 균형감각의 쇠퇴로 어르신들의 활동에 지장을 초래한다. 65세에서 69세 사이의 노인은 약 5%정도가 목욕을 하는데 어려움을 겪고 있고, 85세 이상 노인들은 30%가 어려움을 호소한다. 어려움을 느끼는 일상생활동작의 순위는 '목욕-옷 입기-이동-화장실 사용-몸단장-식사' 순이다. 한 가지 기능만 상실하면 보다 기초적인 일상생활동작을 유지할 수 있지만 일단 잃은 기능은 역순으로 회복된다. 연구에 의하면, 일상생활동작수행은 사망률과 상관관계가 있다고 한다.

(2) 지적 능력

노년기의 인지변화에서 중요한 것은 일반적 지능의 변화와 기억력의 감퇴이다. 그러나 이것은 개인차가 크고 환경적 · 문화적 요인에 의해 영향을 받는 것으로 나타나고 있다.

Horn과 Cattell(1967)은 지능의 추상성을 극복하고 구체화하기 위하여 지능을 유동적 지능(fluid intelligence)과 결정적 지능(crystallized intelligence)의 두 가지 유형으로 구분하였다. '유동적 지능'은 일차적인 것으로서 태어날 때부터 생성되는 것이며, 모든 유형의 문제해결에 동원되는 능력으로서 14~16세에 이르면 정점에 도달하게 되는데 반해, '결정적 지능'은 언어능력이나 수리능력과 같이 유동적 지능의 연습과 반복의 결과로 획득된 능력으로 상당 기간 동안 개선 가능성이 있는 지능을 말한다. 이러한 두 가지 유형의 지능을 연령별 집단으로 모아 검사한 결과, 성인 초기의 사람들이 노년기의 사람들보다 유동적 지능이 더 높았고 반면에, 결정적 지능은 노년기 사람들이 성인초기의 사람들보다 더 높은 것으로 나타났다(고수현 외, 2003 : 37~38).

이 연구결과를 두고 볼 때, 노년기의 지능이 반드시 쇠퇴한다고 단정하기는 사실상 어려우며, 지능의 한 부분은 점진적으로 퇴화하지만, 다른 한 부분은 속도가 다소 느릴 수는 있어도 계속적으로 증가한다는 사실을 알 수 있다. 즉, 결정적 지능이란 것이 인생의 연륜과 경험에서 비롯되는 것으로서 노인들이 젊은 사람들에 비해 세상을 바라보는 시각이 넓어지고 지혜로운 생각을 많이 가지게 되는 이치와 같다고 말할 수 있다.

표 13 Horn과 Catell(1967)의 유동적 지능과 결정적 지능

유동적 지능	지각속도, 단어유추능력, 시각적 체계화, 속도 제한 없는 추리력, 도형 추리력, 귀납 추리력
결정적 지능	언어 이해, 상식, 경험적 평가, 연상어 연결, 수리능력

(3) 심리적 특성

노년기의 심리적 특성을 설명하는 이론적 개념으로는 통합 대 절망, 심리적 조절, 생애에 관한 회고 등이 있다.

Erikson(1963)은 노년기에서 나타나는 노인들의 주요 심리적 발달과업을 설명하기 위하여, 노년기의 심리사회적 위기인 '자아통합 대(對) 절망'이라는 개념을 사용하였다. '자아통합'은 노인이 자신의 과거와 현재의 인생을 바라던 대로 살았다고 받아들이고 만족스럽고 의미 있게 생각하며, 다가올 죽음을 인정하고 기다리는 태도를 갖는 것을 말한다. 한편, '절망'은 자신의 과거에 대해 불안해하고 초조해하는 심리적 특성을 의미한다. 따라서 노인을 대상으로 한 사회복지실천에서는 노인의 이러한 심리사회적 위기와 특성을 충분히 이해하여, 노인들의 심리사회적 위기를 성공적으로 잘 극복할 수 있는 실천방안을 모색하는 것이 중요하다.

또한 노년기에 이르게 되면 감정표현능력이 저하되고, 이러한 감정표현능력의 저하는 연령의 증가에 기인한 것이라기보다는 사회문화적 요인에 더 큰 원인이 있다. 그러다 보니, 노년기에는 이전의 성격과는 달리 성격부분에서도 많은 변화를 경험하게 된다. 이와 관련하여, 윤진(1985 : 181 ~ 189)은 노년기의 성격특성을 다음과 같이 9가지로 제시하고 있다. ① 우울증적 경향, ② 내부지향적이고 수동적인 증상, ③ 융통성이 없고 경직됨, ④ 조심성의 증가, ⑤ 지나온 생애의 회고, ⑥ 오래 사용한 물건에 대한 애착심 증가, ⑦ 앞으로 남은 생애 계산, ⑧ 임종 시 무엇인가를 남기려는 경향이 나타남, ⑨ 신체적 ·

경제적 능력의 쇠퇴로 심리적 의존성이 증가하는 것 등이 이에 해당된다.

이처럼 노인들은 사회적인 역할의 감소로 인하여, 사회공동체로부터 평가절하를 당하거나 무시를 당하는 등 여러 가지 어려움을 겪게 된다. 심지어는 가족들에게서 조차도 외면당하는 경우가 더러 있는데, 그로 인하여 노인들이 심리적으로 위축되고 고독감을 많이 느낄 수 있다. 노인들의 소득감소로 인한 경제적인 어려움과 신체의 노화와 각종 노인성 질환 등으로 야기되는 여러 가지 생활상의 불편함 등은 노인들의 심리적 위축현상을 심화시킬 수 있다. 고수현 등(2003 : 42)은 노년기에 나타날 수 있는 부정적인 심리적 변화들을 우울증의 증가, 소극적인 태도, 자기중심성의 증가, 남성과 여성의 역할전환 등을 들 수 있다고 말하였다.

이 중에서 특히 노년기 우울증의 증상으로 인하여 나타나는 심리적 특성으로, 지속적인 슬픔, 불면 혹은 과도한 수면, 평소 관심사에 대한 흥미의 상실, 피곤함 혹은 권태감, 정신운동 지체, 현저한 체중 증가 혹은 감소, 불안, 자책감, 희망 상실, 성적 기능의 저하, 인지결손, 지속적인 동통 혹은 두통과 흉통, 죽음에 대한 생각, 죽고 싶다는 생각 등이 수반될 수 있으므로, 이에 대한 전문가의 개입이 필요하다(Philadelphia Corporation for Aging, 1995 ; Paulin, 2005).

그리고 이러한 우울증 증상은 자살과도 깊은 관련이 있는 것으로 보인다. Turk-Charles 등(1996)의 연구에 은하면, 65세 이상 노인들의 자살률이 100명당 21.4명으로 보고되고 있다. 이는 청 · 장년기의 사람들의 자살률의 2배 정도에 해당되는 수치이며, 초고령의 나이에 있는 노인들의 경우에는 무려 85%를 넘어선다는 충격적인 연구결과를 제시한 바 있다. 따라서 노인들이 자살에 대한 얘기를 한다면, 그 말을 심각하게 받아들여야 한다.

그리고 다음과 같은 직접적인 질문을 통해 자살을 시도할 가능성이 높은 노인들을 선별하여 전문적으로 개입하는 것도 필요하다(Poulin, 2005 : 378).

① 지금의 삶이 살만한 가치가 없다고 생각한 적이 있습니까?

② 어르신의 현재 상황에서 희망이 없다고 생각하십니까?

③ 진실로 자신을 해칠 생각을 해본 적이 있습니까?
④ 지금 현재 스스로 자살을 할 생각을 하고 있습니까?
⑤ 만약 그렇다면, 자살에 대한 구체적인 계획을 세운 적도 있습니까?
⑥ 자살하는 것에 대해 어떻게 생각하십니까?

(4) 사회적 특성

노년기에는 퇴직, 배우자와 친구의 상실 등으로 인하여 사회적 관계망이 줄어들게 되는데, 노년기의 사회적 관계는 주로 가족을 중심으로 한 1차적 관계가 중심을 이루게 되는 것이 일반적이다. 그리고 노년기에는 중요하고 가치 있는 사회적 지위와 역할을 상실하는 경우가 많다. 그래서 혹자들은 노년기를 두고, '상실의 시기' 또는 '역할 없는 역할(roleless role)을 갖는 시기'라고 말하기도 한다(권중돈 · 김동배, 2005 : 206~211). 그러나 노년기가 꼭 사회적 지위나 역할을 잃기만 하는 것은 아니며 새로운 역할을 얻기도 하고, 동일한 역할을 수행하더라도 그 수행방법이 달라지며, 역할 자체의 중요성이 변화되는 등 다양한 역할전환을 경험할 수도 있다. 달라지는 노년기의 지위와 역할을 살펴보면, 우선 노년기에는 직업인의 지위에서 물러나서 퇴직인의 지위를 갖게 되며 가족의 생계를 책임지는 가장으로서의 역할 혹은 아내로서의 역할에서 피부양자, 독신, 조부모의 역할로 전환되게 된다. 그런 점에서 볼 때, 노인들의 직장이나 사회단체 등의 이차집단에서의 지위와 역할의 수와 종류는 줄어들지만, 일차집단 내에서의 지위와 역할은 종류를 달리 할 뿐 큰 변화는 없다고 말할 수 있다. 그러나 중요한 사실은 노년기에 노인들이 중요한 지위와 역할을 상실하고 사회적으로 가치가 낮은 지위와 역할을 획득하게 됨으로써 노인 스스로 자신의 가치를 평가절하하게 되고, 그로 인하여 자존감과 삶의 만족도 등이 낮아지게 된다는 점이다.

(5) 임종과 죽음

임종과 죽음을 구분하기보다는 노년기의 최종 단계로서 한 흐름으로 보아야 한다. 왜냐하면 임종은 본인이나 주변 가족이 죽음을 인지한 이후 죽음으로 이어지고, 이 기간 동안 일어나는 문제 상황이 한 맥락으로 진행되기 때문이다.

Erikson(1963)에 의하면, 노년기의 생애 과업인 자아통합을 이루려면 죽음에 가까워짐에 따라 자신의 삶을 중요하고도 의미 있는 것으로 받아들여야 한다고 하였다. 노인들은 노화과정에서 생물학적 · 심리적 · 사회적 어려움을 직면하므로 불가피하게 죽음을 대면하게 된다(김기태 외, 2002). 노인들이 다른 연령대에 비해 죽음을 두려워하지 않는 이유는 두 가지 측면에서 생각해 볼 수 있다. 첫째, 노인들은 이미 생애의 많은 부분을 살아왔다는 것을 지각하고 자신의 죽음을 생각한다. 둘째, 사람은 나이가 들어가면서 죽음에 대해 점점 더 '사회화'된다. 노인들은 살아오는 동안 가족이나 친구를 먼저 떠나보내는 경험을 하게 된다. 이렇게 하여 죽음에 대해 익숙해져 가고 죽음을 삶의 한 부분으로 받아들이게 되는 것이다. 이외에도 자아통합의 성취 정도에 따라 죽음의 태도가 달라지기도 한다. 또한 종교가 죽음에 대한 태도에 영향을 미치는 요인이 되고 있으며, 신앙심이 깊은 사람의 경우 비교적 죽음을 덜 두려워한다(정옥분, 2000 : 440). 그러나 죽음에 대해 어느 정도의 준비를 하고 있는 노인이라 할지라도 죽음을 받아들이는 일은 여전히 어려운 일이다.

3) 임종과 죽음이 미치는 영향

(1) 죽음에 대한 불안

모든 살아있는 존재는 죽게 되어 있다. 죽음은 인간이라면 누구나 겪게 될 예정된 차표와도 같은 것인데, 사람들은 자신이 죽고 난 이후의 사후의 세계에 대해서 사전에 아무런 사실도 알고 있는 바가 없으므로 죽음에 대한 막연한 공포를 가지고 있다. 그러므로 임종을 앞둔 대부분의 사람들은 자신의 죽음을 받아들이는 과정에서 필연적으로 경험하게 되는 죽음의 공포 앞에서 몹시 괴로워하게 되어 있다. 특히 노년기에 이르면 죽음에 대한 공포는 모든 불안의 원인이 된다(최순남, 2002 : 151-154).

이러한 죽음에 대한 공포는 자신이 죽는다는 사실을 인정하지 않으려는 부정적 태도와 관련되어 있다. 그러나 다른 한편으로는 일부의 사람들은 죽음에 대해 수용적 태도를 보이기도 한다. 그래서 노인들은 자신에게 곧 다가올 죽음에 대한 공포와 거부감을 갖고 있는 반면, 죽음의 불가피성을 인지하고 그것을 수용하려는 태도를 동시에 갖고 있다. 그러나 죽음에 대한 부정으로부터 수용적인 자세가 되기까지는 여러 가지의 긍정적 감정과 부정적 감정 그리고 수용과 거부의 감정이 교차되어 나타는 경향이 있다.

많은 사람들은 예기치 않은 갑작스런 죽음보다는 사랑하는 사람과 자식들을 곁에 두고 유언을 하면서 조용히 눈을 감고 싶을 것이다. 그렇다면, 어떤 사람들이 죽음의 공포에서 비교적 자유로울까? 한 조사에 의하면, 여성이 남성보다 죽음을 잘 수용했다는 연구결과도 있고, 좋은 환경에서 살았던 노인이 나쁜 환경에서 살았던 노인보다 죽음에 대해서 부정적인 것으로 나타났다는 연구결과도 있다. 또한 종교적인 신념이나 자아정체감이 확립된 사람이 그렇지 못한 사람보다 죽음의 공포를 적게 갖고 있다는 보고도 있다.

중요한 사실은 인간은 누구나 죽음 앞에서 약해질 수밖에 없는 존재라는 것이다. 사람은 누구나 죽게 되어 있고, 그 죽음을 젊은 시절에 맞이할 수도 있고, 인생의 황혼기인 노년기에 맞이할 수도 있다. 단지 노년기에 죽음을 맞이할 확률이 다른 인생의 발달단계보다 높다는 것뿐이다. 그래서 죽음에 대한 불안도 노년기에서 주로 다루어지는 주제인 것이다.

(2) 임종에 따른 노인의 심리적 변화와 욕구

사회복지실천을 함에 있어서, 임종에 가까워진 노인들을 위한 개입 시 노인의 질환에 대한 케어와 병으로 인해 발성하는 정서적 반응을 중요하게 다루어야 함은 주지의 사실이다. 사회복지사는 임종노인들이 자신의 임박한 죽음에 대해 자유롭고 허용적인 분위기에서 말할 수 있도록 도와주어야 하며, 임종노인들이 경험하는 슬픔과 분노, 두려움, 고통 등을 적절히 표현할 수 있도록 격려하고 허용하여야 한다. 이것은 임종을 앞둔 노인들이 자신의 지난 생애 동안 일어났던 일을 자유롭게 이야기 할 수 있도록 돕고 현재의 기분이나 상태에 대해서도 이야기 할 수 있도록 돕는 것을 포함한다. 누구나 죽음 앞에서 초연할 수는 없을 것이다. 그래서 죽음에 임박한 노인들에게는 자신이 죽어가고 있다는 현실을 인정하고 적응할 시간이 필요하다. 스위스 정신의학자 Kübler-Ross(1969)는 그의 저서 『On Death and Dying』에서 중년기에 말기암에 걸린 환자들이 겪게 되는 정서적 반응과 적응단계를 다음과 같이 5단계로 나누어 설명하였다(정옥분, 2004 : 683-686).

① 부정(denial)의 단계

'부정'은 죽음에 이르는 첫 단계로서 자신의 죽음이 머지 않았다는 것을 알았을 때 대부분의 사람들은 충격을 받고 이를 부정하려 한다. 자신의 죽음을 사실로 받아들이려 하지 않는 반응이 보편적이다. 부정은 죽음의 충격에 대한 임시적 방어수단으로서 죽음이라는 현실에 대한 고통을 일시적으로 덜어주게 된다. 이러한 부정적 인식적 방어 수단으로서 시간의 흐름에 따라 부분적 수용으로 들어가게 된다.

② 분노(anger)의 단계

일시적인 충격에서 벗어나게 되면 죽음에 대해 깊은 분노를 느끼게 된다.

이러한 분노는 신에 대한 것일 수도 있고, 의사나 자신에 대한 분노일 수도 있다. 분노의 단계에 있는 사람들은 감정의 주위 사람들에게 화를 내거나 원망을 하는 등 많은 어려움을 안겨주는 경우가 많고 급격한 인격변화에 가족들은 매우 힘들어 하게 된다. 그렇지만 가족들을 비롯한 주변인들의 이해와 따뜻한 관심이 필요하다.

③ 타협(bargaining)의 단계

이 시기는 자신이 어찌할 수 없는 불가피한 사실을 인식하고 어떻게든 죽음을 연기하려고 애쓰며 착실한 행동을 보이거나 종교로 귀의하는 등 특별한 헌신을 맹세함으로써 보상을 받으려고 노력한다. 이 때의 행동은 신이나 다른 사람들 혹은 자신과 '거래'를 하는 것으로 나타난다. 예를 들어 "저에게 아들이 결혼할 때까지 조금의 시간을 주신다면 아무런 소원이 없을 것입니다.", "이 병이 완치된다면 사회에 봉사하고 살겠습니다."등의 기원적인 자세를 보이는 것이 대표적이다.

④ 우울(depression)의 단계

이 시기는 죽음의 필연성을 받아들이고 우울로 빠져드는 시기이다. 사람들은 침묵하게 되고, 사람과의 만남을 거부하며 슬픔 속에서 시간을 보낸다. 이 시점에서는 죽어 가는 사람을 위로하지 않는 것이 좋다고 Kübler-Ross는 말한다. 왜냐하면 지산의 임박한 죽음에 대해 슬퍼할 시간이 필요하기 때문이다. 이러한 행동은 개인이 주위의 가족과 친지 그리고 일생 동안 연결되어왔던 모든 것들과 헤어지기 위한 하나의 자연스러운 과정이다.

⑤ 수용(acceptance)의 단계

이는 죽음을 맞이한 사람이 마지막으로 도달하는 단계로 죽음 자체를 수용하고 받아들이는 것을 특징으로 한다. 이때 사람들은 더 이상 고통과 분노가 없는 상태에 도달하여 평온해지게 되며, 극도로 지치고 쇠약해지며 감정의 공백기를 가지게 된다. 감정이나 육체적 고통이 실질적으로 사라지고 편안히 죽음을 받아들이는 단계이다.

살아가는 것이 그러하듯 죽어 가는 것도 개인적인 경험이다. 어떤 사람에게는 부정이나 분노가 침착한 인정보다 죽음을 맞는 더 건강한 방법이 될 수 있다. 그러므로 Kübler-Ross의 모델이 인생의 종말을 맞는 사람들의 감정에 대한 우리의 이해를 돕는다는 점에서 유용하지만, 모든 죽음의 과정이 이와 같을 필요는 없다. 이 외에도 웨스트버그(Westberg)는 10단계로 구분하고 있으며 카스텐바움(Katenbaum)은 임종과정에 대해 보편적 단계를 제시하는 것은 올바르지 않다고 말했다(김경희, 2001 : 326).

표 14 Kübler-Ross의 죽음에 대한 적응단계

단계	죽음에 대한 양상
① 부정의 단계	· 자신이 죽음에 임박했다는 현실을 부정
② 분노의 단계	· 구체화된 죽음에 대해 책임을 외부에 부여 · 분노의 표현은 다음 단계로의 이동을 용이하게 해줌
③ 타협의 단계	· 죽음의 현실을 절대자와의 타협을 통해 피하고자 함
④ 우울의 단계	· 지금까지 해온 것과 잃어야 할 것을 생각하며 슬퍼함.
⑤ 수용의 단계	· 죽음을 수용하고 편안한 마음상태를 가지게 됨.

(3) 임종노인의 사회적 욕구

임종을 맞이하는 노인은 임종 순간까지 가족, 친지, 친구들과 함께 있고 싶어한다. 또한 그들과 대화를 나누면서 자신이 죽더라도 자신이 못다 이룬 삶의 과업들을 대신 이루어 줄 것이라는 희망 속에 더욱 편안한 죽음을 맞이하려고 한다. 이 때가 되면, 노인들은 특정 종교나 영적인 문제에 깊은 관심을 갖고 있지 않더라도 기도와 명상 그리고 영성상담을 통하여 영혼의 안식처를 구하는 경우가 많다. 따라서 이들의 영적 욕구를 충족시켜 주고, 성직자나 종교인을 연결해 줌으로써 노인과 가족 모두의 영적인 욕구를 만족시켜 주는 것도 죽음을 편안하게 맞이할 수 있도록 도와줄 수 있는 좋은 방법이 될 수 있다(김기태 외, 2002).

2. 노년기의 사회복지실천

1) 노년기의 사회실천 영역

(1) 우울증

노년기의 우울증의 주요한 증상은 적어도 2주 이상 지속적으로 극단적인 슬픔을 느끼거나, 기쁨을 상실하거나, 의기소침해하거나, 비관적인 생각을 하거나, 무력감을 느끼는 것을 포함한다. 그 외의 다른 증상으로는 체중의 변화, 불면증, 부적절한 죄악감, 기억상실증, 집중력의 상실, 죽음에 대한 사고 등이 있다(Papalia, Olds & Feldman, 1998 : 500).

(2) 노인성 치매

노인성 치매의 원인은 치매의 유형에 따라 다르게 나타날 수 있다. 알츠하이머형 치매는 뇌 세포의 점진적인 기능의 저하에 기인하는 것으로 특히 대뇌

피질 내에 있는 세포의 퇴화에 원인이 있는 것으로 보고 있다. 그러나 아직도 알츠하이머형 치매의 정확한 원인은 잘 알려져 있지 않다. 혈관성 치매는 동맥경화, 고혈압, 당뇨, 심장질환, 흡연, 고지혈증 등이 있는 사람이 뇌혈관이 막히면서 뇌 세포가 파괴되는데 원인이 있는 것으로 나타나고 있다.

치매노인의 많은 부분을 차지하고 있는 알츠하이머형 치매는 특별한 치료방법이 없는 진행성 질환으로 종국에는 죽음으로 이어지는 것이 일반적이다. 그러나 혈관성 치매는 초기의 치료에 의해 증상의 진행을 막거나 지연시킬 수 있으며, 약물치료와 재활에 의해 상태를 어느 정도 회복할 수 있다(박차상 외, 2002 : 366-367).

노인성 치매를 치료하는 방법은 아직 많이 개발되어 있지 않다. 그것은 손상된 뇌 세포의 기능이 치료에 의해 회복되기 어렵기 때문이다. 치매를 근본적으로 치료하기보다는 치매노인이 가정과 지역사회에 잘 적응하며 살아갈 수 있도록 해야 한다. 그러나 치매노인의 대부분은 인지능력과 일상생활 기능수준이 현저하게 떨어져 혼자서 생활하지 못하고 장기간 다른 사람의 수발, 간병, 가사원조 등을 필요로 하므로, 그들에게는 가족의 보호와 국가의 장기요양보호정책이 필요하다(이근홍, 2012 : 158).

(3) 노인학대

노인학대는 노인부양에 따른 시간적 · 신체적 · 심리적 · 경제적 문제로 인한 스트레스 때문에 발생하는 경우가 많으며, 어떤 경우에는 어린 시절 부모에게 당한 학대의 보복일 수도 있다. 또한 노부모의 정서적 반응, 신체적 손상, 생활양식, 과도한 음주와 같은 개인적 습관 등에 동요하여 학대할 수 있으며, 노부모가 집에서 나가도록 강요하기 위해 계획적으로 학대를 하기도 한다. 노인학대의 전형적인 피해자는 빈곤하고 허약한 노인들이며, 자녀보다는 배우자에 의해서 학대를 받을 가능성이 높고, 부양자가 우울증이 있을 경우에는 학대의 위험성이 더 증가한다는 것이다(Zastrow & Kirst- Ashman, 1997 : 608).

노인학대를 예방하기 위해서는 아동학대와 마찬가지로 학대의 가능성이 높은 가정의 배우자와 자녀 또는 시설의 부양자에 대한 교육과 상담이 필요하며, 빈곤으로부터 가정의 경제적 조건을 개선시킬 수 있는 방안이 강구되어야 한다. 그와 더불어 부양자의 노인에 대한 부양부담을 경감시킬 수 있도록 요양과 수발을 제도적 · 체계적으로 제공할 수 있도록 해야 한다(이근홍, 2012 : 160).

(4) 노인자살

노인이 자살하는 주요한 원인으로는 신체적 질병, 경제적 어려움, 외로움과 고독, 가정불화 등이 있으며(통계청, 2009), 그 외에도 우울증, 직업역할의 상실, 신체적 · 정신적 장애, 사회관계 범위의 축소, 건강약화, 배우자의 상실 등이 있는 것으로 나타나고 있다(한국노인복지학회 편, 2006 : 148).

노인자살을 예방하기 위해서는 노인의 신체적 질병을 조기에 발전하고 치료하기 위한 국가적 대책이 필요하며, 노인장기요양보험의 대상자를 늘리고 수준 높은 요양서비스를 제공하며, 일자리의 제공과 여가활동의 증진 등을 통하여 노인의 사회참여 기회를 확대하는 것이 필요하다. 그와 더불어 노인의 자존감 회복을 위한 다양한 프로그램이 제공되어야 하며, 노인상담과 노인교육을 활성화하고, 기초생활 보장을 위한 지원이 확대되어야 할 것이다(이근홍, 2012 : 161).

2) 노년기 사회복지실천 방안

이상 노년기의 제 측면을 고려한 사회복지실천의 방안을 논의함에 있어서, 우리는 노인의 노화과정에 대해 제대로 이해하고 노인들을 위하여 가장 적합한 형태의 프로그램을 개발하고 적용해 나가는 자세가 필요하다. 이를 위해서 다음과 같은 방안이 마련되어야 할 것으로 보인다.

첫째, 노년기에 이르게 되면 신체적 기능의 저하로 야기되는 만성질환으로 고통을 받을 가능성이 높아지고, 노인성 질환은 대부분 만성적 경과를 거치게 되며, 즉각적인 치료보다는 장기간의 보호를 필요로 하는 특성을 지니고 있기 때문에, 노년기에는 의료비 부담과 수발 및 간호에 대한 불안이 증가하게 된다(권중돈 · 김동배, 2005 : 211-213). 이것은 곧바로 가정의 경제적 부담으로 이어지게 되며, 그로 인하여, 사회적 문제가 심각해질 수 있다. 따라서 2008년부터 도입되게 되는 '노인장기요양보험제도' 등은 이러한 노인의 신체적 변화와 특성에 적절하게 대처할 수 있는 제도로 사료된다. 또한 노인을 위한 각종 다양한 의료비 지원사업과 노인들을 위한 진료사업, 가정봉사원 파견사업 등을 점차적으로 확대해 나갈 필요가 있다. 그리하여, 노인의 건강유지 및 증진을 위한 상담, 건강교육 그리고 각종 여가 프로그램을 개발하는 것도 바람직하다.

둘째, 노년기의 주요 심리적 문제 중 하나인 고독과 소외를 극복하고 효과적인 여가활동을 도모할 수 있도록 노인전문 프로그램을 개발하여 실시할 필요가 있다. 예를 들면, 노인대학 등의 평생교육 프로그램이나, 경로당과 같이 노인들이 편안하게 이용할 수 있는 여가시설의 확충이나, 다양한 노인들의 여가 및 취미활동을 다양해 질 수 있도록 사회복지 영역에 관심을 가지고 노력해야 한다.

셋째, 노년기의 건전한 사회적 발달을 위하여 사회복지실천에서 노인인력의 고용과 소득보완사업에 역점을 둘 필요가 있다. 이것은 노인들의 복지향상과 밀접하게 관련된 것으로서, 정년을 늘려 노인들의 사회적 역할을 보존하는 방법이 가장 유용한 정책이라고 보이며, 「고령자고용촉진법」을 엄격하게 시행하여, 노인을 위한 사회적 일자리를 창출하여, 일을 통하여 노인이 사회적으로도 가치 있는 역할을 수행하도록 돕는 것도 좋은 방안이 될 수 있다.

제 3 부

사회환경

제1장

가족과 집단

1. 가족
2. 집단

1. 가족

가족은 대부분의 모든 사회에서 관찰되는 기본적인 단위이다. 가족은 인간의 사회화 과정을 책임지는 학습의 장이기도 하고, 가족이라는 범위 내에서 인간을 지켜 주는 보호의 기능을 하기도 하고, 나아가서는 자아실현의 장이 되기도 한다. 즉 가족은 개인이 성장하고 발달하는 과정에서 개인의 성격이나 행동형성에 지대한 영향을 미치는 사회환경의 하나로 이해할 수 있다(강상경, 2011 : 205).

사회복지학은 인간과 집단을 기본적인 단위(units)로 다루는 학문체계이며, 인간을 이해하기 위해서는 그 개인이게 직접적인 환경을 제공하는 가족체계에 대한 깊은 이해가 요구된다. 따라서 이 장에서는 인간의 가장 기본적인 환경인 가족체계에 대한 심층적인 이해를 돕기 위해 가족의 개념, 특성, 사회복지실천과의 연관성 등을 살펴보고자 한다.

1) 정의 및 주요개념

인간에 영향을 미치는 환경 가운데 출생과 동시에 가장 많은 영향을 받는 집단은 가족이다. 따라서 가족에 대한 사전적 정의, 각 학자가 이야기 하고 있는 가족에 대한 정의, 개념 등을 먼저 살펴보도록 한다. 이후 가족의 유형과 형태, 이러한 가족환경 내부에서 발생하는 여러 가지 사회문제들에는 어떤 것들이 있는지 살펴보도록 하자.

(1) 가족의 정의

가족은 동서고금(東西古今)을 막론한 기본적인 단위이나, 사회적, 경제적, 정치적, 문화적, 개인적 상황에 따라 다르게 이해될 수 있다(최옥채 외, 2011 : 302). 우리나라의 가족에 대한 정의는 "부부를 중핵으로 그 근친인 혈연자와 주거를 같이 하는 생활공동체"[1]로 정의하고 있고, 서양에서는 "가깝게 생활하는 집단, 즉 아버지, 어머니, 아동으로 구성된 서로 관련있는 사람들의 집단(a group of people who are related to each other, especially a mother, a father, and their children)"[2]으로 정의하고 있어, 대체적으로 서양과 동양에서 인식되고 있는 가족에 대한 사전적 정의는 집단, 즉 생활공동체, 함께 살아간다는 점(a group who related to each other)등의 공통적인 특성을 가지고 있는 것으로 볼 수 있다.

가족을 연구한 여러 학자들 중 전통적인 관점으로 가족을 개념정의하고 있는 미국의 인류학자 머독(Murdock, 1949)에 따르면 가족은 "사회적으로 인정받는 성적 관계를 유지하는 최소한 2명의 성인 남녀와 한 명 이상의 자녀를 포함하며, 혈연, 입양, 결혼 등에 기반한 특수한 관계를 지닌 사람들로 반드시 동거할 필요는 없으며 생활공동체로서의 연대의식을 가짐으로써 동거를 기대할 수도 있는 관계"로 정의하고 있다. 한편, 레비 스트라우스는 "결혼에 의해 형성되고 부부와 그들의 결혼에 의해 출생한 자녀들로 구성되지만 다른 근친자가 포함될 수 있으며, 가족 구성원은 법적 유대, 경제적 · 종교적 그리고 그 외 다른 권리와 의무, 성적 권리와 금기, 애정, 존경 등 다양한 심리적 감정으로 결합된 것"으로 정의하였다.

가장 최근의 가족에 대한 개념정의로 미국사회복지사협회는 "자신들 스스로가 가족으로 생각하면서 전형적인 가족 임무를 수행하는 2인 이상의 사람들"이라고 규정하였다(Miller, 1984; 이원숙, 2004에서 재인용). Eichler(1988)는 "가족은 한 명 혹은 그 이상의 자녀를 포함하거나 포함하지 않을 수 있으며, 이 자녀가

1) 두산대백과 사전(검색일 : 2013. 1. 14)
2) 롱맨영영사전(검색일 : 2013. 1. 14)

혼인관계에서 태어날 수도 있고 그렇지 않을 수도 있는 사회집단으로 가족을 매우 폭넓게 정의하고 있다(Eichler, 1988; Collins et al., 1999 : 24~25에서 재인용). 한편 이혜경(1995)은 "인류사회의 보편적인 제도로서, 자녀양육의 기능을 중심으로 특정한 공간(가정)과 특정한 애정의 유대(사랑)로 연결된 특정한 사람들의 집합체"라고 정의하고 있고, 표갑수 외(2012 : 276)는 "인간이 나타난 이후 발전시켜 온 기본적인 사회제도 가운데 가장 오래된 것으로 인간의 성장과 발달에 필요한 것을 가르치고 양육하는 일차적인 집단이며, 개인과 사회의 중간지점에 위치하여 사회의 기초를 이루고 개인의 성장과 발달에 중요한 역할을 담당하는 체계"로 정의하고 있다.

이상과 같이 과거와 현재에 정의되고 있는 가족개념을 살펴보았다. 이러한 개념의 차이를 비교해 보면, 전통적인 가족의 개념은 성적관계, 혈연관계 등을 중요시하는 반면 현대에는 상호책임감, 친밀감과 계속적인 돌봄 등의 중요성이 커지면서 "상호 간에 정서적이고 물질적인 지지를 기대하는 두 사람 또는 그 이상의 사람들의 집합체"로 가족의 정의가 폭넓게 변화되고 있음을 알 수 있다(Giddens, 2003).

전통적인 가족은 현대사회에서 나타나고 있는 노인 가족, 독신 가족, 동성애 가족과 같은 다양한 가족을 포함하지 못하며, 이러한 전통적 관점에서 가족을 규정할 때 클라이언트의 다양성 인정이 무시되고 그들이 사회의 사각지대에 놓이는 클라이언트 소외 현상이 나타날 수 있다. 그러므로 사회복지실천에 있어서 가족에 대한 규정은 클라이언트의 문화, 연령, 성 장애 등이 고려되는 다양한 가족형태를 포함시킬 수 있어야 한다. 즉, 다양한 클라이언트의 이익과 권리를 제대로 옹호할 수 있는 대안적 입장에서 가족을 바라볼 필요가 있다(이효선 외, 2012).

이러한 사회복지적인 관점에서 앞서 살펴보았던 가족개념들을 종합하여 살펴보면, 가족이란 "인간 역사상 가장 오래된 기본적인 사회제도로 인간의 성장, 발달, 양육을 담당하는 개인과 사회의 중간지점으로 특정한 공간과 애정의 유대로 연결된 사람들의 집합체"라는 다소 폭넓은 개념으로 이해해야 한다.

(2) 가족기능의 변화

전통적인 가족은 경제, 세대유지, 자녀의 양육 및 사회화, 정서적 지지 등의 기능을 하고 있다. 그러나 산업화와 후기 산업사회로의 진입 등의 급변한 사회적인 상황에 따라 과거에 가족에서 이루어지던 정서적 · 물질적인 지지들은 사회적인 보호와 케어(social care & protect)로 변화하게 되었다. 예를 들어, 과거 가족체계 내부에서 해결되었던 부모의 봉양, 교육, 정서적 지지의 기능들이 제대로 기능하지 못하게 되면서 이러한 기능들을 국가나 사회적인 체계들이 대신하게 되는 양상을 보인다. 이러한 변화의 과정을 구체적으로 살펴보면 다음과 같다(이원숙, 2004; 송정애 · 정해은, 2007; 최옥채 외, 2011; Strong & Devault, 1992).

첫째, 친밀한 관계의 근원을 제공한다. 사회가 발달하고 복잡해질수록 사람들은 가족 내부에서 애정과 친밀함을 발견하려 노력한다. 과거 한국 가족은 '제도가족'의 특성이 강하게 남아 있었다. 즉, 남편에게는 경제부양자 및 아버지로서의 역할에 대한 기대가 부부간의 사랑이나 성생활에 대한 기대보다 우선하고, 아내에게는 어머니로서의 역할에 대한 기대가 우선되어 왔다. 그러나 젊은 세대로 갈수록 부모-자녀관계보다는 부부관계가 중요시되는 경향을 보이고 있고, 이는 자녀의 결혼과 독립 이후 노년기 '황혼이혼' 등과 같은 사회문제로 나타나고 있다.

둘째, 경제적인 협조의 단위로서 기능한다. 즉 사회적으로는 노동력의 제공과 생활보장, 경제 질서의 유지를 위한 기초기능을 하는 것이다. 전통적으로 가족은 성별에 따라 일을 나누어 맡는 경제적인 협조의 기능을 한다. 아내의 자녀양육이나 가사노동, 남편이 아내를 돕는 일, 자녀들의 가족구성원 돌보기,

청소하기 등은 생산적인 활동이다. 그러나 점차 가족의 경제적 기능은 산업화로 인해 가족과 일터가 공간적으로 분리됨에 따라 생산기능은 약화되거나 상실되고 소비기능은 강화되었다. 이는 가장이나 가족원의 직업 및 수입 정도에 따라 가족이 누릴 수 있는 생활기회나 생활양식이 결정됨을 의미하며, 나아가서 이러한 소비생활 수준이 가족생활 만족도에 직접적인 영향을 미치게 되었음을 의미한다.

셋째, 고유기능으로서 성과 애정의 기능은 결혼의 기초를 이루는 것이므로 가족의 기능수행에 매우 중요하다. 인간사회에 있어서 성적 욕구로 인한 문제는 매우 다양하게 발생하므로 사회는 안정된 부부에게만 성생활을 독점하게 함으로 사회의 질서를 유지할 수 있도록 하고 있다.

넷째, 자녀의 출산 · 양육과 사회화이다. 전통적으로 자녀출산은 가족의 주된 기능이었다. 가족은 자녀를 출산하고 양육하여 사회가 계속적으로 유지되는 데 기여한다. 가족은 아동에게 자신을 보호하고 타인과 관계를 맺는 방법을 가르치며, 시회에 적응할 수 있는 기술을 습득시킨다. 이러한 사회화 기능은 인간을 인간답게 만드는 중요한 역할을 한다. 그러나 자녀출산의 숫자가 급격히 줄어들고, 맞벌이의 증가, 가족 내부의 양육자(조부모 등)의 기능이 약화되면서 자녀양육 및 사회화 기능은 과다한 교육열 등과 작용하여 여러 가지 부작용을 낳고 있다.

다섯째, 가족구성원에게 지위와 사회적 역할을 부여한다. 결혼을 통해 가족이 형성되면 남편이나 아내에게 새로운 가족역할이 부여되고 이는 또한 사회로부터 진정한 성인의 지위를 획득한다. 또한 가족은 개인의 사회경제적 배경과 문화, 종교를 결정하기 때문에 사회 내에서 특정한 지위와 위치를 획득한다. 즉, 가족 내 역할 수행을 통해 개인적 · 사회적 정체감의 많은 부분을 형성하게 된다.

2) 가족의 유형

(1) 가족의 분류기준

가족의 형태는 역사의 흐름과 시대적인 상황의 변화, 더 나아가서는 국가의 문화적인 상황 등 다양한 변인들에 의해 영향을 받게 된다. 따라서 그 유형은 매우 다양하게 나타난다. 일반적으로 가족의 형태를 분류하는 기준으로는 가족의 크기, 구성방식, 주거형태, 가계계승의 원칙, 가족 내 권위의 소재, 부부의 결합형태 등으로 분류된다(정영애 외, 2010; 최옥채 외, 2011).

① 가족의 크기

가족의 크기에 따른 유형은 가족구성원의 수로 기준을 삼은 대가족(large family)과 소가족(small family)으로 구분된다. 일반적으로 대가족은 가부장적 가족이나 확대가족이 해당하며, 소가족은 부부가족, 핵가족이 해당한다.

② 가족의 구성방식

핵가족(nuclear family)은 가장 최근의 일반적인 가족의 형태이다. 이는 부모와 자녀로 이루어진 가족의 형태이다. 확대가족(extended family)은 부모와 기혼자녀의 가족 등 3세대 이상이 같은 집에서 함께 사는 형태이다. 과거의 일반적인 가족의 형태는 대가족인데, 이는 구성방식이 아니라, 가족규모를 기준으로 한 것이다. 가족구성원의 범위 혹은 구성형태와는 상관없이 구성원의 수가 많으면 대가족이 되고, 3세대로 구성된 확대가족이라도 홀어머니와 며느리, 손자만으로 구성된 3인 가족은 소가족에 해당된다.

③ 가족의 주거형태

결혼한 부부가 부와 처의 어느 쪽에서 사느냐에 따라 부거가족(夫居家族)과

모거가족(母居家族), 양거가족(兩居家族), 신거가족(新居家族)으로 구분할 수 있는데, 부거가족은 아버지 또는 남편의 편에서 사는 것이고, 모거가족은 어머니 또는 아내편의 가족과 사는 가족이며, 양거가족은 형편에 따라 어느 편에서도 살 수 있는 가족이다. 신거가족은 양가의 어느 부모와도 함께 거주하지 않은 형태이다. 또한 부거제의 가족형태 중에서 혼인한 아들가족의 부모와 동거하는 것을 직계가족(stem family)이라고 하고, 혼인한 아들들의 가족이 부모와 함께 사는 형태를 결합가족(joint family)이라 한다. 우리나라에서 장남이나 외아들이 혼인하여 부모를 모시고 사는 3세대 가족은 전형적인 직계가족에 해당된다.

④ 가계 계승의 원칙

가계의 계승은 친족범위의 설정과 밀접한 관련이 있다. 계승의 원칙에 따라 가족의 재산이 한 세대에서 다음 세대로 상속된다. 부계제(patrilineal system)는 가명(家名)과 친족의 계보 및 가산(家産)이 아버지의 혈통을 따르는 것이고, 모계제(matrilineal system)는 어머니의 혈통을 따르는 것이다. 양계제(bilateral system)는 임의로 부계나 모계를 선택할 수 있는 경우를 말한다. 가장 보편적인 유형은 부계제 중 장자 상속제인데, 아버지가 사망하면 장남이 가계와 관련된 물질적 재산과 상징적 권위를 이어받아 집안의 대표권을 행사한다.

⑤ 가족 내 권위의 소재

가족집단 및 가족원의 방침을 결정하고 집행하는 권위가 부계에 집중되어 있으면 부권제 또는 가부장제(家父長制)이고 권위가 모계에 속하면 모권제(母權制)이다. 현대사회는 가족 내의 인간관계가 점차 평등을 지향하고 있고, 부부의 책임과 권위가 과거보다는 균등하게 배분되는 방향으로 개선되고 있어, 과거 가부장제로 인해 상대적으로 인정받지 못하는 여권은 점차 신장되고 있는 경향이다.

⑥ 부부의 결합형태

배우자의 수에 따라 부부가 각기 1인으로 결합되어 있는 형태를 단혼제 또는 일부일처제(monogamy)라고 하고, 남편이나 아내가 동시에 한 사람 이상의 배우자와 결혼생활을 할 수 있는 제도를 복혼제(polygamy)라고 한다. 복혼제는 다시 남자가 1인이고 여자가 다수인 일부다처제(polygyny)와 여자가 1인이고 남자가 다수인 일부다부제(polyandry)로 구분된다.

(2) 새로운 가족 유형

최근 우리 사회는 가족의 일반적인 모습인 전통적 확대가족이나 근대적 핵가족과는 다른 형태와 성격의 가족이 출현하고 있다. 이는 개인들의 사고와 행태를 반영하는 것으로 가족과 사회의 유연한 상호관계들을 보여줄 수 있는 현상이다. 이러한 새로운 가족 유형은 가족 내부에서 성장하여 사회로 진출하는 인간의 성장에 큰 영향을 미치므로 새로운 가족유형을 통한 인간의 성장방향을 탐구해 보도록 하자.

① 1인 가족

1인 가족은 혼자서 생활하는 가족으로 독신으로 생활하는 사람은 생애주기의 각 시기별로 다양하게 출현한다. 일생 동안 결혼을 한 번도 하지 않은 경우도 있고, 이혼이나 사별에 의해 혼자 살게 된 기혼독신자나 독거노인 등도 포함된다. 독거노인의 문제는 타 연령층에 비해 상대적으로 높은 고독감과 사회적 차별, 노인 빈곤문제들로 심각한 사회문제를 야기하고 있어 이에 대한 정책이 시급히 요구된다.

② 무자녀 가족

자녀가 없는 가족의 형태를 무자녀 가족이라 한다. 이는 자녀를 의도적으로 출산하지 않는 자발적 무자녀 가족과 자녀를 원하나 불임으로 인해 출산을 하지 못하는 비자발적 무자녀 가족, 자녀의 출산을 최대한으로 연기하여 자녀가 없는 상태의 이익을 얻으려는 경우로 구분할 수 있다. 무자녀 가족 중에서 부부가 맞벌이를 하는 경우를 딩크족(DINK : Double Income No Kids)이라고 한다. 딩크족은 1980년대 후반 미국에서 파생된 용어로, 남녀 모두 고소득 직종에 종사하면서 경제적으로 여유롭게 살기를 원하며, 아이의 양육을 원하지 않는 사람들을 말한다. 최근에서는 자녀 없이 애완동물과 함께 사는 '딩팻(DINK+pet) 가족'이라는 신조어도 등장하고 있어, 출산을 원하지 않는 부부가 더욱 늘고 있는 추세이다.

③ 한부모 가족

한부모가족지원법 제4조에 따르면 한부모 가족이란 "모자가족 또는 부자가족을 말하는 것으로 모자 가족이란 모가 세대주인 가족을 말하며, 부자 가족이란 부가 세대주인 가족을 말한다. 여기에는 미혼모나 미혼부 가족 또는 비혼모나 비혼부의 가족형태가 포함된다. 현대사회에서는 이혼이나 사별로 배우자를 잃고 혼자서 자녀를 키우는 모자 또는 부자가족이 증가하고 있고, 결혼을 하지 않은 상태에서 자녀를 입양, 출산하여 혼자 양육하는 경우도 증가하고 있다.

④ 동거 가족

동거가족은 결혼하지 않은 남녀가 공동으로 거주하는 삶의 방식이다. 동거생활자는 법률혼주의의 결혼제도를 거부하거나 가족이 형성되었을 때의 책임을 회피하고자 하는 경우도 있고, 정식결혼 전에 사전 결혼을 경험하는 등의 임시적인 결혼 생활도 포함된다.

⑤ 동성커플 가족

이성(異性)이 아닌 동성(同性)이 커플로서 동거하는 가족을 의미한다. 동성의 배우자를 갖는 가족의 수는 명확하지 않으나 점차 늘고 있다. 성적 취향에 대한 사회적 인식의 개방으로 동성애자들이 적극적으로 가족을 형성하고 있어 이는 점차 늘어나고 있는 추세이다.

⑥ 공동체 가족

혈연이 아닌 사람들로 구성된 가족 형태이다. 정형화된 핵가족을 거부하고 자기실현과 양성평등의 중시, 친밀한 인간관계를 추구하는 삶의 방식이라 할 수 있다. 미혼남녀뿐만 아니라 부부, 부모와 자녀들의 가족이 다른 사람들과 공동생활을 시도하고 있으며, 재산의 형성 또한 공동으로 관리하고 공동가사 노동을 하는 등의 생활방식의 특징이 있다. 여기에는 도시노동공동체, 농촌공동체, 신앙공동체 등 수십 개의 공동체 가족이 있는 것으로 추정된다.

3) 급변하는 가족과 가족문제

제2차 산업의 발전으로 인한 급격한 산업구조의 변화를 배경으로 농촌에 집중되었던 인구가 일자리를 찾아 도시로 대량 이동하였고, 산업화는 도시화를 초래하게 되면서 이전까지 유지되었던 농촌사회의 붕괴는 대가족의 붕괴로 이어지게 되었다. 한편 도시로 이동한 사람들은 부부와 자녀만의 핵가족으로 파편화되었다. 핵가족화는 도시의 젊은 부부뿐만 아니라 농촌의 늙은 부부에게도 해당되었고 그 결과 노인의 소외문제를 야기하여 사회문제가 되었다(野々山, 2001). 이러한 가족 변화의 양상을 파악하고 이를 통해 파생되는 여러 가지 사회문제를 해결하기 위한 대안 마련을 위해 가족문제에 대한 이해 또한 필요하다. 과거에 대가족과 핵가족이라는 단순한 가족의 형태를 넘어 등장하는 다양한 생활양식을 존중하는 사회복지의 이념을 토대로 이러한 가족의 변화와 가족문제를 (1) 환경의 변화로 발생하는 문제와 (2) 가족 생활주기에 따라 발생하는 가족문제 두 가지로 살펴보자.

(1) 환경의 변화에 따른 가족문제

① 가족형성의 지연 및 가족해체

최근 청년층의 결혼관의 변화로 인해 결혼에 대한 의식과 행동에서 가족주의적 경향이 약화되면서 개인주의적 경향으로 점차 변화되고 있다. 또한 경제위기는 결혼과 출산에 영향을 미쳐 결혼과 가족의 안정성을 약화시키고 궁극적으로는 일상적·세대적 재생산이라는 개별가장의 기능의 혼란과 왜곡, 자원배분에 대한 갈등, 세대 문제, 남녀 문제 등으로 이어질 수 있고(송혜림 외, 2009), 가족의 기본 골격이 흔들리면서 가족의 기능 약화와 역할 상실, 가족 구성원 간 갈등증대 등의 가족해체로 연결될 수도 있다(김승권, 2001). 이는 가족해체에만 영향을 미치는 것이 아니라 결혼을 미루는 만혼화로 이어지고, 이는 결국 저출산 문제로 이어질 수 있다.

또 다른 한 가지 문제는 가족해체이다. 가족해체는 가족해체의 증가는 자녀유기, 노인부양, 청소년 비행 및 범죄, 가족·학교폭력 등 관련 사회문제의 발생을 증가시켜 사회안정 및 통합에 심각한 저해요소가 될 수 있으며, 경제구조나 빈부격차와 같은 보다 구조적 원인에 의한 한국 가족의 불안정 가능성 및 가족과 관련된 가치관의 실질적 변화, 즉 개인주의적 가치관이 보편화되었음을 나타내는 지표라 할 수 있다(김승권 외, 2000; 오제은, 2003).

② 가정폭력의 증가

가부장제도, 여성의 사회진출, 노인의 사회적 지위의 하락 등의 가족 구조의 변화는 가정폭력으로 이어지고 있다. 가정폭력은 부부에게만 국한되는 것이 아니라 가족구성원 전체, 특히 함께 사는 자녀와 노인 등에게도 심각한 영향을 미칠 수 있다. 가정폭력에는 아내학대, 남편학대, 아동학대, 노인학대가 있다. 또 다른 가정 내의 폭력문제로 배우자의 구타 등 전 가족을 포괄한다. 이 중에서도 대부분 아내를 구타하는 경우가 많지만 가족의 가치나 역할이 급격히 변화하면서 최근에는 매맞는 남편의 경우도 증가하고 있다. 노인학대는 가장 최근 부각되고 있는 가족 내 폭력으로 최근에는 친부모를 폭행하여 때려 숨지게 하는 사례가 빈번히 발생하고 있어 이에 대한 대책도 시급하다(野々山, 2001).

③ 다문화 가족의 문제

우리 사회에 다문화 가족이 늘어나면서 가족구성원 사이의 갈등과 폭력, 자녀의 부적응과 문화적 편견 등이 새로운 사회문제로 부각되고 있다. 한국남성과 결혼하여 국내에 살고 있는 외국인 여성들은 문화충격으로 인해 좌절을 겪고 있고, 가족이라는 사적 공간에 편입되면서 의사소통의 문제와 가부장적 가족문화에 대한 부적응으로 인해 심리적·정서적 위기를 겪게 된다. 또한 가족 구성원들이 다문화에 대한 이해와 평등한 부부관계 및 건강한 부모역할에 대한 이해가 부족한 경우도 빈번하다. 이러한 문제들은 결국 부부사이의 갈등으로 확대 되거나 갈등이 심해질 경우에는 가정 폭력이나 이혼으로 발전하게 될 가능성이 있다(이혜경, 2005; 남윤주, 2009).

(2) 가족 생활주기별 가족문제

① 부부 간의 문제

부부가 된다는 것은 인생주기에서 가장 복잡하고 어려운 전환이다. 결혼은 서로 받아들이기 어려운 발달과제를 요구하며, 그를 위한 계획적인 노력이 요구된다. 결혼한 젊은 부부는 원가족과 연결되었지만 독립적인 하위체계를 형성하기 위해 지금까지 밀접한 관계를 맺어 온 원가족과의 관계에 변화를 가져와야 한다. 그런데 한 개인이 원가족에게 분리된다는 것은 상당히 힘든 발달과제이며, 이와 같은 과제를 충분히 경험하지 못한 개인이 새로운 가정을 만들 때는 여러 가지 어려움이 예상된다. 또한 부부간의 갈등을 조장하는 또 다른 문제는 자녀의 양육문제이다. 자녀의 양육과정에서는 부부간의 의견불일치가 발생할 수 있고, 이 같은 불일치는 신속하게 해결되지 않으면 결혼생활의 스트레스와 불안정을 증대시키는 결과를 초래하기도 한다. 그리고 이 같은 스트레스는 자녀의 바람직하지 못한 일탈행동으로 이어지기도 한다(엄태완 외, 2012).

② 청소년기 자아정체감의 문제

심리적 · 신체적으로 불안정한 청소년들이 지나친 압박감과 우울감을 느껴 폭력, 비행, 등교거부, 게임중독, 자살 등의 부정적인 행동을 나타내기도 한다. 부모들은 십대 자녀들의 행동이 정숙하기를 요구하는데, 십대들은 그런 부모의 요구는 자신을 믿지 못할 때 나타난다고 믿는 경향이 있다. 때로는 부모의 기대에 미치지 못한다고 느낀 청소년들이 절망하여 우울해하기도 하며, 극단적인 경우 자살시도를 할 수도 있다.

③ 노인부모의 부양

노인부모를 부양하는 의무는 자녀들의 큰 부담으로 작용한다. 이미 가족구조는 노인들을 부양할 수 없는 수준의 사회변화가 이루어진 상황에서 금전적인 부담과 노인들의 경우 거동이 불편하거나, 치매환자의 경우 장기간의 케어가 요구되는데, 이러한 기능을 지금 현재의 핵가족의 형태로는 해결하기 매우 힘든 실정이다. 또한 노인이 있는 가족은 가족 전체가 적응상의 중요한 도전에 직면하게 된다. 은퇴와 홀로 되는 것, 조부모가 되는 것, 질병 등의 변화는 가족의 지지와 상실에 대한 적응, 그리고 방향의 재설정과 재조직이 요구되는 것이다.

④ 독거노인의 증가

독거노인이란 배우자 및 친족, 비친족 중 누구와도 함께 가계 및 거주를 하지 않는 단독세대이거나 그 상태에 있는 노인을 의미한다. 사회적 · 문화적 환경변화로 인해 이러한 독거노인 세대는 급격한 증가현상을 보이고 있다. 독거노인은 일반 노인에 비해 생활이 취약할 수밖에 없는데, 독거노인은 더 많은 신체질환과 정신 건강의 어려움을 가질 수 있고, 우울이나 외로움, 자녀에 대한 의존도 또한 높을 수 있다. 따라서 독거노인은 상대적으로 일반노인에 비해 더 많은 자살의 위험에 노출되고 있다(송영달, 2009).

4) 가족과 사회복지실천

사회복지실천에 있어서 가족은 친밀한 대인관계 경험의 토대를 제공해 주는 사회적 환경으로서 개인의 행동과 성격형성에 지대한 영향을 미치며, 서로 상호적인 영향력을 행사하는 체계의 가장 기본적인 단위이다. 특히 영 · 유아기의 자녀양육방식, 모자관계의 질 그리고 형제와의 관계 등은 이후의 인간행동 발달의 기초를 제공해 주기 때문에 매우 중요하다(권중돈 외, 2005). 또한 가족 내부에서 발생하는 상호적인 영향력은 개인, 집단, 조직, 지역사회 등 이들이 상호작용하는 모든 환경체계에까지 영향을 미친다. 즉, 가족과 가족문제에 대한 사회복지실천 접근은 그 가족의 문제해결에만 그치지 않고 가족 체계와 연결되어 있는 모든 환경들에 영향을 미칠 수 있는 힘을 가지고 있는 것이다(이효선, 2012 : 301). 따라서 이러한 가족문제의 해결을 위해 동원되는 사회복지실천은 가족성원 개개인에 초점을 맞추는 것이 아니라 생활상의 어려움에 처한 가족을 위하여 가족 전체에 초점을 두고 가족이 안정된 삶을 추구할 수 있도록 가족의 기능을 강화하는 사회 전체의 조직적 노력이 동원되어야 한다(박종삼 외, 2002).

따라서 사회복지사는 이러한 역동적인 가족문제에 대한 개입에서 체계이론으로 조명하려는 노력이 필요하다. 체계이론은 가족문제에 대한 접근 시 가족 내에서 일어나는 과정을 순환적인 인과관계를 통해 접근한다. 즉, 단편적이고 직선적인 인과관계를 규명하는 자연과학적인 접근법과는 다르게 원인이 결과가 되고, 결과가 원인이 될 수 있는 순환적인 관계 속에서 가족에 대한 문제를 탐색할 수 있다는 장점이 있다. 이러한 관점을 적용할 시 가족 내부에서 발생하는 문제가 특정한 개인성원의 문제가 아니라 가족 또는 보다 넓은 맥락 속에서 가족의 문제를 바라볼 수 있다는 것이다(엄태완 외, 2012). 이러한 체계이론을 적용한 사회복지실천의 방법론은 거시적인 접근방법과 미시적인 접근방법으로 구분할 수 있는데, 이는 다음과 같다(권중돈 외, 2005).

(1) 거시적 접근방법

가족문제의 원인을 경제적 배분구조의 불평등성, 보건의료서비스의 취약성, 고용시장의 불평등과 불안정성, 주택의 부족 등과 같은 가족 외부의 사회경제적 요인에서 찾고, 가족이 처한 사회적 조건과 환경을 개선하여 가족의 기능을 지원 또는 보충하고, 가족의 변화를 유도하고자 하는 국가적인 차원의 노력으로 가족복지정책이 대표적인 접근방법이다. 이러한 가족복지정책에는 세제정책, 가족법의 개선, 인구정책, 노동시장정책, 소득보장, 건강보장, 주택보장, 저소득 가족지원, 한부모 가족, 영유아 보육 등의 여성 및 아동복지정책 등이 포함된다.

(2) 미시적 접근방법

가족문제의 원인을 가족구조, 가족기능, 가족관계 및 가족생활주기라는 가족 내적 요인에서 찾고 이러한 원인에 의해 발생하는 부부문제, 자녀문제, 가족폭력 문제 등의 가족이 겪는 다양한 문제를 다루고 가족의 변화와 가족성원의 성장을 도모하고자 하는 접근방법이다. 이러한 미시적 접근방법은 가족복지서비스라고 불리며, 가족치료, 가족교육, 가족보존 및 지원서비스, 가족계획, 가족옹호사업 등이 대표적이다. 가족치료는 전체 가족의 역기능적인 상호작용에 전체 가족과 개별성원의 문제의 원인이 있다고 보고, 이의 해결을 통하여 가족이 호소하는 문제를 해결해 나가는 임상적 접근방법이다. 이러한 가족복지서비스에는 가정봉사원 파견, 주간보호, 집단가정 등이 포함된다.

2. 집단

인간은 태어나면서부터 다른 사람들과 함께 집단 속에서 서로 관계를 맺으며 살아간다. 태어나서는 가족과 부모, 형제를 통해서 관계를 맺고 성장하면서 학교, 직장, 취미활동 등으로 집단을 이루며, 그 속에서 서로 상호작용을 통하여 사회적 규범을 습득하고 자아정체감을 형성해 간다. 이러한 과정 속에 인간은 환경적 요구에 적응하고 때로는 환경을 자신에 맞게 변화시켜 나감으로써 성장, 발전한다. 따라서 인간과 밀접한 관계를 맺고 있는 집단은 인간을 이해하는 한 측면으로서 매우 중요하게 다루어야 할 부분이다(이효선 외, 2012; 표갑수 외, 2012). 따라서 본 절에서는 사회복지실천 현장에서 클라이언트를 둘러싼 사회집단의 영향을 정확히 이해하고, 집단의 변화를 도모하기 위한 기본지식으로써 집단의 정의, 유형, 특징 등에 대한 주요개념을 살펴보기로 한다.

1) 정의 및 주요개념

먼저 집단에 대한 개념을 파악하기 전에 집단을 구성하는 기본단위인 인간의 개념을 살펴보자. 사람에 대응하는 한자어는 인간(人間)으로, '인간'이라는 한자어는 인생세간(人生世間)의 준말이다. 이를 해석하면 '인간이 사는 세상'이라는 의미로 해석이 가능하다. 또한 사람들의 사이에 존재하는 것이 사람이라는 의미로도 쓰인다. 즉 인간은 사람들과 어떻게든 집단을 이루고 사람들 사이에서 살아가고 있는 것이다.

집단(集團)의 사전적 의미로는 "여럿이 모여 이룬 모임"3)으로 이해되고 있고, 북미권에서의 집단(group)은 "여러 명의 사람이나 사물이 제각각 연결된 것(several people or things that are connected with each other)"4)으로 정의된다.

집단에 대한 여러 학자들의 개념정의를 살펴보면, 먼저 유뱅크(Eubank, 1932; Northen et al., 2008에서 재인용)에 따르면, "집단은 둘 혹은 그 이상의 사람들이 정신적인 상호작용의 관계를 맺는 것으로, 상호간의 이러한 관계는 다른 사람들과의 관계와는 구별되는 것이며 이러한 관계들을 하나의 실재(entity)"로 정의하고 있고, 놀린(Norlin et al., 1997 : 227; 최옥채 외, 2011에서 재인용)은 "한 개인으로서 서로 인식하고 상호작용하며, 사회적 실체로서 집단에 대한 의식을 공유하고, 구성원들의 집단과 연관된 행동에 의해 영향을 받으며, 자연적이고 표현적인 행동이 지배적인 두 명 이상으로 구성된 사회조직의 한 형태"로, 하트포드(Hartford, 1971)는 "적어도 2인 이상이 모여, 공동의 목적 혹은 인지적 · 감정적 · 사회적인 면에서 관심을 공유하면서, 서로에 대한 호감을 가지며, 규범을 형성할 뿐 아니라 집단활동을 위한 목적을 발달시키고, 스스로 혹은 타인에 의해서 그 집단의 구성원으로 인식할 수 있는 정도의 응집력을 발달시킬 수 있도록 충분한 상호작용과 교류가 이루어지는 상태(Hartford, 1971 : 26; 최옥채 외, 2011에서 재인용)"로 개념정의하고 있다. 존슨과 존슨(Johnson & Johnson, 1997; 표갑수 외, 2012에서 재인용)은 "대면 접촉을 하는 두 사람 이상의 개인들이 다른 구성원들을 알고 자신이 그 집단의 구성원임을 인식하여 상호목적을 달성하기 위해 상호의존관계에 있는 상태"로 정의하기도 한다.

국내학자들의 집단에 대한 개념정의로 먼저 강상경(2011 : 204)은 "구성원 사이에 소속감을 통한 집단의식이 있고 공동의 목적이나 관심사가 있으며,

---

3) 네이버 사전(검색일 : 2013년 1월 15일)
4) 롱맨영영사전(검색일 : 2013년 1월 15일)

이러한 집단목적 달성을 위하여 상호작용하는 사회적 집합체"로 정의하고 있고, "서로가 동일한 집단에 소속하고 있다는 집단의식이 있고, 공동의 목적이나 관심사가 있으며 이들 목적을 성취함에 있어서 상호의존적이며, 의사소통, 인지 그리고 정서적 반응을 통하여 상호작용하며, 단일한 행동을 할 수 있는 능력이 있는 2인 이상의 사회적 집합체(권중돈 외, 2005 : 55)"로 정의되기도 한다.

이러한 개념들을 토대로 집단에 대한 개념정의를 해 보면, 집단은 '최소 둘 이상의 사람들이 모여, 정신적인 상호작용의 관계를 맺는 것으로, 인지적·감정적·사회적인 면에서 집단의식을 공유하고 이러한 집단적인 목적 달성을 성취하기 위해 상호작용하는 사회적 집합체'라고 정의할 수 있겠다.

2) 집단의 특성 및 기능

(1) 집단의 특성

앞서 집단의 개념정의에 근거하여 집단의 특성을 살펴보면 다음과 같다(권중돈 외, 2005; 이효선 외, 2012).

① 집단의 크기

비슷한 관심사와 목적을 가진 최소 2인 이상의 일정한 구성원이 존재해야 한다. 집단 구성원 간의 상호작용이 이루어져야 하기 때문에 집단의 최대 크기는 제한된다. 만약 집단구성원 간의 상호작용이 이루어지지 않으면 그 집단은 의미를 상실하게 된다.

② 공통된 목적의 공유

집단성원들이 공유하고 있고 달성 가능한 공통의 목적이 있다. 대부분의 사회적 집단은 목적을 두는 2가지 원리가 있다. 첫째는 집단의 교제를 통한 방법으로 집단에 속하고, 다른 구성원들로 하여금 목적을 인식시킨다. 둘째, 성취의 방법으로 집단 외부의 목적을 성취하기 위해 집단구성원들이 공동의 목적을 보유하는 것이다.

③ 집단적 정체감

모든 구성원은 집단 내에서 공동의 정체성을 가지며, 집단을 하나의 실체로 인식한다. 이러한 집단의 특성은 집단적 행동을 할 때 '우리'라는 표현을 통해 더욱 확실하게 알 수 있다. 집단적 정체감은 집단과 개인 사이의 상호작용을 통해 개인의 정체감 형성에도 많은 영향을 미친다(박주현, 2010).

④ 개인의 행동에 대한 영향

집단은 개인적 통제기능과 함께 사회적으로 중요한 역할을 한다. 모든 집단은 구성원에게 영향을 미치는 구별된 하위체계와 규범적인 체계를 가진다. 즉 집단은 개인들 간의 상호작용을 통하여 전체로서의 체계의 특성을 지니게 되지만 동시에 전체로서 개인의 행동에 영향을 미치게 된다.

⑤ 외부환경과의 에너지 교환

집단을 둘러싼 외부 환경과의 지속적 에너지 교환을 통하여 생존이 가능하고 그 기능의 변화와 발달이 이루어지게 된다.

⑥ 역동적 변화과정을 거침

집단은 형성에서부터 해체에 이르기까지 동일한 모습을 유지하는 것이 아니라 역동적 변화를 하는 일련의 발달단계를 거치게 된다.

(3) 집단의 기능

① 개인의 성장과정에서 집단의 기능

개인은 집단을 떠나서는 생활할 수 없으며, 집단의 한 부분으로 상호작용에 참여하면서 자아정체감을 형성하고 성취감과 좌절감을 경험하면서 성장해 나간다. 유아기에 또래와의 연합놀이나 협동놀이를 통하여 사회생활에 필요한 기초적인 도덕성이나 사회적 역할분담을 학습하게 된다. 아동기에 학급집단이나 또래집단의 구성원으로서 경험하는 여러 가지 집단활동을 통하여 규범준수, 상호협력, 자기 욕구의 통제와 관련된 기술을 습득하게 된다. 청소년기에는 집단에 참여하여 타인이 보는 자신에 대한 관점을 받아들임으로써 자아정체감 형성의 기반을 마련할 수 있게 된다. 그리고 성인기 이후에 유의미한 집단경험을 하지 못할 경우에는 고독, 소외감, 우울증 등과 같은 다양한 정신장애를 보일 가능성이 높아진다.

② 개인의 행동과 성격의 변화에 영향

집단은 행동이나 성격의 변화에도 많은 영향을 미치게 된다. 개인이 집단에 참여하여 타인과 지속적인 의사소통과 상호작용을 하는 과정에서 타인의 행동이나 성격적 특성을 모방하고, 지위에 따르는 역할을 수행하고, 집단규범에 순응하는 과정에서 기존의 성격유형이나 행동유형을 다른 유형으로 대치시키기도 한다. 집단 내에서 발생한 심리사회적 문제를 다루기 위하여 자신의 입장을 표현하고, 긴장과 갈등을 처리하며, 분노감이나 적개심을 표현하고, 타인과 우호적인 정서적 교류를 경험함으로써 정서상태에 변화가 초래된다. 그리고 집단의 목표달성을 위한 과업중심적 활동에 참여함으로써 타인과의 협력, 개인적 경계선과 자율성의 의지와 같은 성격적 특성이 형성되거나 강화된다.

이처럼 집단은 구성원들에게 대인관계의 장을 제공하고, 집단과 개인의 목적을 달성할 수 있도록 지지하고 자극함으로써 그들의 성장과 변화를 촉진한다. 하지만 집단이 인간발달과 행동에 긍정적 영향만을 미치는 것은 아니며 지나친 사회적 통제기제나 왜곡된 집단문화 등으로 인하여 집단이 구성원에게 부정적 영향을 미치고 성장과 변화를 방해할 위험성 또한 지니고 있으며, 집단 따돌림으로 대표되는 집단 소외현상을 경험하게 함으로써 개인의 심리사회적 문제를 유발하는 원인이 되기도 한다.

3) 집단의 유형

집단은 인간관계의 특성, 집단구성의 동기, 크기, 목적, 참여의 자유 등에 따라 다양한 유형으로 구분된다.

(1) 집단 내의 인간관계의 특성에 따른 분류

① 1차 집단(primary group)

가족, 친구, 이웃 등과 같이 혈연과 지연을 바탕으로 자연발생적으로 이루어지는 집단으로, 친밀한 대면적 연합이나 협동을 중시하는 정서적 인간관계가 특징인 1차 집단이다.

② 2차 집단(secondary group)

전문단체, 군대 등과 같이 목적달성을 위해 인위적 계약에 근거하여 형성된 집단으로, 성원 간의 관계는 개인적 차원에서 이루어지는 것이 아니라 이성적이고 계약적인 특성을 갖는 것으로 분류된다.

(2) 집단구성의 동기에 따른 분류

① 지지집단(support group)

아이디어나 제안, 조언 등을 공유하고 지지를 제공하기 위한 목적을 가진 집단이다.

② **성장집단**(growth group)

구성원들에게 자신과 다른 사람에 대해 그들의 생각, 감정, 행동 등을 인식, 확장, 변화시킬 기회를 제공하여 자신의 잠재력을 최대한 발휘하도록 하는 목적을 가진다.

③ **교육집단**(educational group)

구성원들의 지식, 정보 혹은 기술의 향상을 목적으로 한다(예: 아동양육, 성교육 집단).

④ **치료집단**(therapy group)

중대한 대인관계적 혹은 정서적 문제를 심도있게 다루는 집단으로, 행동의 수정, 교정, 재활 등을 목표로 한다.

⑤ **사회화 집단**(socialization group)

사회적 관계에 어려움을 가지는 집단 구성원들을 중심으로, 사회생활에서 효과적으로 역할을 하기 위해 필요한 사회기술을 학습, 사회적으로 받아들여지는 행동의 행태를 배우는 목적이 있다.

⑥ **과업집단**(task group)

조직이나 기관의 문제에 대한 해결책 모색, 새로운 아이디어 개발, 효과적 원조전략 수립 등의 과업 수행을 목표로 한다.

⑦ **상담집단**(counseling group)

구성원들의 상호작용 과정을 활용함으로써 지금의 관점에서 구성원들의 대인관계적 문제를 다루도록 하는데 있다. 여기에서 집단 구성원들은 문제가 되어 왔던 지속적인 관계 형성이나 행동을 향상시키기 위해 집단과정에서 배운 것을 응용하고 활용하도록 훈련된다.

⑧ 자조집단(self-help group)

공통의 문제나 관심사를 가진 사람들, 그 문제를 해결하고자 하는 사람 혹은 이해하고자 하는 사람들로 구성되며, 자발적으로 모인 작은 집단으로 성숙과 일상적인 필요나 문제를 성취하기 위해 주로 또래들로 구성된다.

(3) 집단의 크기에 따른 분류

대집단과 소집단으로 구분, 두 집단을 명확하게 구분할 수 있는 기준은 없다.

① 대집단

대면적 상호작용이 이루어질 수 있는 최대치를 기준으로 20명 이하이다.

② 소집단

사회복지실천에서 적극적으로 개입할 수 있는 최대인원을 기준으로 7~8명을 소집단으로 규정한다.

(4) 집단성원의 가입과 탈퇴의 자율성 여부에 따른 분류

① 개방집단(open-ended group)

집단이 진행되는 동안 언제나 새로운 성원의 가입과 기존 성원의 탈퇴가 자유로운 집단이다.

② 폐쇄집단(closed group)

새로운 성원의 가입없이 처음부터 끝까지 동일한 성원으로 운영되는 집단이다.

표 15 **집단의 유형**

분류기준	유형	내용
인간관계의 특성	1차 집단	친밀한 대면적 연합이나 협동을 중시하는 정서적 인간관계가 특징
	2차 집단	전문단체, 군대 등과 같이 목적달성을 위해 인위적 계약에 근거하여 형성된 집단
집단구성의 동기	지지집단	아이디어나 제안, 조언 등을 공유하고 지지를 제공
	성장집단	구성원의 생각, 감정, 행동 등을 인식, 확장, 변화시킬 기회를 제공
	교육집단	구성원들의 지식, 정보 혹은 기술의 향상
	치료집단	구성원의 행동 수정, 교정, 재활 등을 목표
	사회화 집단	사회기술을 학습, 사회적으로 받아들여지는 행동의 행태를 배우는 목적
	과업집단	새로운 아이디어 개발, 효과적 원조전략 수립 등의 과업 수행
	상담집단	구성원들의 상호작용 과정을 활용함으로써 지금의 관점에서 구성원들의 대인관계적 문제를 다루도록 하는 데 있다.
	자조집단	공통의 문제나 관심사를 가진 사람들, 그 문제를 해결하고자 하는 사람
집단의 크기	대집단	대면적 상호작용이 이루어지는 20인 이하의 집단
	소집단	7~8명 기준의 집단
가입과 탈퇴의 자율성	개방집단	가입과 탈퇴가 자유로운 집단
	폐쇄집단	새로운 성원 가입없이 동일한 집단

4) 집단과 사회복지실천

인간은 성장해 가는 동안 다양한 집단을 경험하며, 집단을 통한 사회화 과정을 거치게 된다. 이러한 집단 내부에서 클라이언트는 개인의 성격형성과 사회적 관계형성 등의 성장과정에서 직접적 혹은 간접적으로 영향을 받게 되므로 집단에 대한 이해가 필요하다. 또한 사회복지사는 집단이 갖는 다양한 유형과 특징에 대해 충분히 인지해야 하며, 클라이언트의 복잡한 문제 상황들을 체계론적 관점에서 이해하고 효과적으로 해결할 수 있는 구체적인 기술과 지식을 충분히 가지고 있어야 한다. 또한 집단이 개인을 둘러싼 환경체계로만 존재하는 것이 아닌, 직접적인 지지체계의 역할을 하고 있음을 숙지해야 한다.

이러한 집단을 사회복지실천 과정에 적용하기 위한 모형은 다음과 같다.

첫째, 사회목표모형(social goal model)이다. 이는 시민의 사회적 의식화, 선량하고 책임있는 시민의 양성, 노동조건 개선 및 빈곤문제 해결을 위한 사회 및 정치적 행동에 목적을 두고 있는 실천모형으로, 개인의 변화보다는 그 개인을 둘러싼 사회환경의 변화를 통하여 집단이 추구하는 선을 이루고자 한다.

둘째, 치료모형(remedial model)이다. 이 모형은 역기능적 행동이나 증상을 보이는 성원의 치료와 재활, 개인의 문제해결에 초점을 둔 모형으로서, 성원의 변화를 위하여 전문가에 의한 조직적이고 구조화된 개입이 이루어진다.

셋째, 상호작용모형(reciprocal model)이다. 이 모형은 집단성원들의 사회화와 사회적 적응을 성취하기 위하여 성원 간의 지지체계형성에 초점을 둔 모형으로서, 단주집단, 치매가족집단 등 유사한 문제를 가진 성원들의 자조집단(mutual-aid group)을 활용하여 집단과 개인의 선을 동시에 추구한다.

앞서 언급한 바와 같이 사회복지사는 실천의 대상인 가족과 집단이 갖는 다양한 유형과 특징에 대해 충분히 알고 있어야 한다. 또한 그 대상이 직면하는 복잡한 문제와 상황을 체계적 관점에서 사정하고 효과적으로 해결할 수 있는 구체적인 지식과 기술을 충분히 갖추고 있어야 한다.

제 2 장

조직과 지역사회

인간의 행동을 이해하는 관점은 크게 거시적 접근과 미시적 접근으로 나눌 수 있다. 지금까지 살펴본 바와 같이 프로이트 이후의 많은 심리학자들이 제시한 성격이론을 통해 인간행동을 이해하고자 하는 노력은 미시적 접근이라고 볼 수 있다. 이렇게 개인 자체를 연구하는 미시적 차원에 머무르지 않고, 사회·문화와의 관계에서 인간행동을 이해하고자 하는 접근이 인간과 더불어 일하는 다양한 분야에서 일어나게 되었는데, 이를 거시적 접근이라고 할 수 있다.

Pollak(1968)은 "만약 나에게 사회사업실천의 이론적인 기틀을 더욱 발전시킬 것을 제안하라고 요청한다면, 조직이론과 성격발달의 정신분석 이론과의 통합을 강조하겠다"라고 말했다. 이처럼 이제 인간행동을 이해하기 위한 거시적 접근이 강조되고 있는데, 사실 인간의 인체는 생물학적으로 구성되어 있으나 인간의 행동을 결정하는 기준은 사회화의 과정을 통해서 만들어져 가기 때문이다.

즉 사회화는 개인의 행동을 좌우하는 큰 힘을 가지며, 그 인격을 형성하는 장이 되기도 한다. 이러한 사회화의 과정이 활발하게 일어나는 공간은 인간이 성장하면서 그 경계를 넓혀 가게 되는데, 앞에서 살펴본 가족과 집단에서 조금 더 확장된 공간이 바로 조직과 지역사회라고 할 수 있다. 이것들은 모두 인간행동에 영향을 주는 기본적인 사회체계로 볼 수 있다.

1. 조직

현대사회를 조직사회라고 할 만큼, 요즘을 살아가는 인간은 조직에서 태어나서 조직에서 죽어 간다. 그 조직들은 사회화의 주요한 장으로서 인간행동에 많은 영향을 끼치는 기본적인 사회체계이다. 김영종(2010)은 이러한 조직 속의 인간의 삶을 아래와 같이 잘 표현하고 있다.

2000년대를 살아가는 구성원 씨는 병원에서 의사와 간호사의 도움으로 출생한다. 산후조리원, 집, 영아어린이집에서 엄마와 다른 사람들의 보호 손길을 거치면서, 뉴질랜드의 소와 사람들이 만들어서, 중국 선원들이 운반해 오고, 슈퍼마켓 사람들이 진열해서 판 우유를 먹으며 자란다.
조금 철이 들기 시작하면, 어린이집, 미술학원, 피아노학원, 태권도장의 선생님들을 통해 이것저것을 배운다. 그러다 학교에 가고, 여러 학원에도 다발적으로 가고, 이따금 병원에도 가고, 자원봉사를 하러 사회복지관이나 노인시설에도 가고 하면서, 교사와 의사, 간호사, 사회복지사 선생님 등과 같은 공식적 역할자들의 손길을 통해 커 간다.

성인이 되어서는 중매서비스기관을 통해 매칭된 파트너와 예식장 직원들의 도움을 받아 결혼식도 올리고, 아기를 낳으러 병원에 가서 세대 재생산을 한다. 학교를 졸업하면 여러 사람들이 함께 일하는 공장에 취업한다. 개인 가게를 하더라도 다른 사람들(예, 물건을 공급하는 사람들)과 관계되어 일을 하므로 공장 일이나 마찬가지다.

밥을 먹으려면 식당에 가고, 술을 마시려면 주점에 가고, 노래를 부르려면 노래방에 가고, 여행을 가려면 버스회사나 철도회사, 항공사, 여행사의 고객이 되어야 한다. 돈을 벌면 은행에 맡겨야 하고, 집을 사려면 복덕방과 법무사 사무소를 통해야 한다.

취업이 되지 않거나 일자리를 잃으면 노동부 산하 조직이나 프로그램의 클라이언트가 되어야 하고, 아프면 병원에 가야 하고, 슬프거나 혼란스러우면 상담전화 기관과 이야기한다. 춥고 배고프면 동사무소를 포함한 국가 기관이나 민간 사회복지 기관들에서 도움을 받아야 하고, 사회규범을 어기거나 따지고 싶으면 경찰서와 법원, 교도소 등을 다녀야 한다.

그러다 나이 들어 은퇴하면 건강보험공단과 국민연금공단의 클라이언트로 등록될 수밖에 없고, 더 나이 들면 양로원 계통을 거쳐 노인장기요양보험 제도의 요양보호기관 케어를 받다가, 세상을 뜰 때는 장례식장 직원들의 도움을 마지막으로 받는다.

이처럼 인간은 조직 내에서 태어나서, 배우고, 일하면서 생존과 욕구충족에 필요한 자원을 획득하고, 조직 속에서 늙고 죽어 간다(Schriver, 1995). 이와 같이 인간의 전 생애에 걸친 삶은 조직과 밀접히 연관되어 있으며, 조직으로부터 강한 영향을 받는다. 따라서 사회복지실천에서는 내담자를 둘러싼 조직의 영향을 정확히 이해하고, 내담자뿐만 아니라 내담자가 관계를 맺고 있는 조직의 변화를 도모할 수 있는 사회복지실천의 개입방법과 관련된 지식과 기술을 습득하여야 한다(권중돈 외, 2005).

1) 정의 및 주요개념

(1) 조직의 정의

조직의 사전적 의미는 두 명 이상의 인간이 모여 같은 목표를 달성하고자 어떤 일을 하여 그 성과나 업적을 이루는 것 또는 어떤 목표를 달성하기 위하여 일정한 지위와 역할을 지닌 사람이 모여서 질서 있는 하나의 집합체를 이루는 것으로 정의된다. 하지만 조직에 대한 정의는 학자들에 따라 다양하게 설명된다.

파슨즈(Parsons)와 에치오니(Etzioni)는 "조직을 특정한 목표를 추구하기 위한 사회적 단위 또는 집단"이라고 정의하고 있으며, 고트너 외(Gortner)는 "조직이란 목표 또는 사명을 성취하기 위한 특수화되고 상호연계된 활동에 참여한 사람들의 집합"이라고 하였다. 권중돈 외(2005)는 이러한 정의를 종합하여 "조직이란 특정한 목적달성을 위하여 의도적으로 구성된 사회적 단위이며, 공식화된 분화와 통합의 구조 및 과정 그리고 규범을 내포하는 사회체계"라고 정의하고 있다. 또한 이안넬로(Iannello)는 "조직을 두 사람 혹은 두 사람 이상이 연관된 계속적이고 의도적이며 목표지향적인 활동의 시스템"으로 단순히 조직을 정의하기도 하였다.

칼 와익(Karl Weic)은 "조직 구성원 각자가 자신과 타인으로부터 무엇을 기대할 것인가를 규명하며, 그 구성원 혹은 사물 간 조정된 행동과 관계를 통해 다양한 목표를 추구하는 구체적인 사회적 실체"라고 하였다. 나아가 사회복지 실천 측면에서 조직에 대해 홀랜드(Holland)는 "사회서비스 조직은 사회화와 같은 정상적인 인간의 기능을 지원하거나 수입의 유지를 돕는데 중점을 두고 있다"고 정의하면서 사회복지 조직을 일반적인 조직과 차별하여 강조하고 사회복지실천에서 보는 조직의 특성을 분명히 하고 있다.

이렇게 정의되는 조직은 인간행동에 영향을 미치는 사회환경으로서 집단과 유사점과 차이점을 가진다. 인간에 의한 집합체로 각각의 환경은 일정한 목표와 고유한 문화를 지니기 때문에 집단의 목표가 뚜렷하고 집단성원의 결합과 집단역동이 강한 소집단은 조직과 유사하다고 할 수 있지만 조직은 집단보다 더욱 목표 지향적이며 관료적 성향이 강하다(최옥채 외, 2007). 특히, 사회복지실천과 관련하여 집단은 개인을 변화시키는 한 방법으로 활용하는데 초점을 두지만, 조직은 문제해결을 위한 대응세력화의 한 수단 혹은 자원으로 활용된다는 차이점을 가지므로(표갑수 외, 2012) 사회복지사는 집단에 대한 이해를 통해 집단사회사업을 실천하고, 조직에 대한 이해를 통해 지역사회실천 방법을 실천하는 토대를 마련할 필요가 있다.

(2) 조직의 주요 개념

앞에서 살펴본 조직에 대한 여러 학자들의 정의를 좀 더 명확하게 이해하기 위해 조직과 관련한 주요 개념들을 살펴볼 필요가 있다. 이를 위해 최옥채 외(2007)에서 제시된 내용을 토대로 조직체계, 조직규율, 조직문화, 조직화, 집합행동에 대한 개념들을 인용하여 살펴보고자 한다.

① 조직체계

조직은 조직성원에 의해 형성될 뿐만 아니라 일정한 형식, 즉 조직체계에 따라 만들어진다. 따라서 조직체계는 조직을 구성하는 조직성원 각자에게 지위와 역할을 부여함으로써 조직의 튼튼한 기틀을 구축하는 근간이 된다. 또 조직체계는 조직을 흩트리지 않고 추구하는 목적으로 달성하는데 더욱 큰 힘을 발휘할 수 있다. 뿐만 아니라 조직체계는 외부로부터 조직을 인정받는데 중요한 역할을 한다.

② 조직규율

조직규율은 조직의 목적을 달성하고 조직체계를 유지하기 위해 조직의 성원이 지켜야 할 규칙을 의미한다. 조직은 특성상 의사소통과 조정이라는 기능을 지니므로 조직의 규율은 매우 중요하다. 조직의 규율은 조직성원이 수행해야 할 의무, 역할, 권리, 조직의 운영 방식 등을 명시함으로써 조직이 추구하는 목적을 달성하고 기능을 원활하게 한다.

③ 조직문화

조직문화는 한 조직의 성원을 다른 조직의 성원과 달라지게 만드는 집합적 정신프로그램이라 정의할 수 있다. 조직문화는 조직성원의 공통된 성향(성, 나이, 성장환경 등)과 조직의 외부환경을 반영함으로써 조직 고유의 특성을 가늠하게 한다.

④ 조직화

조직화는 특정목적을 달성하기 위해 일정한 지위와 역할을 지닌 사람으로 모임을 만드는 일로 정의한다. 따라서 조직화 과정은 모임을 만드는 것과 만들어진 모임의 성원을 교육시키는 두 단계로 나눌 수 있다. 사회복지실천에서 조직화는 클라이언트의 욕구 혹은 문제를 해결하기 위해 필요로 하는 자원을 효과 · 효율적으로 활용하기 위한 것뿐만 아니라 지역사회의 특정문제를 해결하기 위해 지역사회 주민의 개입을 구체화하는데 필요한 기술로 간주할 수 있다.

⑤ 집합행동

집합행동은 기존의 규범, 정책, 가치 등의 변화를 지향하는 다수 개인들에 의한 공동행동으로 정의한다. 집단행동은 조직성원의 결집을 강화하여 한 조직이 대외적으로 큰 힘을 발휘할 수 있다는데 중점을 두고 있다.

2) 조직의 특성

집단과 조직은 인간의 집합체로 목표가 뚜렷하고 집단성원의 결합과 집단역동이 강한 집단의 경우는 조직과 유사한 점을 가지기도 한다. 하지만 조직은 단순한 인간 집합체에서 볼 수 없는 공식적 상하위 관계, 노동의 정교한 분배, 투명하게 형성된 구조 등과 같은 집단에서 발견할 수 없는 특성을 가지고 있다. 또한 조직은 집단보다 더욱 목표 지향적이며 관료적 성향이 강하고, 특히 사회복지실천에서 집단은 개인을 변화시키는 한 방법으로 활용하는데 초점을 두며 조직은 문제해결을 위한 대응세력화의 한 수단 혹은 자원으로 활용된다(장수한 외, 2011). 즉 가족, 친목 집단 등과 같은 정의적 상호작용을 중시하는 사회적 집단은 조직에서 제외된다.

이렇게 집단과 유사하지만 조직이 가지고 있는 특성을 살펴보면 몇 가지로 요약될 수 있는데, 박주현(2010)이 제시하고 있는 특성을 살펴보고자 한다.

(1) 공동의 목표

모든 조직은 그 자체의 목표가 있으며, 그 목표에 따라 조직 내의 질서를 유지하고, 구성원을 그 목표 아래 결집하여, 통제하고 관리한다. 조직은 목표를 상실하면 조직으로서의 존재 의미가 없다.

(2) 체계화된 구조

조직은 체계로서의 특성이 있다. 여기서 체계란 각 부분이 그 자체 내에 포함되는 다른 모든 부분과 상호의존적으로 관련되어 있으므로, 전체로서 다루어져야 한다는 것을 의미한다. 조직의 협동체계는 단순히 그 구성 요소의 집합만을 의미하는 것이 아니다. 전체는 부분을 종합한 것 이상이며, 부분에 고유하지 않은 특성이 체계로부터 생겨날 수 있다. 이러한 점에서 조직은 사회적 창조물, 즉 사람에 의해 창조되어 살아 움직이는 것으로 볼 수 있다.

(3) 일정한 규범

조직은 그 조직의 특성에 맞는 일정한 규범을 지닌다. 이 규범은 조직을 구성하는 구성원의 행동을 통제하고, 구성원에게 조직에서 요구하는 지위와 역할을 부여하여 권한을 보장하기도 한다. 또한, 조직의 규범은 조직을 운영하고 유지하는 데 중요한 수단이 된다. 조직의 규범을 수용하는 사람만이 그 조직의 구성원이 된다.

(4) 창조된 집단

조직은 사람에 의해 창조된 집단이다. 사람 없는 집단은 조직이 될 수 없다. 즉 사람 없는 사회란 있을 수 없음과 같다. 사회란 본래 인간이란 어원에서 온 것이다. 건물, 공장, 사무실, 회사 간판 등은 그 자체가 조직이 아니다. 무인 로봇, 무인 공장, 무인 시스템 등은 조직이 아니라 조직 목표달성을 위해 이용된 하나의 자원이다. 또한 조직을 구성하는 사람은 끊임없이 바뀌지만, 조직은 계속성을 갖고 존속한다는 개념도 매우 중요하다.

(5) 경계와 위계

조직은 환경과 끊임없이 자원을 주고받는데, 이때 조직 자체의 경계가 있어야 다른 조직이나 환경과 구별이 이루어진다. 조직 간 위계가 있는 독립조직은 상위조직과 하위조직에 의존한다. 상위체계와 하위체계가 있는 조직은 영향을 주고받으면서 서로 의지한다.

(6) 환경과의 교류

환경은 조직 외부에 존재하는 모든 영향력이라 할 수 있다. 조직은 이러한 환경으로부터 직간접적 영향을 받게 되어 있다. 조직은 환경과 지속적 교류를 해야만 생존할 수 있다.

(7) 독특한 문화

조직은 독특한 문화를 지닌다. 조직의 기풍과 같은 의미로서 조직의 문화는 구성원의 공통된 문화이기도 하다. 문화는 구성원의 성, 양육과정, 나이, 직업, 경험 등으로 만들어지며, 조직 고유의 성향을 지향한다.

3) 조직의 유형

조직은 인간의 삶의 전반에 걸쳐 영향을 미치는 만큼 다양한 유형으로 존재한다. 즉 조직이 어떠한 기능을 수행하는가에 따라 유형이 결정되고, 그 유형에 따라 서로 다른 영향을 미치게 되는 것이다. 따라서 인간행동에 미치는 영향 혹은 인간에 대한 조직의 긍정적 기능의 확대를 위해 필요한 것이 무엇인지를 살펴보기 위해 조직의 다양한 유형들을 살펴볼 필요가 있다. 이를 위해 최옥채 외(2007)와 에치오니(1961)의 분류를 참고하여 다양한 조직의 유형을 살펴보도록 한다.

최옥채 외(2007)는 사회복지실천 현장과 가장 밀접한 관련을 갖는 조직 유형에 대한 설명으로 공공조직, 영리조직, 사회봉사조직, 상조조직, 비공식조직으로 설명하고 있다.

(1) 공공조직

공공조직은 중앙정부 혹은 지방정부의 업무를 수행하는 조직을 말하며 이들 조직은 모든 국민의 포괄적 복지를 위해 존재한다. 조직을 공영성 기준으로 분류하는 경우(Johnson & Rhodes, 2005)에도 공공·정부 기관은 정부단위에서 운영되고 법에 의해 규제를 받는 것으로 설명한다. 조직 간 위계를 형성하여 상·하위 조직이 존재하며 이들 조직 간 그리고 조직 내의 성원 간 위계질서가 분명한 특성을 가진다. 공공조직은 사회복지사의 행정업무와 사례활동에 밀접한 영향을 주고 있으며, 사회복지실천 현장을 감독하기도 한다.

(2) 영리조직

영리를 목적으로 활동하는 영리조직은 기업 관련 조직이 대표적인 예이다. 영리조직은 최소 투입으로 최대 산출을 얻으려는 기업주의 욕구를 철저히 반영하기 때문에 조직 안에서 휴머니즘을 기대하기 어렵고, 과열경쟁이 나타난다. 영리조직이 소유한 다양한 자원이 사회복지사업에 투입될 수 있으므로 사회복지실천의 활성화에 크게 기여하지만, 누가 클라이언트에게 서비스를 제공할 것인가에 대한 염려를 낳게 한다. 요즘은 보건서비스 제공 조직(병원, 요양원 등)도 영리를 추구하는 경향이 많은데 많은 비영리조직이 영리를 추구하면서 비영리조직과 영리조직의 차이가 모호하게 되었다.

(3) 사회봉사조직

정부의 불합리한 정책을 개선하는 데 중요한 목표를 두고 있는 사회봉사조직은 조직과 관련하는 자들에게 이익 혹은 도움을 주고자 하는 조직이다. 기업, 종교단체, 대학교 등의 관련 사회봉사조직이 국민의 포괄적 복지 향상을 위해 활동하고 있으며 조직이 소유한 자원을 사회복지기관 혹은 시설에게 지원한다.

사회봉사조직은 사회복지실천 현장에서 사회복지사업을 이끌기도 하고 사회복지실천 현장과 서로 도움을 주고받고 있다.

(4) 상조조직

조직성원들의 이익을 위한 조직으로 상조조직은 정당, 노동조합, 전문가단체 등을 들 수 있다. 상조조직은 조직성원들의 이익뿐 아니라 정부의 불합리한 정책에 대응하여 사회 전반에 걸친 변화를 주도하기도 한다.

상조조직은 조직의 성원들이 조직의 운영과 유지를 위해 기여해야 함으로 회원제 원리를 지키고 조직성원에 대한 통제규범을 가지며, 자신들의 권익을 조직으로부터 보장받는다.

(5) 비공식조직

비공식조직은 법적으로 인정받는 조직이 아니며, 조직성원의 욕구를 반영하여 형성된 조직이기 때문에 특별히 정하고 있는 규정이 없고, 정해진 역할과 책임이 없지만 특정 상황에 신속히 대처할 수 있는 강점을 가지고 있다. 대체로 주부와 학생들이 비공식조직의 성원으로 참여하고 있다.

다음으로 에치오니(Etzioni, 1961)는 조직에서 상위자가 어떻게 하위자를 통제하며, 하위자는 그 통제에 대해 어떤 태도를 보이는가에 따라 조직을 유형화하였다. 그는 조직의 통제형식에는 강압적 통제, 보수적 통제, 규범적 통제 등 세 가지가 있다고 보고, 조직을 강제적 조직, 공리적 조직, 규범적 조직으로 구분하였다(박주현, 2010).

(1) 강제적 조직

강제적 조직(coercive organization)은 조직의 목적을 달성하기 위해 구성원을 강제적으로 통제하는 조직으로 통제를 위해 물리적 힘을 사용하기도 한다. 구성원 대부분은 높은 소외감을 느끼게 되며, 행동에 제약을 받는다.

(2) 공리적 조직

공리적 조직(utilitarian organization)은 구성원이 실질적인 목적을 위해 소속하게 되며, 보수를 주된 통제의 수단으로 활용한다. 구성원 대부분은 자신의 이익을 위해서 조직에 가입하기 때문에 이해타산적인 성향이 있으며, 가입과 탈퇴가 비교적 자유롭다. 회사, 경제단체 등이 규범적 조직에 속한다.

(3) 규범적 조직

규범적 조직(normative organization)은 구성원의 자발적인 의지로 소속되며, 규범을 주된 통제의 수단으로 활용한다. 구성원 대부분은 조직에 대해 높은 귀속감을 가지고 있으며 구성원이 가입과 탈퇴를 자유롭게 할 수 있다. 종교단체, 정당, 자원봉사 단체 등이 규범적 조직에 속한다.

4) 조직과 사회복지실천

조직은 인간의 거의 모든 삶에 영향을 미치고 있다. 조직이 인간행동에 미치는 영향력은 인생 주기나 조직의 기능에 따라 그 크기가 매우 다양할 뿐만 아니라 긍정적 영향과 부정적 영향을 모두 가지고 있다. 그것은 인간이 조직에게 원하는 것과 조직이 인간에게 요구하는 것이 늘 긴장상태로 존재하기 때문이다. 양자는 상호간의 발전을 위해 적절한 균형을 이루어야 하지만 그렇지 못할 경우, 개인이 희생되거나 조직이 목적을 달성하는데 실패할 수 있다. 조직성원으로 개인은 조직 내에서 수행하는 업무나 대인관계에 대한 불만족이 누적되어 감정의 고갈, 소외, 업무와 다른 사람에 대한 관심의 상실 등 소진의 과정을 경험하기도 하며, 이러한 개인의 경험은 조직 내에서 부적 행동으로 표출되기도 하는 것이다.

그럼에도 불구하고 조직은 현대사회에서 권력분배기능, 적응기능, 사회변화기능, 사회적 결속기능 그리고 정체성 부여기능 등의 순기능을 수행하고 있다. 개인은 조직에 소속됨으로써 혼자의 힘으로는 극복이 불가능한 불균형적 권력배분 구조를 변화시키고자 하는 동기를 증진시키고, 복잡한 사회적 현실에 적응할 수 있는 더 많은 기회를 갖게 되며, 대인관계에서의 소외를 극복하고 자율성과 자아정체감을 확보할 수 있게 된다(권중돈 외, 2005).

인간이 조직과 불가분의 관계에 있듯이, 사회복지실천이나 서비스 역시 조직과 불가분의 관계에 있다. 사회복지실천에서 제공되는 서비스는 주로 조직이라는 세팅을 기본으로 하여 제공되며, 서비스가 이루어지는 조직에 따라 사회복지실천의 분야를 구분하기도 한다. 즉 병원 등의 의료기관에서 이루어지는 의료복지사업, 기업체를 기반으로 하여 이루어지는 산업복지, 교도소 등의 교정기관을 기반으로 하는 교정사회복지, 학교를 기반으로 하는 학교사회복지, 그리고 종교기관을 기반으로 하는 종교사회복지, 군대조직을 기반으로 이루어지는 군사회복지 등으로 실천 장소인 조직의 특성을 근거로 실천분야를 구분한다(조흥식 외, 2000).

따라서 사회복지실천 현장에서 클라이언트의 행동을 이해하고 보다 나은 삶으로 안내하기 위해서는 클라이언트가 소속된 개인의 사회환경으로서 조직과 더불어 이들을 상대하는 서비스조직으로서 사회복지조직과의 상호관계에 대한 포괄적인 접근이 필요하다. 즉 클라이언트가 소속된 사회 조직에 대한 개괄적인 사정과 함께 클라이언트와 직접적 관계를 맺고 서비스를 제공하는 사회복지사와 사회복지조직에 대한 이해는 이들의 긴장상태가 가져다 줄 수 있는 클라이언트의 삶의 질에 부정적인 영향을 미칠 수 있는 가능성을 고려해 볼 때 사회복지서비스의 목표달성에 있어 매우 중요한 요건이라고 볼 수 있다.

2. 지역사회

인간은 출생과 동시에 가족이라는 집단 혹은 조직에서 성장하고, 학교라는 조직체계에서 교육을 받고, 사회라는 조직체계에서 일을 하면서 살아간다. 그리고 전통적으로 내려오는 문화 속에서 언어를 습득하고 행동양식과 가치를 내면화한다. 사실은 이 모든 과정이 개인이 속한 지역사회에서 일어나게 된다. 지역사회는 개인에게 직접적인 영향을 주는 가장 큰 범위의 사회체계라고 할 수 있다. 즉 인간은 의식주, 교육, 여가, 노동 등 일상의 모든 행위를 지역사회 내에서 행하고, 사회적 관계를 형성하여 공동체 생활을 유지해 나가고 있다.

따라서 사회복지사는 사회복지실천의 중요한 장으로 인간행동과 관련한 지역사회를 폭넓게 이해할 필요가 있으며, 나아가 지역사회는 광범위한 개인의 집합체 또는 공동체로 간주되기 때문에 사회복지실천의 클라이언트로서 접근할 필요성을 가진다. 이를 위해 지역사회에 대한 사회복지실천의 전문지식과 개입에 필요한 경험적 기술을 습득하여야 하는 것이다.

1) 정의 및 주요개념

(1) 지역사회의 정의

가장 먼저 지역사회를 이해하기 위해서는 지역사회가 지역적 혹은 행정적

구역을 말하는 것만은 아니라는 사실을 염두해 두어야 한다. 지역사회(community)는 '공통의, 공공의' 어원으로 공동체, 공동운명체의 뜻을 가진다. 즉 우리나라에서 주로 지역을 '행정구역'과 동일시하는 것은 지역사회의 본래의 의미를 이해하는데 매우 한계를 가지게 된다. 지역의 특성은 지역사회 주체들의 상호작용이 활발히 일어나게 될 때 형성되는 것이기 때문에 행정구역과는 관계가 없다. 즉, 지역사회는 지리적 요건 구성과 구성원의 상호작용이 맞물려야 하는 것이다(표갑수, 2004). 예를 들어 하나의 동(洞)단위 지역에 속해 있지만 서로 다른 마을 사이에 전혀 왕래가 없다면 이를 하나의 지역사회라고 부르기는 어렵다는 것이다. 이렇게 지역사회를 공동체의 개념으로 보는 경우 반드시 지리적 공간 속의 주민뿐만 아니라 친목회나 기관들의 협의회 같은 공동체 의식을 갖는 개인 혹은 결합체도 포함된다.

이러한 이해를 토대로 지역사회에 대한 정의를 살펴보자. 먼저 로스(Ross, 1967)는 지역사회를 지리적 지역사회(geographic community)와 기능적 지역사회(functional community)로 구분하고 있다. 워렌(Warren, 1978)은 "심리적 측면에서의 지역사회는 사람들이 공동감정, 공동이익을 추구하는 생활양식을 의미하고, 지리적 측면에서는 사람들이 함께 모여 생활하는 특정 지역을 의미하고, 사회적으로는 이 두 가지 면이 결합된 것"이라고 본다. 이러한 정의를 종합해 권중돈 외(2005)는 "지역사회란 다른 지역과 구별될 수 있는 경계를 갖는 독립적인 일정 지역에 모여 살면서, 상호작용을 통해 서로의 생활에 도움을 주며, 같은 전통, 관습 및 규범 그리고 가치 등을 공유하는 공동체"라고 정의하고 있다.

던햄(Dunham)은 "지역사회란 사람과 지역 또는 지리적 집합체를 말한다"고 정의하면서 지역사회에 특수한 인구집단을 구성하는 요소는 무엇이며, 그 구성요소가 공통된 생활조건, 공동이익, 공동시설, 정치적 혹은 사회조직 등에 어떤 영향을 미치는가에 대하여 연구해야 함을 제시한다. 이는 곧 인간행동과 지역사회의 밀접한 관계를 강조하고 있는 것이다.

이러한 학자들의 다양한 지역사회에 대한 정의는 결국, 지역사회는 지리적 공간과 주체로서 주민들의 상호작용에 의해 구성되어지는 것으로 일정한 지리적 영역 안에서 사회적 상호작용을 통해 공통된 생활양식, 문화 등을 형성하여 공동생활을 살아가는 일정한 공간의 범위를 말하는 것으로 요약될 수 있다. 즉 지역사회의 구성원이란 일정한 지리적 공간 안에서 서로 사회심리적 인연을 가지고 있는 사람들을 말한다. 또한 이런 의미에서 지역사회에서의 지역사회복지는 지역사회 문제해결을 위해 지역 내외의 자원을 동원하여 지역사회조직을 통해 지역주민 스스로 해결하고자 하는 일련의 과정을 말한다.

(2) 지역사회의 주요개념

지역사회에 대한 정의를 토대로 지역사회와 관련한 주요 개념을 살펴보면 다음과 같다(최옥채 외, 2007).

① 지역사회 욕구

사람 개개인이 욕구를 가지고 있듯이 지역사회 역시 욕구를 갖는다. 왜냐하면 개개의 결합체가 하나의 유기체로 존재하는 것이 지역사회이기 때문이다. 이러한 지역사회의 욕구는 지역사회 주민이 공동으로 갖는 욕구이다.

② 지역사회 문제

지역사회의 욕구를 적절한 시기에 합당한 방법으로 대처되어야 함에도 불구하고 그렇지 못할 경우 이것은 곧 지역사회의 문제가 된다. 욕구와 마찬가지로 지역사회 주민들이 떠안고 공동으로 해결해야 할 문제이다.

③ 지역사회 목표

개인이 궁극적으로 자아실현을 인생의 목표로 가지듯 살기 좋은 지역사회라는 궁극적이면서도 포괄적인 지역사회의 목표를 갖는다.

④ 지역사회 자원

지역사회 목표 달성은 지역사회가 지닌 욕구 혹은 문제를 해결하는 것부터 시작하여 한층 이상적인 지역사회를 만드는 일이다. 이 과업을 수행하기 위해 다양한 유형과 수준의 인적·물적 자원을 필요로 한다. 이에는 근로, 물품, 현금, 시설 등과 같은 눈에 보이는 자원과 심리적 지지와 같은 눈에 보이지 않는 자원이 있다.

⑤ 지역사회 문화

지역사회는 지리·역사·정치·경제적 맥락에서 고유의 특성을 갖는다. 지역사회가 위치하고 있는 자연환경과 주변 여건, 지역사회의 빈부 정도 등에 의하여 그 지역사회는 독특한 성향을 지니는데 이것이 지역사회 문화이다. 이는 지역사회를 포괄적으로 설명하는 근거가 될 뿐만 아니라 지역사회 주민의 공통된 특성 혹은 성향을 반영한다.

2) 지역사회의 특성 및 기능

우리가 실천하는 사회복지사업은 지역사회 내에서 수행된다. 개인, 가족, 집단, 조직을 통해 수행되는 사회복지사업은 기본적으로 지역사회를 수립하기 위한 벽돌을 만들어 나가는 것이라 표현할 수 있을 것이다. 또한 지역사회는 개인과 사회환경이 만나는 곳이기에 사회복지사업의 핵심 개념과 맥을 같이 한다(김윤재 외, 2009). 따라서 지역사회의 특성과 기능을 이해하는 것은 사회복지 실천 현장에 반드시 요구되는 매우 중요한 실천적 접근의 토대가 된다.

(1) 지역사회 특성

지역사회는 사회복지실천의 장으로 뿐만 아니라 클라이언트로서 지역사회

고유의 특성을 지니기 때문이다. 이러한 지역사회 특성은 아래와 같다(최옥채 외, 2007).

① 역동성

'지역사회는 곧 주민'이라는 측면에서 지역사회는 역동성을 띤다. 이 역동성은 지역사회를 구성하고 있는 지리적 공간, 생활공간, 주민, 조직, 상호작용 따위가 지역사회가 추구하는 목표를 달성하기 위해 움직이는 상태를 의미한다. 지역사회 주민은 일정한 지리적 공간 안에서 생활공간을 활동터전 삼아 지속적으로 상호작용한다. 그러므로 모든 지역사회는 지역사회의 구성요소들이 서로 다양한 수준과 방법으로 순환하면서 영향을 주고받는다. 이런 맥락에서 지역사회의 역동성은 맷시치와 먼시가 강조하는 "지역사회 안에서 생기는 동기(Mattessich & Monsey, 1997)"의 요람이라고 할 수 있다. 이 동기가 지역사회의 변화를 촉진하는 원동력이 되기 때문에 지역사회의 역동성을 제대로 파악하고 활용하는 것은 사회복지사의 중요한 기술이자 전략이 될 수 있다.

② 변화성

정지된 채로 남아 있거나 변화가 없는 지역사회는 존재하지 않는다. 지역사회는 끊임없이 변화를 거듭한다. 이는 "지역사회는 정체된 상태로 남지 않는다(Jones, 1979)"는 존스의 주장과 일맥상통한다. 앞에서 살펴본 지역사회의 역동성이 지역사회 안에서 지역사회 구성요소들이 서로 작용하는 데 초점을 두었다면, 지역사회의 변화성은 지역사회가 자기변화를 꾀하기 위해 외부환경과 대처하는 상황에 중점을 두고 있다. 따라서 지역사회는 지역사회 주민의 제반 상황이 바뀌면서 지역사회가 처하고 있는 형편에 의해 긍정적이거나 부정적인 변화를 시도한다. 예컨대 도시의 낙후된 변두리 지역사회가 새로운 지역사회 주민에 의해 형성된 신시가지, 젊은 층이 대거 빠져 나가고 성인 후기와 노년기의 주민이 주를 이루고 있는 농촌 따위에서 지역사회의 변화성을 찾아볼 수 있다.

③ 서비스 요구성

지역사회는 그 상황에 따라 적절한 서비스를 요구한다. 이는 지역사회가 욕구나 문제를 지닌다는 측면에서 강조할 수 있는 지역사회의 특성이다. 모든 지역사회는 나름대로 욕구나 문제를 가지기 때문에 적당한 시기에 욕구나 문제 상황에 걸맞는 도움을 받으려 한다. 젊은 층이 부족한 농촌의 지역사회, 새로 형성된 도시의 지역사회, 도시의 상류층이 밀집한 지역사회 따위는 각각 의료, 교통, 범죄로부터의 안전과 같은 서비스가 필요하다. 특히 외형으로 어려움이 없어 보이는 안정된 지역사회라 할지라도 현재의 수준에서 더욱 향상된 상태를 위해 도움의 필요성은 잠재하고 있다. 이 잠재적 요구성은 지역사회는 쉬지 않고 변화를 거듭한다는 지역사회의 변화성으로부터 충분히 이해할 수 있다.

④ 변화 능력

지역사회가 변화 능력을 가지고 있다고 보는 것은 인간에 관한 인본주의 관점에 의한 것이다. 지역사회의 형성과 변화과정을 인간이 주도하기 때문에 인간의 변화 능력을 인정한다면 지역사회 역시 스스로 변화할 수 있는 능력을 지니고 있다고 보아야 한다. 특히 지역사회는 그 나름대로 여러 유형과 수준의 자원을 가지고 있다. 예컨대 여건이 열악한 영구임대 아파트단지라고 할지라도 주민들의 끈끈한 정은 지역사회 주민이 결집하여 힘을 발휘할 수 있는 중요한 자원이라고 할 수 있다. 결국 지역사회 주민이 스스로 변화할 수 있는 능력이 있다면 지역사회도 무궁하게 변화할 수 있다. 따라서 특정 지역사회를 긍정적 변화의 가능성이 없다고 간주하는 옳지 않은 낙인을 삼가야 한다. 왜냐하면 형편이 열악한 지역사회는 변화 능력이 없다고 간주하는 것은 그 지역사회 주민의 '병든 의식'에 근원한다고 보기 때문이다.

⑤ 다양성

존스가 지역사회를 설명하면서 “규격화되지 않은 상태(Jones, 1979)”를 강조한 맥락에서 지역사회의 다양성을 엿볼 수 있다. 인간의 개별성과 독특성을 인정하고 있는 측면에서 여러 사람으로 구성된 지역사회의 다양성은 한층 강조되어야 한다. 실제로 모든 지역사회는 그 구성요소의 특성이 달라 다양한 유형으로 존재한다. 예컨대 지리적 여건에 따라 도시지역사회와 농촌지역사회로, 주민의 경제적 상황에 따라 빈곤지역사회와 여유있는 잠재적 지역사회 따위로 구분할 수 있다. 한편 지역사회의 생성주기에 의한 ‘갓 생긴 지역사회(a young community)’, ‘안정된 지역사회(a stabilized community)’, ‘오래된 지역사회(an old community)’ 따위로 구분할 수 있다.

⑥ 시민의 변화를 위한 최적 단위

지역사회는 시민의 변화를 위한 개입활동에 최고 적합한 규모의 공간이라고 할 수 있다. 사회복지실천에서 뿐만 아니라 좋은 사회를 만들기 위해서는 먼저 시민들의 성숙함, 즉 시민의 변화를 강조한다. 이 때 시민의 변화는 지역사회 단위로 이루어지는 것이 바람직하다. 왜냐하면 시민을 변화시키는 효과 · 효율적인 개입은 그 대상의 규모가 지나치게 크거나 작지 않은 적절한 규모라야 하는데 시민을 변화시키기 위한 개입활동에 역동성과 변화 능력을 스스로 갖추고 있는 지역사회를 최적 단위로 볼 수 있기 때문이다. 예컨대 시민의 사회복지에 대한 관심과 참여를 강조하는 사회복지 운동은 지역사회를 기본 단위로 여러 지역사회에서 동시에 이루어지는 것이 적합하다. 이는 사회복지 운동이 사회복지사에 의해 주도되어야 하고, 나아가 사회복지사는 사회복지실천 기술을 바탕으로 사회복지 운동을 이끌어 나가야 하는 바, 이때 사회복지사의 활동은 지역사회의 규모를 벗어날 수 없기 때문이다.

(2) 지역사회 기능

지역사회가 가지는 기능은 다음과 같다(장수한 외, 2011).

① 생산 · 분배 · 소비의 기능

지역사회 주민들이 일상생활을 영위하는데 필요한 재화와 서비스를 생산하고 분배하고 소비하는 과정과 관련된 기능을 말한다. 현대에 있어서 이 기능은 기업이 주로 담당하고 있지만 정부, 각종 전문기관, 종교단체, 교육기관 등도 이러한 경제적 기능을 담당하고 있다.

② 사회화의 기능

사회가 향유하고 있는 일반적인 지식, 사회적 가치, 그리고 행동양태를 그 사회 구성원들에게 전달시키는 과정을 말한다. 이러한 과정을 통해 구별되는 생활양식을 터득하게 된다.

③ 사회통제의 기능

지역사회가 그 구성원들에게 사회의 규범에 순응하게 하는 것을 말한다. 사회통제의 일차적인 기관인 정부 외에 다른 여러 사회조직인 가정, 학교, 교회와 사회기관들도 이러한 기능을 부분적으로 수행한다.

④ 사회통합의 기능

사회체계를 구성하는 사회단위조직들 간의 관계와 관련된 기능을 말한다. 사회통합의 기능은 사람들 스스로 규범을 준수하여 바람직한 행동을 하도록 하는 것이라고 말할 수 있는데, 이는 지역사회가 제공하는 제반활동에 그 구성원들이 자발적으로 참여하게 하는 것으로 이러한 기능을 수행하는 가장 대표적인 제도로 종교제도를 들고 있다. 이외에도 가정, 학교, 사회단체가 있다.

⑤ 상부상조의 기능

사회제도의 의해서 자기들의 욕구를 충족할 수 없는 경우에 필요하게 되는 사회적 기능을 말한다. 과거의 전통적인 사회나 오늘날의 후진 사회에서 상부

상조의 기능은 가족과 친척, 동네 사람들, 친목단체나 자선단체와 같은 일차적인 집단에 의해서 수행되고 있으나, 현대의 사회에서는 이러한 기능이 정부, 민간사회복지단체, 종교단체 등으로 옮겨지게 되었다.

3) 지역사회의 유형

지역사회의 유형은 분류기준에 따라 다양하게 나누어진다. 퇴니스(Tönnis)는 지역사회 성원 간의 결속력의 특징에 따라 공동사회와 이익사회로 분류하기도 하고, 우리나라는 인구의 크기, 경제적 기반, 정부의 행정구역 등에 따라 농촌지역과 도시지역으로 구분하기도 한다. 구체적으로 인구의 크기에 따라서 대도시, 중소도시, 농촌으로 구분하며, 행정구역을 기준으로 특별시, 광역시, 도, 시 · 군 · 구, 읍 · 면 · 동 등으로 유형화한다. 또한 인구구성의 사회적 특수성에 따라 도시 저소득층 지역, 외국인촌, 장애인 밀집지역, 미국의 할렘가나 차이나타운, 유태인 거주지역 등의 경제적 · 인종적 특성을 중심으로 지역을 유형화하기도 한다.

여기서는 퇴니스(Tönnis)의 구분을 토대로 공동사회와 이익사회, 지리적 지역사회와 기능적 지역사회, 농촌사회와 도시사회의 유형에 대해 살펴보도록 한다(박주현, 2010).

(1) 공동사회와 이익사회

공동사회는 지역주민이 서로 친밀하고 사적인 유대관계를 맺는 곳이다. 주민은 공통의 가치와 신념, 상호 의존, 존경과 지위의 위계 의식을 갖고 있다. 주민 간 관계는 법규나 계약으로 이루어지는 것이 아니라, 문화적 전통과 사회적 역할기대에 기초를 둔다. 이익사회는 지역주민이 공식적이고 전문적인 유대관계를 맺는 곳이다. 즉 주민은 직업이나 조직과 같은 지역사회의 제도 내에서 공식적으로 구조화된 관계를 통해 관련을 맺고 있다.

(2) 지리적 지역사회와 기능적 지역사회

지리적 지역사회는 주민이 일정한 지리적 영역 내에서 사는 공간을 말한다. 이 사회는 주민의 공통적인 거주지역과 그 주변에 그들이 소유하는 재산으로 이루어진다. 기능적 지역사회는 같은 관심을 둔 주민으로 구성된 공동체를 말한다. 즉 이 사회는 거주지역과는 관계없이 공동의 목표를 위해 결합한 공간을 의미한다.

(3) 농촌사회와 도시사회

농촌사회는 인구가 적고 공간이 넓으며, 지역주민 간에 긴밀한 인관관계를 맺고 있다. 농촌사회는 전통이 계승되고, 권위에 대한 예의와 행동규범이 발달하여 스스로 사회통제 기능을 가지고 있다. 그러나 산업화로 말미암아 농업인구가 점점 줄어 농촌공동화 현상이 일어나고 있으며, 공동체적 사회에서 볼 수 있는 특성이 사라지고 있다. 도시사회는 인구밀도가 높고 복잡하며, 지역주민 간에 사회적 상호작용이 적은 공간이다. 도시사회는 개인 간의 접촉과 관계가 일시적이고 부분적이다. 그러나 도시사회는 풍요롭고 생활이 편리하며, 개인의 익명성이 보장되고 각종 시설이 비교적 잘 갖추어져 있다.

4) 지역사회와 사회복지실천

우리가 살아가면서 겪게 되는 대부분의 경험들은 지역사회 내에서 이루어진다. 이는 누구도 부정할 수 없는 자연스러운 삶의 모습이다. 개인이 가족을 넘어서 본격적인 사회화과정을 거치게 되는 곳이 바로 지역사회이다. 가장 먼저 사회화과정이 시작되는 가족 역시 지역사회 내에 존재하는 것이므로 실제 지역사회는 개인의 사회화과정의 가장 근본적인 토대라고 해도 과언이 아니다. 우리가 먹는 음식, 사용하는 언어, 일상의 생활습관, 다른 사람과의 소통방식, 사회적 가치 등 어느 것 하나 지역사회로부터 자유로운 것은 없다.

이렇게 지역사회는 사회화과정을 통해 개인의 성격형성과 행동발달에 많은 영향을 미치게 된다. 지역사회는 구성원들에게 사회적 규범에 순응하도록 요구하게 되는데, 이 과정에서 개인은 규범을 내면화하고, 자신의 행동에 대한 통제력을 증진시킬 수 있게 된다. 그리고 지역사회 성원들 간의 협력, 결속, 사회적 지지를 통하여 사회적 소외를 극복하고 이타성이라는 성격적 특징을 발달시킬 수 있게 되는 것이다(권중돈 외, 2005).

이러한 지역사회의 물리적 환경과 사회적 환경이 적절한 수준에 미치지 못할 경우, 인간은 부적응의 문제를 경험하게 되는데, 최근 현대사회가 점차 계약에 의한 공식적 인간관계로 변화되어 가고 협력보다는 경쟁, 결속보다는 분리, 상호지지보다는 개인적 성취를 강조하는 사회로 바뀌어 감에 따라 개인은 더욱 소외되어 가고 비인간화되어 가며, 그로 인하여 사회적 부적응의 문제를 일으키는 경우가 많아지고 있다. 즉 일시적이며 비인격적 교류가 많아짐으로써 사회적 소외현상을 경험할 가능성이 높아지며, 범죄, 자살, 정신병 등의 사회적 병리를 일으킬 가능성도 높아지고 있는 것이다(Germain, 1987). 이러한 개인이 경험하는 문제는 지역사회의 특성에 따라 다양한 유형으로 나타나기도 한다.

따라서 지역사회가 인간의 성격형성과 행동발달에 미치는 영향력을 고려할 때, 이에 대한 이해는 사회복지실천에 있어 가장 기본적이면서 중요하게 고려해야 하는 사회환경인 것이다. 즉 사회복지사의 역할은 클라이언트에 대한 개입과 원조에 그치지 않고, 지역사회를 토대로 하는 사회적 관계망의 연계와 조직화, 그것들의 기능강화를 위해 노력해야 하는 것이다. 이러한 관점에서 볼 때 지역사회는 사회복지실천의 중요한 장인 동시에 자원이지만, 지역사회 자체가 개입의 대상이 되기도 한다(권중돈 외, 2005). 사회복지사와 지역사회복지 서비스제공기관은 클라이언트가 경험하는 문제를 해결하기 위한 근본적인 접근을 위해서는 지역사회 자체의 긍정적인 변화와 안정적인 상태의 유지를 도모해야 할 필요가 있는 것이다.

제3장

문 화

1. 문화의 정의
2. 문화의 주요개념
3. 문화의 특성
4. 문화의 기능
5. 한국문화의 심리적 특징
6. 사회체계와 문화
7. 사회복지실천에의 적용

문화는 일반적으로 사회구성원들간에 공유되며, 생득적이라기보다는 인간이 사회 속에서 성장하면서 학습을 통해 습득한 것으로 한 세대에서 다음 세대로 전승되어 나타난다. 아울러 문화 간 충돌에 의해 새로운 문화가 창조되기도 하고, 모든 영역에 걸쳐 전체적으로 영향을 미치며, 지속적으로 변한다. 문화는 사회구성원인 인간이 획득하는 능력과 습관을 포함하는 복잡한 총체로서 인간과 함께하는 학문인 사회복지에서 문화에 대한 이해는 중요하다. 또한 사회복지사는 사회복지실천 시 클라이언트와 사회복지사의 환경으로의 문화를 이해해야 한다. 이 장에서는 문화의 정의, 문화와 관련하고 있는 주요 개념과 특성, 한국인의 문화적 특징, 문화와 사회복지실천과의 연관성에 대해 살펴보겠다.

1. 문화의 정의

문화에 대한 정의는 광범위하여 사람에 따라 강조하는 부분이 다르고, 시대에 따라 변하며 철학, 역사, 사회, 인류학에서 저마다 이루어져 왔기 때문에 개념정의를 하는 것은 쉽지 않다. 사람들의 생활방식과 관련된 것으로서 의식주를 포함하여 사회생활, 경제생활, 종교생활 등의 전개방식과 관련된 생활의 모습이다. 타일러(Tylor)에 의하면 문화란 지식, 신념, 예술, 도덕, 법, 관습과 사회의 구성원인 인간에 의해서 습득된 여러 능력과 습관 등이 포함된 복합체이다(정은, 2010).

일반적으로 문화는 "공유하는 가치와 믿음, 생활의 일과로 조직된 활동, 감정적 의미를 지니고 있는 상호작용 등의 혼합체"로 "사회구성원인 인간이 획득하는 능력과 습관을 포함하는 복잡한 총체로서 지역적, 사회적으로 구분되면 집단과 개인에게 정체성과 사람에 대한 차이를 만드는 요소이며, 사회구성원이 서로에 대해 그들의 환경과 관련하여 지니는 방향지시의 요소"로 정의되고 있다.

주변에서 우리가 흔히 문화라는 말을 접했을 때 떠올리는 그 개념은 아주 좁은 의미의 문학이나 예술과 관련된 활동이나 제도만을 지칭하는 것이다. 여기서 조금 더 확장시켜 본다면 문학과 예술만이 아닌 근대에 이르러 뚜렷하게 모양을 갖춘 과학이나 종교, 교육 등의 영역까지 포함할 수 있을 것이다. 문화를 언급함에 있어서 문화라는 글자가 어떻게 생겨났는지에 대해 먼저 검토해 봄으로써 지금 다양하게 정의되고 있는 개념에 대해 왜 그렇게 정의되었는지를 살펴볼 수 있다. 라틴어에서 유래한 '문화'라는 단어 Culture(영국, 프랑스), Kultur(독일)는 '기르다, 밭을 갈다'라는 뜻을 가졌다. 이는 자연에 대립되는 인간 활동이나 그 산물 전체를 가리키는 것으로 문화를 넓은 의미로 이해하는데 도움을 준다(한국철학사상연구, 2006). 이에 김창남(1998)은 문화에 관한 정의 방식을 네 가지로 나누어 설명한다. 첫째, 뛰어남으로서의 문화, 둘째, 문명과 문화라는 개념과 연결되거나 혼용되면서 이해된 문화, 셋째, "예술 및 정신적 산물로서의 문화", 넷째, "상징체계 혹은 생활양식으로서의 문화"이다. 결국 문화란 인간이 집단을 이루어 살아가는 삶이며, 그 삶이 표현하는 행위와 행위를 이루어 내는 전체 과정의 사고와 그에 관련된 삶의 현상이며, 합의된 행동 기준을 낳는 원천이다. 문화는 개인을 비롯하여 가족, 집단, 조직, 지역사회에 영향을 미치는 거시체계로서 세대 간에 전승되면서 사회의 모든 구성원에게 영향을 미치는 것이기에, 이 문화의 영향을 간과하고 인간의 행동, 가족, 집단, 조직, 지역사회를 이해한다는 것은 불가능하다.

사람들이 '문화'라는 말을 들을 때 연상되는 의미를 물어 본다면, 매우 다양한 대답을 들을 수 있을 것이다. 그 대답은 주로 '놀이', '예술', '문명', '관습' 등의 대답일 것이다. 자연 상태에서 벗어나 일정한 목적 또는 생활, 이상을 실현하고자 사회구성원에 의하여 습득, 공유, 전달되는 행동양식과 생활양식의 과정 및 그 과정에서 이룩하여 낸 물질적 · 정신적 소득을 통틀어 이르는 말이다. 의식주를 비롯하여 언어, 풍습, 종교, 학문, 예술, 제도 등이 모두 여기에 포함한다(두산동아, 2003).

문화는 세 가지 측면으로 살펴볼 수 있는데 첫 번째는 행위적 측면이다. 이는 사람이 어떻게 행동하는가, 특히 사람들이 일상생활에서 어떻게 서로 상호접촉을 해나가는가 하는 것을 의미한다. 두 번째는 인지적 측면이다. 사람들이 어떻게 세상을 보는가 하는 관점에 관한 것이다. 그들이 어떻게 행동해야만 하고, 그들의 아이들이 어떻게 행동해야만 하고, 그리고 그들이 어떻게 사건에 대처하고 사물을 대해야만 하는가에 있어서의 중요하고도 제한적인 사고의 범위가 이에 속한다. 세 번째는 물질적 측면으로 인간이 생산한 모든 물질적 도구들을 말하는 것이다. 이러한 물질적 도구들을 고고학에서는 보통 인공기물이라고 말한다. 이러한 세 가지 측면에서 문화를 결론지어 보면 문화란 주어진 환경에 인간이 어떻게 적응하면서 그들의 삶을 영위해 나갈 것인가에 대해 고민하며 만들어 낸 그들의 생활지혜이며, 삶의 적응방식인 것이다.

한편 "문화는 한 특정 집단 안에서 형성된 상징들에 의해 학습되고 전해지는 인간의 행위의 총체적 형식이다"(Conde-Frazier, Kang and Parrett, 2004)라는 문화의 정의를 사회복지에서는 중요하게 살펴볼 필요가 있다. 사회복지실천가들은 문화를 "인간집단을 포함하여 제도, 언어, 종교적 이념, 사고 습관, 예술적 표현, 사회적 개인 간 관계 안에서 세대를 거치며 이어받은 생활 형태의 총체"(Morales & Sheafor, 2001 재인용) 그리고 "사고, 신념, 지각, 평가를 공유하는 방법"(박종삼, 1993)으로 정의하고 있다. 이러한 폭넓은 혹은 모호하다고도 할 수 있는 문화의 개념은 사회복지실천 측면에서 인간의 '적응체계'와 '관념체계'로 이해할 필요가 있다. 우선 자연환경에 대한 적응체계로 간주된 문화는 생태학적으로 유용하고 사회적으로 전달되는 행동양식으로 여겨질 수 있다는 것이다. 즉 문화의 변화를 환경에 적응하는 과정으로 보는 것이다. 반면에 관념체계로서의 문화는 사람들의 지각, 신념, 평가, 행동에 관한 일련의 기준으로 간주하여 자연 환경적 요인보다도 인간의 정신활동을 중시한 것이다. 문화라는 용어는 일상생활 속에서 흔히 접할 수 있는 용어로서 우리는 문화생활, 문화인과 같은 용어들을 별로 어려움 없이 사용한다. 이때 '문화'라는 말은 세련된, 예술적인, 정신적인 어떤 것을 의미하는 것일 경우가 많다. 그러나 사회복지에서 접하는 전문적 용어로서 사용되는 '문화'라는 용어에는 다른 측면도 있음을 기억해야 한다. 식생활과 관련된 여러 가지 관습, 인사하는 법, 판단 기준, 사람의 기호 등 모든 것이 문화의 내용을 이루고 있다. 또한 사회체계로서의 문화는 개별 클라이언트에게 영향을 주는 4가지 주요 거시체계 중 하나로서 개별 미시체계가 살고 있는 사회의 관습이나 습관, 기술, 예술, 가치, 사상, 과학, 종교적 · 정치적 행동을 포괄한다(손광훈, 2011).

사회복지실천가들이 말하는 문화를 살펴보면 문화는 우리가 접하고 있는 사회의 제도, 언어, 종교 등과 같이 인간관계 안에서 형성된다. 그래서 사회복지실천 영역에서 차지하는 비중이 클 수밖에 없다. 우리나라의 사회복지실천 연구자들은 문화로부터 영향을 받는 개인의 성격, 한국 문화의 특성을 고려한 정신치료모형, 한국적 가족치료를 위한 무속 신앙과 유교의 영향, 한국의 문화가치로서 가족제도 등을 강조하고 있는 것이다. 이들은 사회복지실천에서 클라이언트의 욕구나 문제를 해결하기 위한 개입은 한국인이 처한 문화적 속성을 충분히 이해한 후 이루어져야 한다고 이야기한다. 사회복지실천 측면에서 본 폭넓은 문화의 개념은 인간의 적응체계와 관념체계로 이해될 필요가 있다. 우선 적응체계로서의 문화란 문화를 자연환경에 대한 적응체계로 간주함으로써 문화를 생태학적으로 유용하고 사회적으로 전달되는 행동양식으로 여겨 문화의 변화를 적응의 과정으로 보는 것이다. 다음으로 관념체계로서의 문화는 문화를 사람들의 지각, 신념, 평가, 행동에 관한 일련의 규준으로 여기고 자연 환경적 요인보다도 인간의 정신활동에 중점을 둔다(장수한 외, 2011).

2. 문화의 주요개념

1) 문명

문명을 문화와 구분하여 정의 내리기는 쉽지 않다. 학자에 따라 문명과 문화가 혼동되어서는 안 된다고 강조한다. 그래서 구분지어 보자면 문명은 물질적, 기술적인 발전이고, 문화는 정신적, 지적인 발전으로 볼 수 있다. 문명은 한 개인이 행동에서 보이는 일정한 품위를 함축하며, 도시화된 국가 수준의 사회에 대한 약호처럼 쓰인다. 이 정의는 문명이란 용어를 미개 또는 야만이란 용어와 반대되는 개념으로 사용하고 있다. 따라서 문명은 물질적으로 생활이 편리해지고 정신적으로도 발달하여 세상이 진보한 상태로 한정함으로써 한층 포괄적인 의미를 갖는 문화와 구별된다. 하지만 문명이 문화와 함께 사람들의 총체적 생활방식을 의미한다는 점에서 문명과 문화는 유사점을 띤다. 문명과 문화는 모두 주어진 사회에서 면면히 이어져 온 세대들이 우선적으로 중요성을 부여한 가치, 기준, 제도, 사고방식을 담고 있다.

2) 문화변용

이미 자치권이 있는 두 사회가 밀접한 관계 속에서 지속적으로 접촉하여 두 문화가 서로에게 많은 부분이 전파된 것을 인류학자들은 문화변용(acculturation)이나 문화접촉으로 부른다. 즉 문화변용은 상이한 문화를 지닌 개인이나 집단이 접촉했을 때 이들 당사자 간 관계의 성격에 따라 달라진다.

이러한 문화변용은 상이한 문화 속의 개인, 가족, 집단, 조직, 지역사회가 만나 상호 영향을 주고받으면서 일어날 뿐만 아니라 그 사회가 추구하는 제도, 관습, 가치 따위와 같은 사회적 상황으로부터도 영향을 받는다.

3) 문화층

문화층(layers of culture)은 개인이 접하는 문화의 여러 수준을 의미한다. 한 개인은 국가, 지역, 종교, 언어, 성별, 사회계층, 조직 따위와 같은 다양한 수준에서 문화를 복합적으로 형성함과 동시에 각 수준의 문화로부터 영향을 받는다. 이는 인간이 여러 유형의 집단이나 조직과 같은 생활현장에서 층층이 각 수준의 문화를 가지고 있기 때문이다. 이들 문화층은 개인과 조화를 이루어 영향을 미치기도 하고, 마찰을 일으킴으로써 갈등을 불러일으킬 수도 있다(최옥채 외, 2002).

4) 문화적 정체성

사회화과정에서 특정 사회의 문화를 공유한 사람들은 개인적 차이는 있지만 공통적 문화의 영향으로 인해 유사한 성격을 지니게 된다. 즉, 특정 사회에서 출생한 개인은 그가 속한 사회의 문화에 내재된 가치, 규범, 신념체계 등을 내재화하는 사회화의 과정을 통해 사회체계에 통합되어 가는데 그러한 과정에서 성격 또한 형성되기 때문이다. 문화적 정체성은 사회화과정을 통해서 형성된다.

3. 문화의 특성

1) 학습성

문화의 학습성은 문화가 특정한 사회에서 살아온 자들의 삶의 직적접인 결과로서 개인에게 학습됨을 의미한다. 즉, 문화는 선천적인 것이 아니라 후천적인 학습에 의해 획득된다. 이런 맥락에서 문화는 일시적으로만 나타나는 현상이 아니라 특정한 부류들에 의한 사회적인 상속으로 전승되어 전통 혹은 유산이 된 것이라 할 수 있다. 그러므로 문화는 사회적으로 전승된 전통이나 유산과 같은 형태로서 개인의 문화에 큰 영향을 미치는 거시체계라고 할 수 있다.

2) 보편성

문화의 보편성은 모든 사회에 공통적인 문화 형태가 있음을 말하는 것이다. 모든 사회에 존재하는 복잡한 체계의 언어, 부부와 자녀 사이에 관련된 가치나 규범이 포함된 가족체계의 혼인제도, 종료 등이 있다. 또한 인간의 본능, 의식주도 문화의 보편성이라 할 수 있겠다. 사람들은 독특한 개인으로써 존재하지만 국가, 조직, 가족 구성원들이 추구하는 문화를 수용함으로써 공통의 문화를 지닌다.

3) 상징성

문화의 상징성은 모든 문화가 외형으로 드러나는 것 외에 속으로 품고 있는 의미가 따로 있음을 뜻한다. 그래서 문화를 사람들의 경험으로 해석하고 행동을 유도, 규제하는 의미와 상징의 체계로 정의하기도 한다.

4) 역동성

문화의 역동성은 문화는 고정되어 존재하는 것이 아니며, 또한 특정 문화 내에서 뿐만 아니라 문화 간 움직임에 매우 강하게 영향을 받음을 의미한다. 문화는 시간의 흐름으로부터 영향을 받아 새로운 문제를 제기하여, 이 새로운 문제는 변화된 행동과 신념에 적응해야 하기 때문에 문화가 역동적일 수밖에 없는 것이다.

5) 다양성

문화의 다양성은 인간사회의 문화 형태가 매우 상이함을 일컫는다. 문화는 그 사회가 처했던 환경에 적응하고 극복하면서 형성된 것이기 때문에 서로 다른 문화를 만들어 낼 수밖에 없었고, 따라서 지구상의 모든 문화는 주어진 환경을 가장 잘 이용한 훌륭한 것이며, 문화에 높고, 낮음이 있을 수 없듯이, 우수한 민족, 열등한 민족의 구분도 있을 수 없다(정수환 외, 2011).

6) 공유성

문화는 공유된다. 한국사회에 살고 있는 사람은 그들이 아무리 다른 사람과 다르게 행동한다 하더라도 기본적으로 다른 한국 사람과 비슷한 행위 양식을 보이게 마련이다(손광훈, 2011).

7) 체계성

문화는 그 자체로 홀로 존재하는 것이 아니라 사회의 다른 부분들과 서로 관련을 맺으며 하나의 종합적 체계 속에서 조화를 이루는 방향으로 형성된다. 문화의 특성은 그 문화만의 독특한 역사적 · 사회적 요인과 자연환경이 복합적으로 작용한 가장 적합한 적응방식을 택한 것이라고 할 수 있다.

4. 문화의 기능

1) 사회화

문화의 사회화 기능은 인간에게 세상을 인식하는 지침을 제공한다. 즉, 개인의 성격을 형성하고 변화시키며, 다양한 생활양식을 내면화시켜 개인이 사회에 적응하면서 살아갈 수 있도록 돕는다.

2) 욕구충족

문화는 개인의 생리적 욕구와 심리적 욕구를 충족시켜 준다. 즉, 다양한 생활양식을 통해서 의식주와 같은 개인의 기본욕구를 충족시켜 주며, 개인이 다양한 문화와 접하면서 사회적으로 안정감을 가지고 살아갈 수 있게 한다.

3) 사회통제

문화는 개인의 행동에 대한 규제와 사회악의 제거를 통해 사회통제의 기능을 수행한다. 즉, 문화는 개인의 행동양식을 규정하기 때문에 개인이 대인관계와 사회생활에서 자신의 행동이 타인에게 어떤 영향을 미치는지, 타인의 반응이 어떠할지를 예측하게 함으로써 적절히 행동할 수 있게 한다. 또한 문화는 도덕, 관습, 신앙 등을 통해 사회의 안정과 질서에 악영향을 미치는 문제들을 제거하거나 조절하는 기능을 수행한다.

4) 사회존속

문화는 사회를 유지시키고 존속시키는 데 필수 불가결한 요소다. 문화가 없는 사회는 존재할 수 없으며, 사회가 없는 문화 또한 존재할 수 없다. 사회가 계속해서 존재할 수 있는 것은 사회가 문화를 학습하고 전승하여 새로운 구성원들에게 필요한 생활양식을 전승해 주기 때문이다(정은, 2011).

5. 한국문화의 심리적 특징

한국문화의 특성에 따른 한국인의 사회적 행동이나 의식 속에 내면화된 사회심리 및 정서체계를 살펴보면 가족주의, 우리주의, 체면, 눈치, 정(情), 한(恨) 등을 들 수 있다. 한국문화 속에 배어 있는 이러한 문화심리적인 특징과

정서체계를 올바로 이해하는 것은 한국의 사회복지실천현장에서 클라이언트를 마주함에 있어서 중요한 일이라 할 수 있다.

1) 가족주의

한국가족문화의 전통적 가치관은 신유교문화의 영향에 따른 아버지와 아들의 관계선이 주축을 이루고 있는 가부장적 가족주의라고 볼 수 있다. 개인은 가족으로부터 분리되지 않으며 오히려 가족을 통해 개인의 가치가 형성되었다. 따라서 결혼과 가족생활도 개인의 정서적 만족보다는 가족의 번영과 가문의 영광을 성취시키는 것이 우선시되었다. 가문의 영속화와 가족 간의 유대의식을 강조하는 규범 하에서 개인의 자율성이나 사리의 정당성 여부를 고려하기보다는 가족의 체면과 가족공동체의 이익이 무엇보다도 중요시되었다.

이러한 한국인의 전통적인 가족문화의 사회적 성격을 이해하기 위해서는 유교적 가치관과 구조 속에서 형성된 가족주의에 기초한 집단주의 의식을 고찰할 필요가 있다. 가족주의가 원형이 된 집합주의에서 개인은 '우리'라는 틀 안에서 생각하는 법을 배우며 명분을 중시하는 형식주의적인 사고방식을 갖게 된다. 그러나 20세기 후반 이후 우리 사회는 급속한 서구화와 도시화에 따라 핵가족형태의 가족구조와 개인주의적 가치관을 형성하게 되었다. 이러한 현상은 부부중심의 생활, 수평적인 부부관계, 여러 형태의 가족구조, 상속제도의 평등화, 부모부양 의무의 다양화 등 전통적인 가족의 기능을 현격하게 축소시켰다. 또한 결혼관계에 있어서도 사회적 책임이나 혈연 관계적 문제로 인식하기보다는 정서적 기능에 따른 개인적 욕구를 중요시하며 개인적인 책임으로 전환하는 중요한 원인이 되었다. 그러나 가족구조의 형태와 기능이 바뀐다고 해서 가족문화 속에 스며져 있는 가치관이나 심리적 특성이 쉽게 바뀌지는 않는다. 가족구조가 핵가족의 형태를 나타낸다 해서 핵가족이라고 하기는 어렵다. 오늘날의 한국 가족은 구조적 핵가족의 외향에 심리적 대가족의 관계가 깃들어 있는 좀 더 복잡한 형태로 드러나고 있음을 이해할 필요가 있다.

2) 우리주의

전통적인 한국 문화에 있어서 사회적 관계의 기본 축은 개인이 아닌 '우리'라 할 수 있다. 즉, 한국인의 사회적 인간관계에서 개인은 독립적이라기보다는 '우리'라고 하는 타인과의 하나 되는 관계를 지향하는 '관계성 개인'이라 할 수 있다. 따라서 한국인의 인간관계는 '우리주의'라는 관계의 틀 안에서 접근해야 한다.

3) 체면

체면이라는 단어를 문자적 의미대로 풀이하면 '몸의 바깥면'을 뜻하지만 이는 인간관계나 사회적 상황에서 자기의 내면 또는 자기와 관계된 사실과 다르게 행동함으로써 자신의 지위나 외적인 명분을 높이려난 행동의 과정과 관련된 '사회적 안면'을 나타내고 있다. 따라서 우리 사회에서 자연스럽게 통용되는 체면이라는 말은 자신의 내면과 행동의 일치성에 있어서의 명예와는 다른 의미로 활용된다. 즉, 체면이라는 말에는 타인의 눈을 의식하고 명분을 과시하기 위해 행동하는 상황에 따른 표리부동의 '치레'적인 의미가 강하게 내포되어 있다. 따라서 체면은 윤리나 예의와는 구분되는 일종의 사회적 성격으로서 상황과 관계에 따라 외적 행동양식을 나타내 보임으로써 자신의 존재를 보장받거나 상대의 외적 명분을 높여 주는 행동적 현상이라 할 수 있다.

4) 눈치

사람관계에서 통용되는 문화심리적인 특성으로서의 눈치는 상대방의 마음,

즉 정확한 마음의 측량이 어려운 상황에서 서로가 자신의 의중이나 내적 상태를 직접적으로 노출하지 않을 때 간접적인 단서나 상황으로 미루어 상대방의 마음을 짐작하는 상황이다. 따라서 눈치는 명백하게 드러나지 않는 상대의 의도를 적절히 파악하여 상대의 비위를 맞추기 위해 취해진 행동양식으로서 상대방이 외부로 표현한 언어나 태도의 이면에 숨은 진정한 메시지를 터득할 수 있는 능력이라 할 수 있다. 이러한 눈치는 위계적인 가족과 사회에서 종속적으로 살아남기 위해 생성된 개념이며 외부적 암시들을 알아차리는 것을 배우는 수단이라 할 수 있다. 한국문화에서는 진심이 말로 표현되지 않는 경우가 흔하기 때문에 상대방의 말만으로는 제대로 그 마음을 이해할 수가 없다. 따라서 한국인은 말 외에도 상황과 맥락을 종합하여 상대방의 진의를 찾아내는 기술이 필요했고 눈치는 이러한 문화적 양식에서 발달된 태도적 특성이라 할 수 있다.

5) 정

한국인의 심리적 특성 중 정(情)은 대인관계에서 가까움과 밀착의 정도를 나타내는 가장 대표적인 한국 문화의 정서체계적 속성이라 할 수 있다. 정이라는 개념은 서구문화의 사랑(love)이나 애정(affection)과 유사하지만 낭만적이고 열정적인 사랑의 속성과 같은 감정 상태이기보다는 장기간의 접촉과정에서 의식되지 않게 쌓여져서 느껴지는 누적된 감정 상태라 할 수 있다. 따라서 정을 매개로 한 인간관계가 형성이 되면 그 지속시간도 사랑이 갖는 감정보다 더욱 길게 된다. 이러한 정은 한국인의 사회적 심성을 이해하고 설명하는데 필수적인 현상이며 개념이다. 강한 집합주의적 특성을 지니고 있는 한국의 문화는 개체의 독립성과 특이성보다는 타인과의 관계성을 중시하며 정은 한국인에게 있어서 과업을 중심으로 한 제도적 인간관계가 아닌 인간 대 인간의 진정한 인간관계를 형성하는 본질적인 개념이라 할 수 있다. 한국인의 정은 주어진 대상에 직 · 간접적 접촉과 공동 경험을 통해 무의식적으로 형성된 일종의 정신적 유대감이라 할 수 있다. 이 같은 정은 뚜렷한 목적 없이 장기간 함께하는 경험으로 형성되기 때문에 정을 바탕으로 한 행동은 의도성이 약하고 규범에 의한 책임이나 의무를 지니지 않는다. 따라서 정을 통한 인간관계를 바람직한 관계로 여기는 정서 때문에 우리나라 사람은 상호의리를 중시하고 배신행위를 가장 금기시한다. 그러나 정으로 맺어진 사이에서는 사회정의나 원칙주의가 지켜지기 어렵다.

6) 한

한(恨)은 삶의 존재방식과 현실적 삶이 불일치할 때 생성된다. 인간은 홀로 존재하는 것이 아니라 항상 다른 사람들과 함께 조직을 이루며, 그 조직의 구성원으로서 존재하고, 조직은 구성원에게 기본적인 개념의 틀을 제공한다. 이러한 인생 여정에서 개인의 욕구 충족이나 의지의 좌절로 인생의 파국에 대처하는 강박적인 마음 자세와 상처가 의식적, 무의식적으로 얽힌 복합체라고 할 수 있다. 즉, 한은 자신의 불행에 대해 후회하는 감정과 부당하다는 엇갈린 심리가 결합된 감정 상태로 정의된다. 한은 한국인의 대중적 의식 속에 보편적으로 자리잡고 있는 가장 한국적이면서도 가장 심층적인 특질이자 민족적 정서라고 할 수 있다. 또한 한과 깊은 연관이 있는 한국적 문화 관련 증후군으로서 화병을 들 수 있는데 이는 발산시키지 못하고 누적된 화로 인하여 정신적 · 신체적 고통을 가리키는 병명이다. 한의 신체적 증상으로는 두통, 어지러움, 힘 없음, 피곤, 답답함, 저림, 기능장애, 불면증, 가슴속 덩어리, 한숨, 치밀어 오름, 화끈 달아오름 등으로 나타나며, 한의 정신적 증상으로는 우울, 불안, 파괴적 충동, 공포, 건망증, 예민성, 피해의식, 죄의식, 수치, 강박증 등으로 나타난다. 한국인의 민족적 정서체계로서 한에 대한 뿌리를 살펴보면 유교적 전통에 따른 가부장 제도를 중심으로 한 집합주의 문화 속에서 발생하는 차별적 고통을 외부로 표출하기보다는 자신의 내면으로 소화해야 하고 겸손과 자기주장을 드러내지 않는 불평등 수용과 여성성의 문화적 특성이 결합된 문화적 정서체계라 할 수 있다.

7) 연고의식과 동류의식

우리나라 사람은 혈연, 지연, 학연과 같은 연고주의를 바탕으로 누구든 처음 만나자마자 연결고리를 찾아야 안심이 되고, 공통점이 발견되면 친밀감 형성에 가속이 붙는다. 이와 같은 현상은 '인맥이 만사'가 될 경우 인맥 지향은 인간 지향이 아니라 권력 지향으로 변질됨으로써 자신과 동등한 사람이든 열등한 사람이든 한데 묶는 인맥 공간은 사라지고, 높은 곳을 향해 나아가려는 '인맥 만들기'를 번성하게 한다. 또한 우리나라 사람들의 내면에 자리잡은 동류의식은 상대방과 나를 동질화하려는 의식으로 "친구 따라 강남 간다"는 말이나 뚜렷한 목적의식 없는 동호회 활동은 동류의식을 잘 반영해 주는 예이다.

6. 사회체계와 문화

문화가 인간행동에 미치는 영향을 과소평가할 수 없으며, 이 문화의 영향을 간과하고 인간의 행동, 나아가 가족, 집단, 조직, 지역사회를 온전하게 이해할 수 없다. 문화는 개인을 비롯하여 가족, 집단, 조직, 지역사회에 영향을 미치기 때문에 사회복지실천에서도 중시해야 한다.

문화는 사회화 과정을 통하여 개인의 성격과 행동에 영향을 미칠 뿐 아니라 주된 민족성, 인종과 연합하면서 그리고 체계, 지역사회와 통합되면서 더 넓고 융통성 있게 형성된다. 또한 문화는 사회복지실천의 윤리적 딜레마를 불러일으킬 수 있고 한편으로는 윤리적 딜레마를 해결할 수 있는 요인이 될 수도 있다. 즉, 사회복지실천에서 문화는 윤리적 딜레마를 불러일으키거나 해결하는 데 영향을 미침으로써 이중적 요인으로 작용하는 특성을 갖는다. 따라서 사회복지사가 이들 각 체계의 문화를 이해함으로써 윤리적 딜레마를 경감 혹은 해결해 나갈 수 있다.

1) 가족과 문화

개인의 문화의 창조자인 동시에 문화의 지배를 받는다. 가족은 개인의 삶의 터전, 목표, 종교라고 할 수 있을 정도로 중요한 개인의 활동단위로 인간의 사회화를 위한 중요한 역할을 담당한다.

2) 집단과 문화

한국인의 사고방식은 서구인의 사고방식에 비해 집단에 순응하는 집단지향적 경향이 강하다. 따라서 집단주의를 지향함으로써 집단의 눈치를 보고 가능하면 집단 내 구성원 간 관계를 중심으로 화목을 중시하는 관계주의적 특성을 지닌다.

3) 조직과 문화

조직 내 구성원의 행동이 직접적으로 연관된 여러 관계, 권리, 의무, 강요, 책임감이라는 체계적 연계망에서 조직 밖의 사람들에게 영향을 미친다. 특히 한국의 사회 조직은 분열이 잘 되는데 이는 조직의 구조가 수직적이며, 권위적 성향이 매우 강하여 조직 대표의 카리스마에 절대적으로 의존하기 때문이다.

4) 지역사회와 문화

가족주의를 바탕으로 한 한국인의 공동체 지향 의식을 공적 생활과 사생활을 혼동하게 하여 성숙한 지역공동체를 형성하는 데 걸림돌이 되고 있다. 즉, 공공선의 확립이라는 목표는 호소력이 약하기 때문에 공적인 뜻을 위해 만나는 모임이 활성화되지 않고 있는 것이다(권순종 외, 2011).

7. 사회복지실천에의 적용

사회복지실천은 일상을 벗어날 수 없기 때문에 문화가 우리의 삶에서 어떤 의미를 품고 어떻게 작용하는지, 사회복지에서 어떻게 받아들여 적용해야 하는지 규명할 필요가 있다. 사회복지실천에서 문화는 인간의 환경으로서 중요한 의미를 지닌다. 아울러 문화는 인간에게 중요한 환경으로 작용하면서 인간에게 그의 고유한 특성으로서 또 다른 문화를 형성한다. 예컨대 자신이 관계하는 지역의 풍속을 따르는 것은 그 지역이 지니는 독특한 문화를 이해하여 풍요로운 생활을 꾀하기 위함이라는 맥락에서 문화가 환경으로서 중요함을 이해할 수 있다(최옥채 외, 2002).

사회복지사는 사회복지실천 시 클라이언트와 사회복지사의 환경으로의 문화를 이해해야 하며, 사회복지실천의 한 분야로서 문화복지를 바라봐야 한다.

또한 사회변화를 위한 집합적 행동이 성공적으로 이루어지기 위한 환경으로서의 문화를 이해할 필요가 있다.

사회복지실천에 있어 문화는 인간이 접하고 있는 그 사회의 제도, 언어, 종교 등과 특히 인간관계 안에서 형성된다는 점에서 중요성을 가진다. 이에 사회복지실천가는 사회복지사가 문화적 영역(문화 차이를 구분하는 한계)과 의식을 배워야 한다고 강조하고 있다.

문화는 사회화 과정을 통하여 개인의 성격과 행동에 영향을 미칠 뿐 아니라 주된 민족성, 인종과 연합하면서 그리고 체계, 지역사회와 통합되면서 더 넓고 융통성 있게 형성된다. 또한 사회복지사는 사회복지실천에서 진실해야 하기 때문에 사회복지사가 접하는 개인, 가족, 집단, 조직, 지역사회 따위와 관련하여 고민이나 갈등을 맞이할 수밖에 없다. 바로 이 점이 사회복지실천의 윤리적 딜레마를 초래하는 근원이라고 할 수 있다. 사회복지사는 기본적으로 비밀보장, 클라이언트의 권리, 가치중립, 한정된 자원 따위로부터 윤리적 곤경에 처한다. 이 같은 맥락에서 문화는 사회복지실천의 윤리적 딜레마를 불러일으키는 요인이 될 수 있고, 한편으로는 윤리적 딜레마를 해결할 수 있는 요인이 될 수도 있다. 즉, 사회복지실천에서 문화는 윤리적 딜레마를 불러일으키거나 해결하는 데 영향을 미침으로써 이중적 요인으로 작용하는 특성을 갖는다. 따라서 사회복지사가 이들 각 체계의 문화를 이해함으로써 윤리적 딜레마를 경감 혹은 해결해 나갈 수 있다.

문화에 대한 깊이 있는 이해는 사회복지사들이 자기 자신과 클라이언트의 생활체계와 행동양식을 파악하는 데 도움을 주며, 이는 결국 사회복지실천의 향상에 기여하게 된다. 먼저 사회복지사는 자신이 속한 집단의 문화를 잘 이해하고 있어야 한다. 자신이 성장해 온 집단과 현재 속해 있거나 일하고 있는 집단의 문화를 성찰해 보아야 한다. 그래야 자신의 사고, 태도, 가치, 행동양식을 스스로 알 수 있고, 자신과 다른 집단의 문화와는 어떠한 차이가 있는지를 인식할 수 있다. 이러한 자아성찰과 인식은 사회복지사들이 자신이 속한 집단의 문화에 대한 자긍심을 가지면서도 자신의 것을 남에게 강요하지 않고, 다른 집단의 문화를 인정하고 받아들이는 태도를 기르는데 도움이 된다. 사회복지사는 사회복지실천 현장에서 자신과는 다른 가치관, 다른 환경 속에 있는 클라이언트를 만날 경우에 그가 속한 문화가 처한 환경과 맥락 속에서 이해하도록 해야 한다.

참고 문헌

강문희 · 김매희 · 유정은(2011). 아동발달론, 경기: 공동체.

강상경(2011). 인간행동과 사회환경, 서울: 나남출판.

권중돈 · 김동배(2005). 인간행동과 사회환경, 서울: 학지사.

김승권(2009). “통합 · 예방 · 맞춤형 가족정책의 효율적 추진방안, 통합 · 예방 · 맞춤형 정책 발전모색을 위한 대토론회 자료집”, pp. 3-29.

김승권 · 장경섭 · 이현송 · 정기선 · 조애저 · 송인주(2000). “한국 가족의 변화와 대응방안”, 한국보건사회연구원 연구보고서.

김영종(2010). 사회복지행정. 서울: 학지사.

김유경 · 김양희 · 임성은(2009). “한국가족의 위기변화와 사회적 대응방안 연구”, 한국보건사회연구원 연구보고서 2009-18.

김유철(2006). 칼융의 개성화이론과 아빌라의 데레사의 “영혼의 성” 비교분석, 목원대학교 신학대학원 논문.

김태중(2010). 가정폭력의 현황과 대책에 관한 연구, 동아대학교 일반대학원 사회복지학과 석사학위 논문.

남윤주(2009). “다문화가족과 일반가족 아동의 자아개념과 우울에 관한 비교연구”, 전남대학교 대학원 생활환경복지학과 박사학위 논문.

박명숙(1999). 생태체계이론에 대한 이해와 사회사업에의 적용에 관한 연구, 사회복지리뷰.

박종삼 외(2002). 사회복지개론, 서울: 학지사.

박주현(2010). 인간행동과 사회환경, 서울: 도서출판 파란마음.

박효정 · 최상근 · 연은경(2004). 한국 초등학생의 생활 및 문화실태 분석연구, 한국교육개발원 연구보고서.

서진환 외 공저(2001). 현대사회복지실천이론, 서울: 나남출판사.

송영달(2009). 독거노인의 자살생각에 영향을 미치는 생태체계적 요인 탐색, 경북대학교 일반대학원 사회복지학과 석사학위 논문.

송정애 · 정해은(2007). 가족복지론, 파주: 양서원.

송혜림 · 성미애 · 박정윤 · 진미정(2009). "경제위기와 가정: 가족의 일상과 대안 (사)가정을 건강하게 하는 시민의 모임 제1차 가족정책포럼 자료집", pp. 8-49.

오제은(2006). "가정해체의 원인 및 실태파악과 가족정책 개선방안 진리논단", 13(0): 505-526.

이무석(2008). 정신분석에로의 초대, 서울: 도서출판 이유.

이부영(1998). 분석심리학: C. G. Jung의 인간심성론, 서울: 일조각.

이원숙(2004). 가족복지론, 서울: 학지사.

이죽내(1995). 분석심리학적 정신치료, 현대 상담 · 심리치료의 이론과 실제, 서울: 중앙적성출판사.

이혜경(2005). "혼인이주와 혼인이주 가정의 문제와 대응", 『한국인구학』, 28(1):73-106.

이효선 · Garz, D.(2012). 인간행동과 사회환경, 파주: 정민사.

장수한 · 김현주 · 임혁(2011). 인간행동과 사회환경. 경기: 공동체.

전재일 외 공저(2000). 사회복지실천론. 서울: 형성출판사.

정영애 · 장화경, 가족과 젠더, 경기: 교문사.

조성례(2011). 초등학교 아동의 우정개념과 사회적 조망수용능력과의 관계, 한국교원대학교 교육대학원 석사학위 논문.

최순남(1993). "인간행동이해에 대한 사회체계이론의 접근", 한신논문집, 한신대학교 출판부.

최옥채 외 공저(2002). 인간행동과 사회환경. 파주: 양서원.

최옥채 · 박미은 · 서미경 · 전석균(2011). 인간행동과 사회환경, 파주: 양서원.

카톨릭대학교 사회복지연구소(1999). 박미은 · 박정위 · 설진화 · 우국희 · 홍선미(공역). 서울: 나눔의 집.

표갑수 · 김혜정 · 유옥현 · 박영 · 김현진(2012). 인간행동과 사회환경, 경기: 신정출판사.

Anglin, J. M.(1993). Vocabulary development: A morphological analysis, Monographs of the society for Research in Child Development, 58(10, No. 238).

Ansbacher, H. L. & Ansbacher R.(1995). Alfred Adlers Individual Psychologie. Ernst Reinhardt Verlag Muenchen Basel.

Barkley, R. A.(1990). Attention deficit disorders: History, definition, and diagnosis, NY: Plenum.

Crain, W. C.(1983). 발달의 심리, 서봉연 역, 서울: 중앙출판사.

Eubank, E.(1932). The Concepts of Sociology, Boston: Heath.

Germain, C. B. and Gitterman, A.(1986). The Life Model of Social Work Practice. New York : Colimbia University Press.

Giddens, A., 황정미 외(역) (2003). 현대사회와 성 · 사랑 · 에로티시즘 : 친밀성의 구조변동, 서울: 새물결.

Greif, G.(1986). The Ecosystems Perspective 'Meets the Press', Social Work, 31.

Hall, C. S., & Nordby, V. J.(1973). A Primer of Jungian Psychology, NY: A Meridian Book.

Lansdown, R., & Walker, M.(1991). Tour child's development from birth through adolescence, New York: Knopf.

Murdock, G. P.(1949). Social Structure. New York : Macmilian.

Northen, H., Kurland, R., 노충래 (역) (2008). 집단사회복지실천, 서울: 학지사.

Peter, Gay(2011). 정영묵 옮김(2011). 정신의 지도를 그리다 프로이트, 서울: 교양인.

Schriver, J. M.(1995). Human Behavior and the Social Environment. Massachusetts: Allyn & /Bacon.

Schultz, D. & Schultz, S. E.(1994). Theories of Personality, 5th ed., Pacific Grove, CA: Brooks/Cole Publishing Company.

Sheiman, D. L., & Slomin, M.(1988). Resources for middle childhood, New York: Garland.

Stephenson Bond, D.(1993). 최규은 옮김(2012). 프로이트와 이별하다-무의식의 깊은 잠을 깨우는 융 심리학, 서울: 도서출판 예문.

Wollheim, R.(1981). 이종인 역(1999). 프로이트, 서울: 시공사.

Zastrow C. H. & Kirst-Ashman K. K.(2001), Understanding Human Behavior and the Social Enviroment, Belmont, CA: Wadsworth. Thomson Learning.

Zastrow, C. & Kirst-Ashman, K. K.(2001). 김규수 · 김인숙 역(2002). 인간행동과 사회환경. 서울: 나눔의 집.

野々山, 이종복 외 역(2001). 가족복지, 서울: 나눔의 집.

두산대백과 http://www.doopedia.co.kr/search/encyber/totalSearch.jsp?WT.ac=search

롱맨영영사전, http://www.ldoceonline.com/dictionary/family

저자 소개

✍ 정인숙

숙명여자대학교 교육학과 졸업
동아대학교 대학원 교육학과 박사
현, 부산여자대학교 사회복지과 학과장

✍ 김선주

경성대학교 사회복지학과 졸업
경성대학교 사회복지학과 박사졸업
현, 동명대학교 사회복지학과 교수

✍ 김인숙

부산대학교 사회복지학과 졸업
부산대학교 대학원 사회복지학과 박사졸업
현, 부산여자대학교 사회복지재활과 학과장

✍ 박근영

중앙대학교 사회복지학과 졸업
부산대학교 사회복지학과 박사수료
현, 동부산대학교 사회복지과 교수

✍ 박해긍

경남대학교 사회복지학과 졸업
부산대학교 사회복지학과 박사수료
현, 경남대학교 시간강사

✍ 배은석

동아대학교 정치행정학부 행정학전공 졸업
부산대학교 사회복지학과 박사졸업
현, 부산대학교 시간강사, 부산복지개발원 부연구위원

✍ 백정원

신라대학교 사회복지학과 졸업
부산대학교 사회복지학과 박사졸업
현, 부산대학교 사회과학연구소 전임연구원

✍ 송영지

경성대학교 철학과 졸업
부산대학교 사회복지학과 박사수료
현, 부산시사회복지관협회 T.O.P_net 사무국장

✍ 한승협

동의대학교 화학과 졸업
동의대학교 대학원 법학박사
현, 부산여자대학교 사회복지상담과 학과장

인간행동과 사회환경

초판발행 2014년 1월 30일
재판발행 2016년 2월 25일

저 자 정인숙 · 김선주 · 김인숙 · 박근영 · 박해긍
배은석 · 백정원 · 송영지 · 한승협

정 인숙
2016. 2.

발행인 김현태
발행처 태영출판사

주 소 (08301) 서울 구로구 구로동 104-10 동남오피스텔 201호
전 화 02 · 839-3757, 839-3752
팩 스 02 · 837-3754
등 록 2005년 5월 30일 제12-421호
http://www.taeyeongbook.co.kr
E-mail tys2005@hanmail.net
ISBN 978-89-6302-113-3 93330
정 가 17,000원

NAVER 태영출판사

* 잘못 만들어진 책은 교환해 드립니다.